工业和信息化普通高等教育
"十三五"规划教材立项项目

高等院校"十三五"
网络与新媒体系列规划教材

公共关系学

理论、方法与案例

第3版

张耀珍◎编著

Public Relations

人民邮电出版社

北 京

图书在版编目（CIP）数据

公共关系学：理论、方法与案例：微课版 / 张耀珍编著. -- 3版. -- 北京：人民邮电出版社，2021.7
高等院校"十三五"网络与新媒体系列规划教材
ISBN 978-7-115-55466-6

Ⅰ. ①公… Ⅱ. ①张… Ⅲ. ①公共关系学－高等学校－教材 Ⅳ. ①C912.31

中国版本图书馆CIP数据核字(2020)第243909号

内 容 提 要

本书借鉴国内外公共关系的成熟理论和最新研究成果，融入信息时代的新思想和新举措，以公关主体、公众和传播3个公共关系的构成要素为主线，深入浅出地阐述了公共关系的理论；在注重理论的逻辑性、结构的新颖性和严谨性的同时，强调了理论与组织管理活动的密切联系。全书共12章，内容包括公共关系概述、公共关系的产生与发展、公共关系的公众、公关公众的心理分析、公共关系的组织机构与从业人员、公共关系运作的一般程序、公共关系传播、公关交际修养、公关文书的写作、公共关系专题活动、公共关系礼仪和公共关系危机管理等。

本书既可作为高等院校新闻传播学、公共关系、公共管理等相关专业的教材，也可作为企业各级管理干部与营销人员的自学参考用书。

◆ 编　著　张耀珍
　责任编辑　孙燕燕
　责任印制　李　东　胡　南
◆ 人民邮电出版社出版发行　　北京市丰台区成寿寺路 11 号
　邮编　100164　　电子邮件　315@ptpress.com.cn
　网址　https://www.ptpress.com.cn
　固安县铭成印刷有限公司印刷
◆ 开本：787×1092　1/16
　印张：15.25　　　　　　　　2021 年 7 月第 3 版
　字数：371 千字　　　　　　 2024 年 12 月河北第 10 次印刷

定价：49.80 元

读者服务热线：(010)81055256　印装质量热线：(010)81055316
反盗版热线：(010)81055315
广告经营许可证：京东市监广登字 20170147 号

前言

党的二十大报告指出，培养造就大批德才兼备的高素质人才，是国家和民族长远发展大计。"公共关系"课程不仅能培养读者的公共关系意识，增强人际交往能力，还能帮助其全面掌握公共关系运作的原则与方法。为了实现培养更多公共关系人才的教育目标，编者编写了本书。本书的第 2 版于 2018 年出版，虽然仅过去两年，但在这期间，公共关系领域不断涌现出新的思想和新的研究成果，它们亟待充实到教材中来；另外，新近发生的影响力较大的公共关系案例也为本书的修订提供了资料。《公共关系学（第 2 版）》已多次印刷，受到广大读者的欢迎，激励着编者与时俱进，紧跟新媒体的发展和公共关系行业的发展，尽力完善本书，这样才不至于辜负读者的厚爱。

本书秉承理论与实际相结合的原则，在以下几方面做了修订。

（1）按实际工作的需求调整内容。第 3 版重新梳理和调整了全书的框架与内容，共 12 章，内容更实用，结构更严谨。

（2）更新公共关系的相关理论和部分案例。本次修订围绕公共关系构成三要素进行编写，在系统介绍公共关系一般原理的基础上，增补了公共关系的最新理论知识，侧重介绍了在新的社会背景下公共关系的实务操作，并增加了近 3 年来发生的、影响较大的公共关系案例。

（3）按照引例、基本内容、案例分析、思考题的顺序进行编排，便于读者理解各章介绍的公共关系理论并掌握从事公关工作的具体方法和技巧。

（4）新增精选案例和拓展阅读，用以拓宽读者的阅读范围，增加阅读的趣味性。

（5）提供 PPT、教学案例视频及其使用说明、重难点微课视频、经典案例微课视频、练习题及答案、试卷及答案等配套资源，用书教师可在人邮教育社区（www.ryjiaoyu.com）免费下载。

在本书的编写过程中，编者还借鉴和参考了国内外学者的研究成果，在此一并表示感谢。

由于编者水平有限，书中难免存在不妥之处，诚恳地希望广大读者对本书提出宝贵意见。

张耀珍

2023 年 7 月

目 录

第一章 公共关系概述 …………………… 1
  引例 两块小方巾 ……………………… 1
  第一节 公共关系的含义 …………………… 1
    一、公共关系的定义 ……………………… 1
    二、公共关系的构成要素 ………………… 3
    三、公共关系的基本特征 ………………… 4
    四、公共关系与庸俗关系的区别 ………… 5
  第二节 公共关系的职能 …………………… 7
    一、采集信息，监测环境 ………………… 7
    二、咨询建议，参与决策 ………………… 8
    三、协调沟通，调节应变 ………………… 9
    四、传播宣传，塑造形象 ………………… 10
  第三节 研究学习公共关系学的意义和方法 … 11
    一、研究学习公共关系学的意义 ………… 11
    二、研究学习公共关系学的方法 ………… 13
  案例分析 …………………………………… 13
  思考题 ……………………………………… 14

第二章 公共关系的产生与发展 ………… 15
  引例 恺撒与《高卢战记》 ……………… 15
  第一节 公共关系产生的社会条件 ………… 15
    一、商品经济的繁荣是公共关系产生的
      经济基础 …………………………… 16
    二、民主政治制度的出现是公共关系产生
      的政治前提 ………………………… 16
    三、大众传播技术的发展是公共关系产生
      的物质条件 ………………………… 16
    四、文化心理从"理性"转向"人性"是
      公共关系产生的思想条件 ………… 16
  第二节 公共关系在世界范围内的
       产生与发展 ……………………… 17
    一、古代时期——公共关系思想的萌芽 … 17
    二、公共关系产生的三个阶段 …………… 18
    三、公共关系的发展 ……………………… 20
  第三节 公共关系在我国的传播和发展 …… 22
    一、公共关系在我国的发展历程 ………… 22
    二、我国未来公共关系的发展与展望 …… 26
  案例分析 …………………………………… 29

思考题 ……………………………………… 30

第三章 公共关系的公众 ………………… 31
  引例 美国航空公司的 AYP 计划 ……… 31
  第一节 公众概述 …………………………… 31
    一、公众的含义和特点 …………………… 31
    二、公众分类的目的 ……………………… 33
    三、公众分类的方法 ……………………… 33
  第二节 处理各类公众关系的原则与规范 … 36
    一、员工公众 ……………………………… 36
    二、顾客公众 ……………………………… 39
    三、媒介公众 ……………………………… 42
    四、政府公众 ……………………………… 44
    五、社区公众 ……………………………… 46
    六、其他公众 ……………………………… 48
  案例分析 …………………………………… 51
  思考题 ……………………………………… 51

第四章 公关公众的心理分析 …………… 52
  引例 美的"为中国妈妈发明" ………… 52
  第一节 公关公众的心理概述 ……………… 53
    一、公关公众的心理定义 ………………… 53
    二、公关公众的心理倾向 ………………… 53
    三、公关公众的心理特征 ………………… 55
  第二节 公关公众的心理类型 ……………… 56
    一、影响公众行为的个体心理 …………… 56
    二、影响公众行为的角色心理 …………… 60
    三、影响公众行为的群体心理 …………… 60
  第三节 公关公众心理沟通的障碍及突破 … 62
    一、公关公众心理沟通的定义 …………… 63
    二、公关公众心理沟通的基本要素 ……… 63
    三、公关公众心理沟通的障碍 …………… 64
    四、公关公众心理沟通障碍的突破 ……… 66
  第四节 认识及影响公众心理的方法和
       技巧 ……………………………… 68
    一、认识公众心理的方法和技巧 ………… 68
    二、影响公众心理的方法和技巧 ………… 70
  案例分析 …………………………………… 72
  思考题 ……………………………………… 73

第五章 公共关系的组织机构与从业人员 ·········74

引例 "你会坐吗？"——一次公关部长聘任考试 ······74

第一节 公共关系的组织机构 ···75
一、公共关系组织机构的概念 ···75
二、公共关系组织机构的分类 ···75

第二节 公共关系从业人员 ···78
一、公共关系从业人员的概念 ···78
二、公共关系从业人员的素质 ···78
三、公共关系从业人员的角色 ···82
四、公共关系从业人员的选拔与培养 ···82

第三节 全员公关 ···83
一、全员公关的定义 ···83
二、实施全员公关的必要性 ···83
三、实现全员公关的途径 ···84
四、全员公关的误区 ···86

案例分析 ···87

思考题 ···88

第六章 公共关系运作的一般程序 ···89

引例 来益，关机一小时 ···89

第一节 公共关系调查 ···89
一、公共关系调查的定义 ···89
二、公共关系调查的内容 ···90
三、公共关系调查的基本方法 ···90
四、公共关系调查的一般程序 ···92

第二节 公共关系策划 ···94
一、公共关系策划的定义 ···94
二、公共关系策划的地位 ···94
三、公共关系策划的原则和方法 ···95
四、公共关系策划的基本步骤 ···99
五、公关策划书的写作要点 ···102

第三节 公共关系实施 ···102
一、公共关系实施的意义 ···102
二、公共关系实施的特点 ···103
三、公共关系实施的内容 ···104

第四节 公共关系评估 ···106
一、公共关系评估的概念和意义 ···106
二、公共关系评估的过程 ···107
三、公共关系评估的方法 ···108

案例分析 ···109

思考题 ···110

第七章 公共关系传播 ·········111

引例 潘婷网络公关广告 ···111

第一节 公共关系传播概述 ···111
一、公共关系传播简介 ···112
二、公共关系传播的模式 ···115
三、公共关系传播的工具 ···116

第二节 网络公关 ···122
一、网络公关的定义 ···123
二、网络公关的作用 ···123
三、网络公关的传播手段 ···123

第三节 公共关系广告 ···127
一、公共关系广告的定义及其特征 ···127
二、公共关系广告的目标 ···128
三、公共关系广告与商业广告的区别 ···129
四、公共关系广告的类型 ···130
五、公共关系广告的写作技巧 ···132

第四节 企业新闻发言人 ···134
一、企业新闻发言人的定义 ···134
二、企业新闻发言人的产生 ···134
三、企业新闻发言人的定位 ···135
四、企业新闻发言人的主要任务 ···136
五、企业新闻发言人的基本素质 ···137

案例分析 ···137

思考题 ···138

第八章 公关交际修养 ·········139

引例 怎样说话才受人欢迎 ···139

第一节 公关交际修养概述 ···139
一、公关交际修养的定义 ···139
二、公关交际修养的意义 ···139
三、公关修养与公关交际 ···140

第二节 公关交际的基本准则 ···142
一、真诚原则 ···142
二、宽容原则 ···142
三、尊重原则 ···143
四、互酬原则 ···143
五、自我袒露原则 ···143
六、弹性原则 ···143
七、相似性原则 ···144
八、互补性原则 ···144

第三节 提高公关交际修养的方法 ···145
一、端正交际心态 ···145
二、掌握语言交流的方法 ···147
三、掌握公关非语言沟通的技巧 ···151

案例分析 …………………………………… 155

思考题 ……………………………………… 155

第九章　公关文书的写作 ………… 156

引例　漫威格斗冠军：最迷你的新闻稿 … 156

第一节　新闻稿 ……………………… 156

一、新闻稿的定义 ………………………… 157

二、新闻稿的特点 ………………………… 157

三、新闻稿的体裁 ………………………… 157

第二节　演讲稿 ……………………… 162

一、演讲稿的定义 ………………………… 163

二、演讲稿的种类 ………………………… 163

三、演讲稿的特点 ………………………… 163

四、演讲稿的结构 ………………………… 164

五、演讲稿的写作要求 …………………… 166

第三节　求职信 ……………………… 168

一、求职信的定义 ………………………… 168

二、求职信的作用 ………………………… 168

三、求职信的格式及写法 ………………… 168

四、求职信的写作要求 …………………… 169

第四节　申请书 ……………………… 170

一、申请书的定义 ………………………… 170

二、申请书的结构 ………………………… 171

三、申请书的写作要求 …………………… 171

第五节　简报 ………………………… 172

一、简报的定义 …………………………… 172

二、简报的种类 …………………………… 172

三、简报的特点 …………………………… 172

四、简报的篇章结构及写作要点 ………… 173

第六节　公函与柬帖 ………………… 174

一、公函 …………………………………… 174

二、柬帖 …………………………………… 175

第七节　调查报告 …………………… 180

一、调查报告的概念 ……………………… 180

二、调查报告的种类 ……………………… 180

三、调查报告的篇章结构及写作要点 … 180

案例分析 …………………………………… 182

思考题 ……………………………………… 182

第十章　公共关系专题活动 ……… 183

引例　宝马赞助 …………………………… 183

第一节　庆典 ………………………… 184

一、庆典的定义 …………………………… 184

二、庆典的主要类型 ……………………… 184

三、庆典的作用 …………………………… 185

四、庆典的注意事项 ……………………… 185

第二节　展览展销 …………………… 187

一、展览展销的定义 ……………………… 187

二、展览展销的作用 ……………………… 187

三、展览展销的种类 ……………………… 188

四、展览展销的组织工作程序 …………… 188

五、展览展销的注意事项 ………………… 189

第三节　新闻发布会 ………………… 190

一、新闻发布会的定义 …………………… 190

二、新闻发布会的特点 …………………… 190

三、新闻发布会的作用 …………………… 191

四、举办新闻发布会的注意事项 ………… 191

第四节　赞助 ………………………… 193

一、公关赞助的定义 ……………………… 193

二、公关赞助的意义 ……………………… 193

三、公关赞助的类型 ……………………… 193

四、公关赞助的基本原则 ………………… 194

五、公关赞助的实施步骤 ………………… 195

六、公关赞助的注意事项 ………………… 195

第五节　开放参观 …………………… 196

一、开放参观的定义 ……………………… 196

二、开放参观的作用 ……………………… 196

三、开放参观活动的筹划准备 …………… 197

四、开放参观活动的注意事项 …………… 197

第六节　商务谈判 …………………… 198

一、商务谈判的定义 ……………………… 198

二、商务谈判的作用 ……………………… 198

三、商务谈判的原则 ……………………… 199

四、商务谈判的模式 ……………………… 200

五、商务谈判语言的特点 ………………… 202

案例分析 …………………………………… 202

思考题 ……………………………………… 203

第十一章　公共关系礼仪 ………… 204

引例　永远微笑服务 ……………………… 204

第一节　公共关系礼仪概述 ………… 205

一、公共关系礼仪的定义 ………………… 205

二、公共关系礼仪的作用 ………………… 205

三、公共关系礼仪的原则 ………………… 206

第二节　公共关系礼仪的中西方文化

差异 ……………………… 207

一、价值观 ………………………………… 208

二、时间观 ………………………………… 208

三、饮食观 ………………………………… 208

四、语言习惯 ……………………………… 209

五、非语言习惯 ············ 210
第三节 常用礼仪规范 ········ 211
一、个人礼仪 ············ 211
二、社交礼仪 ············ 214
案例分析 ·················· 219
思考题 ·················· 219

第十二章 公共关系危机管理 ······ 220
引例 百事成功的公共关系危机管理 ··· 220
第一节 公共关系危机管理概述 ··· 221
一、公共关系危机的解析 ······ 221
二、公共关系危机管理的定义 ··· 223
三、公共关系危机管理的意义 ··· 223

四、公共关系危机管理的目的 ·········· 224
第二节 公共关系危机管理的原则及
方法 ·········· 225
一、公共关系危机管理的原则 ······ 225
二、公共关系危机的预防 ········ 227
三、公共关系危机处理的步骤 ······ 230
四、公共关系危机的转化 ········ 234
案例分析 ·················· 234
思考题 ·················· 235

参考文献 ················· 236

第一章　公共关系概述

两块小方巾

一个人乘坐中国北方航空有限公司（以下简称"北航"）的飞机去长沙出差。飞机降落之后，他提着随身携带的一捆资料，走到了机舱门口。空姐在向他道别的同时，递给他两块小方巾，微笑着说："先生，请用小方巾裹着绳子，不要勒坏了您的手。"人非草木，孰能无情！这位先生备受感动，从此每次出差或带家人出门，总是首选北航，两块小方巾换来了顾客一生的光顾。空姐的细心服务体现了公关意识，彰显了人文关怀，最终收获了顾客的感动。

公共关系是一门非常实用的课程。严格来说，应该将公共关系理解为一门工具学科，不论哪行哪业都需要它。大到一个国家，小到一个人，要树立良好的形象，都必须具备公关意识。那么，何谓公共关系？公共关系这一名词传入中国后，它在社会生活中的作用已被人们普遍认可。但是，当一些人打着"公关"的旗号做着违反公关原则的事情时，人们对公共关系的内涵、特征等又感到困惑。为此，本章将对公共关系进行较为系统的阐述。

第一节　公共关系的含义

"公共关系"简称"公关"，这一词语最早出现在 1807 年美国《韦氏新九版大学词典》中，英文是 Public Relations，缩写为 PR。有人认为该词应译为"公众关系"，其实它与"公共关系"在译法上无本质的区别，但译为"公共关系"更容易准确理解，这是因为公共关系中的"公众"不仅由个人构成，还包括政府、社区、媒介等机构，而这些机构是公共事业单位，译为"公共关系"更便于理解。此外，这种译法已成为世界范围内中文的主流译法，全国众多的公关协会中，被法律认可的也是"公共关系"的协会，而且数十年来"公共关系"已被人们广泛接受和使用，成为一个约定俗成的概念。因此，我们仍沿用"公共关系"，简称"公关"。

一、公共关系的定义

关于公共关系的定义，国内外学者并没有一个公认的说法，可谓仁者见仁，智者见智，众说纷纭。下面列举国内外流行的几种公共关系的定义，我们透过不同定义所强调的方面，可以从不同角度看出公共关系的特质。

（一）国内外有代表性的公共关系定义

国际公共关系协会对公共关系所下的定义是："公共关系是分析趋势、预测结果，为组织领导提供决策咨询，执行既有利于组织又有利于公众的行动计划的艺术和科学。"

《大英百科全书》对公共关系的定义："公共关系是旨在传递有关个人、公司、政府或其他组织的信息，并改善公众对其态度的种种政策或行动。"

国外一些著名学者根据公共关系所包含的内容和特质对公共关系做了阐述，斯科特·卡特李普和阿伦·森特在其合著的《有效公共关系》中认为："公共关系是一种通过优良的品格和负责的行为来影响公众舆论的有计划的努力，它建立在双方满意的双向交流的基础上。"莱克斯·哈罗在分析了 472 个公共关系定义后提出："公共关系是一种特殊的管理功能。它在一个组织及其公众之间建立并保持双向的传播、谅解、接受与合作关系；它参与处理各种问题与矛盾；它帮助管理部门及时了解舆论并做出反应；它明确和强调管理部门为公众利益服务的责任；它帮助管理部门随时掌握并有效地利用变化的形势来预测发展趋势，以发出早期警报；它以研究方法和健全的、正当的传播技术为主要工具。"

拓展案例

不起眼的小事：
贴心的秘书小姐

国内学者居延安在其著作《公共关系学（第五版）》中表示："公共关系是一个社会组织用传播手段使自己与公众相互了解和相互适应的一种活动或职能。"熊源伟主编的《公共关系学（第三版）》中对公共关系的定义是"公共关系是社会组织为了塑造组织形象，通过传播、沟通手段来影响公众的科学与艺术"。

（二）对各种公共关系定义的综合分析

以上所述公共关系的含义可归纳总结为 5 种类型。

1. 管理职能论

持这种观点的学者认为，公共关系是现代企业经营管理的重要职能。国际公共关系协会对此做过如下界定：公共关系是一种管理职能，具有连续性和计划性。

2. 传播沟通论

持这种观点的学者极为重视研究社会组织与公众之间的沟通行为与规律。他们认为，现代传播学是研究人类社会信息的一个学术范畴，而公共关系是指社会组织与公众之间的一种传播方式，公共关系的本质是交流。因此，公共关系学应是现代传播学的一个应用分支。

3. 社会关系论

持这种观点的学者认为，公共关系的主体是社会组织，客体是公众，其作用是协调两者之间的关系，为组织建立一种良好的社会关系网络。因此，公共关系应是社会关系的表现形式之一。

4. 现象描述论

持这种观点的研究者往往倾向于公关实务，以直观形象、浅显明了的语言，紧紧抓住公共关系的某一功能或某种现象进行描述，具体而实在。

5．表征综合论

这类定义将公共关系的各种特征综合起来进行表述。1978 年 8 月，在墨西哥城召开的国际公共关系协会世界大会上，代表们就公共关系的定义达成共识。他们认为，公共关系既是一门艺术，又是一门社会科学，公共关系的实施是分析趋势，预测后果，向机构领导人提供意见，履行一连串有计划的行动，以服务于本机构和公众利益。

关于公共关系的定义繁多，上述 5 种具有一定的代表性和影响力，给我们带来了以下启示：其一，公共关系定义的多样性源于公共关系含义的多维性；其二，上述 5 种定义均侧重于公共关系的某一种特殊功能，有较强的片面性；其三，公共关系的定义尚待进一步完善；其四，公共关系内涵的丰富性与外延的扩展性是客观存在的。

（三）公共关系的定义及其含义

通过归纳总结以上定义，我们可以得出公共关系的定义：公共关系是社会组织为了塑造组织形象，运用传播手段与有关公众和谐相处时所采取的一系列政策、行动和手段。

具体来说，公共关系的概念包含以下 3 个方面的含义。

（1）公共关系活动的最终目标是要在社会公众的心目中树立起组织的良好形象。组织形象是人的一种印象和评价，是社会组织的表现与特征在公众心目中的反映。

（2）社会组织通过公共关系传播手段影响公众。

（3）公共关系既是一门科学，又是一门艺术。公共关系是一种把科学性和艺术化有机结合起来的富有想象力和创造力的劳动。

> 微课扫一扫
>
> 公共关系的
> 定义及其构成

 精选案例

什么是公共关系

某公司的一位公关经理用一位小伙子追求一位漂亮姑娘的生动比喻来描述公共关系。如果小伙子对姑娘大献殷勤，竭力表白自己如何喜欢她，这不是公共关系，而是推销；如果小伙子精心修饰自己的容貌，并在姑娘面前表现得谈吐不俗、举止文雅，这也不是公共关系，而是广告；如果小伙子认定目标、制订计划、埋头苦干，以优秀的成绩获得他人对自己的优良评价，并把这种优良评价通过他人传播出去使姑娘知道，从而使姑娘对小伙子产生尊敬之情并逐渐转变为爱慕之意，这才是公共关系。

二、公共关系的构成要素

公共关系由社会组织、公众和传播 3 个要素构成。

1．社会组织

社会组织是指政治组织、经济组织、军事组织、文化团体及民间组织等具体机构，它们可以发起和从事公共关系活动，是公共关系的主体。

2．公众

公众是指与公共关系主体面临某种共同问题、享受共同利益的社会群体或个人。公众对社会组织的生存、发展具有实际的或潜在的影响。社会组织的公共关系活动，就是要与有关公众搞好关系。公众是公共关系活动的对象，是公共关系的客体。

3. 传播

传播指社会组织为了达成形象管理的目标，而运用现代化大众传播媒介向公众传递信息、思想和观念的过程。传播是公共关系主客体之间沟通联络的中介和桥梁。

社会组织、公众、传播这 3 个要素存在于同一个社会环境中，共同构成了公共关系，如图 1-1 所示。

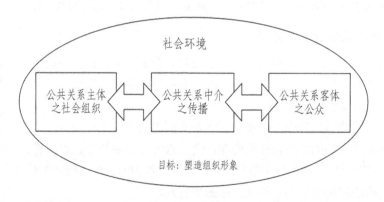

图 1-1　公共关系 3 要素及其关系

三、公共关系的基本特征

公共关系的特征是由其自身性质、主体目标和客体特征及传播方式决定的，可以概括为以下几个方面，如图 1-2 所示。

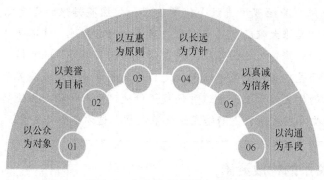

图 1-2　公共关系的基本特征

（一）以公众为对象

公共关系是社会组织与构成其生存环境的内外公众间的关系，公众是公共关系的客体。公众是公共关系的主要研究对象，一切工作均围绕公众展开。

（二）以美誉为目标

公共关系既不是一种政治关系，又不是一种经济关系，其评价尺度不是政治立场，不是经济指标，而是美誉度。用通俗的话说就是关系好不好，客体愿不愿意与之交往。公共关系以追求较高的美誉度为工作目标。

（三）以互惠为原则

公共关系不以血缘、地缘为基础，而是以一定的利益关系、业缘关系为基础的。社会组织要生存发展，必须得到公众的支持；而要想得到公众的支持，就必须让公众得到利益。因此，要想持久地赢得公众的支持，必须做到与公众互利互惠，最终达到双赢的目的。

（四）以长远为方针

组织凭借公共关系在公众中树立良好的形象，绝非一日之功。树立形象的过程具有长期性，同时，形象一旦树立起来，就会产生滞后性，不会轻易改变。因此，公共关系的长远性是与组织生存的长远性并行的。

（五）以真诚为信条

组织要追求长久的美誉，就一定要以真诚为信条。互利互惠也只有依靠真诚才能做到。特别是在市场经济条件下，公众对真诚的期望越来越迫切。唯有真诚才能长久赢得公众的合作与社会美誉。

（六）以沟通为手段

公共关系的信息只有通过沟通才能实现其价值。形象在沟通中塑造，美誉度在沟通中提高，合作在沟通中促成，目标在沟通中实现，无形资产在沟通中建立与积累。因此，公共关系目标与价值的实现离不开沟通。

以上 6 个方面综合地、系统地、多角度地构成了公共关系的基本特征。公关意识以此为基础，公关工作由此而展开，公关职能由此而设定。所以有人说，公共关系是根据公关的基本特征来看待公关事务并处理问题的。

 精选案例

"拉链大王"成功的秘诀

日本的"拉链大王"吉田忠雄成功的秘诀就在于他坚持"真诚互惠"的原则，从而出色地处理了企业与内外公众的利益关系。

他说："我一贯主张企业必须赚钱，多多益善，但利益不可独吞。"他把利润分成 3 部分，1/3 以质高价廉的产品给予消费者，1/3 交给企业产品的经销商和代理商，1/3 用在工厂。在企业内部，职工能分到企业 60% 的红利，吉田本人只得 16%，剩余的由家族其他成员共享，这样，职工自然以努力工作回报他。而中间商和代理商也都尽心竭力地为扩大吉田企业的市场服务。

四、公共关系与庸俗关系的区别

由于公共关系被引入我国的时间不长，而且公共关系需要协调沟通，包括人际交往等内容，所以人们对公共关系的含义理解得不够准确，以致有人认为公共关系就是关于"拉关系""走后门"的学问，这就把公共关系误解成了庸俗关系。庸俗关系就是平常所说的"拉关系""走后门"等庸俗的社会现象，是一种非正常的、不健康的、庸俗化的人际关系。它以损公肥私、侵占他人利益及危害社会利益为特征，是一种赤裸裸的私利关系。庸俗关系和公共关系有着本质的区别，主要表现在以下几个方面。

（一）两者产生的社会基础不同

公共关系是商品经济高度发达、现代民主制度不断发展、信息手段十分先进的产物（详见第二章）。一个社会组织如果要塑造良好的形象，那么构建良好的公共关系是其生存和发展的必要前提。庸俗关系则是生产力不发达、市场经济发育不完善、物资供应不充足的产物，它带有浓厚的血缘、地缘色彩。

（二）两者的理论依据不同

公共关系以现代科学理论为指导，按照正确的目标、科学的方式、规范的组织形式、严格的工作程序和道德准则来进行。庸俗关系则建立在市侩经验的基础上，使用的是险恶的权术，奉行的是"人不为己，天诛地灭"的信条。

（三）两者的对象不同

公共关系的对象是组织与社会公众之间、与国家之间、与其他企业之间、与社团之间公开的社会关系。庸俗关系的对象是各种私人关系。

（四）两者所代表的利益不同

公共关系将组织利益和公众利益有机地结合在一起。公共关系所追求的是组织在公众心目中的良好形象，强调通过组织的政策、行动来赢得公众的理解和支持。任何一个组织，只有在组织利益和公众利益相互协调、互利互惠的前提下才能得到发展，因此，组织利益和公众利益是一致的。而庸俗关系不顾广大公众的利益，所追求的是小团体特别是个人的私利，甚至为了一时的利益，不惜损人利己、损公肥私，危害社会和公众的利益。

（五）两者的手段不同

公共关系以事实为基础，利用大众传播媒介，通过双向信息交流，协调组织与公众的关系，以取得公众对组织的了解和支持，因此公关人员采用公开的、合法的、符合社会道德准则的手段来塑造组织的良好形象，实现组织与公众的共同利益。而庸俗关系为逃避公众舆论的谴责和法律的制裁，总是采取隐蔽的、不正当的、不合法的手段进行私下交易，通过投机钻营以达到不可告人的目的，如徇私舞弊等，因此被形象地称为"走后门"。

（六）两者产生的效果不同

公共关系是通过一系列有计划的活动，使社会组织在自身利益与社会整体利益一致的前提下不断发展，其结果是组织、社会和公众都受惠，从而为社会创造一种以诚相见、讲求信誉的良好风气，有利于形成正常、和谐、友善、健康的人际关系，提高社会文明程度，促进社会发展。庸俗关系则是将人际关系商品化，使人们变得唯利是图、目光短浅，社会充满市侩风气，个人中饱私囊，而社会和公众的利益却遭到损害。

第二节 公共关系的职能

公共关系的职能指公共关系对组织、个人及整个社会所承担的基本职责和所发挥的功能。公共关系的职能非常广泛、复杂，从理论研究上看，国内外对其看法不一；从实践上看，国内外公共关系职能部门的职责也有很大的差别。本节主要介绍公共关系 4 个方面的职能：采集信息，监测环境；咨询建议，参与决策；协调沟通，调节应变；传播宣传，塑造形象。

一、采集信息，监测环境

采集信息指公共关系从业人员选择及收集有关的公共关系信息以促进组织的发展。所谓监测环境，是指观察和预测影响组织目标实现的公众情况和各种社会环境的情况，使组织对环境的发展变化保持清醒的头脑、敏锐的感觉和灵敏的反应，从而保证科学地塑造组织形象，实现组织目标。美国管理学家西蒙说："管理就是决策，而决策的前提正是信息。"公共关系首先要发挥采集信息、监测环境的作用，即做组织的预警系统，通过各种调查研究，采集信息、监测环境、反馈舆论、预测趋势、评估效果，以帮助组织对复杂多变的公众环境保持高度的敏感性，从而维持组织与整个社会环境之间的动态平衡。

具体而言，采集信息是开展公关工作的必要前提。在信息社会中，信息已成为公认的巨大资源。公共关系产业是信息产业，不采集信息，开展公关工作就成了"无米之炊"。因此，无论是内部公关还是外部公关，任何策划都应从采集信息开始，只有这样才能做到知彼知己、百战不殆。采集信息要求公关人员具备信息意识，随时采集有关组织的信息。

（一）信息的来源

信息来源于制约和影响组织生存和发展的公众，包括内部公众和外部公众，因而公共关系工作所需要的信息就包括内源信息和外源信息两个部分。

内源信息主要指来自组织内部各方面的信息和动态。一个组织的发展首先受到其内部公众对象的制约和影响，包括组织各部门的管理人员、技术人员、其他人员，他们处在组织日常运转的第一线。对组织内部的人、财、事、物的状况和动态的了解与评价是重要的内源信息。外源信息指有关组织所处的外部环境的信息和动态。与组织有关的外部公众对象非常广泛、复杂，所以公共关系需要建立广泛的社会信息网络，密切注视外部公众的各种信息和动态，既要关注已经发生关系的公众对象的信息，又要预测可能发生关系的潜在公众对象的动向；既要重视具有直接利害关系的公众对象的信息，又不能忽略那些只有间接关系的公众对象的信息。公共关系应收集诸如合作者的看法、投资者的意向、竞争者的动态、政府当局的看法、新闻界的评价和意见领袖的观点等大量有关外部公众的信息资料。

（二）信息的内容

公共关系作为组织的信息中心，所收集的信息不仅包括与组织直接相关的业务信息，而且包括政治、经济、文化、科技、军事、民情等全方位的社会信息，以及与组织形象有关的信息，包括产品形象信息、组织形象信息和社会信息。

产品形象信息指公众对产品的意见和评价,如质量、性能、价格、款式、包装、售后服务等;组织形象信息指公众对组织整体的评价、对组织管理水平的评价(主要评价经营方针是否正确、组织的发展目标是否合理、市场预测是否准确、用人是否得当)、对组织人员素质的评价、对组织服务的评价,组织需要根据这些评价来改变和完善自身;社会信息具体包括目标公众变化的信息和社会环境的动态信息两方面的内容。由于目标公众的数量、构成乃至分布的范围都是不断变化的,组织身处社会大环境之中,政治、经济与文化各方面的任一变化对组织而言都有直接或间接的有利或不利影响,所以组织应充分了解各方面的变化,及时抓住机会并规避风险。

二、咨询建议,参与决策

公共关系的咨询建议与采集信息是密切相关的。获取信息是咨询建议的前提,没有足够的信息,一切咨询和建议都只是空谈;而只有向组织提供咨询和建议,并参与到决策中去,采集的信息才能充分发挥其功能,实现其价值。咨询建议和参与决策是公共关系最有价值的职能,因此公共关系行业也被称为"咨询业""智业"。1978 年在墨西哥城召开的国际公共关系协会世界大会上提出的公共关系的定义,就着重强调了公共关系咨询建议、参与决策的职能。

(一)咨询建议

公共关系的咨询建议职能就是指组织的公关人员向决策层和各管理部门提供公共关系方面的意见和建议,使决策更加科学化、系统化,并照顾到社会公众的利益。

咨询建议的主要内容有:对本组织的内部方针、政策和行动提供咨询意见,发挥公共关系对组织的导向作用,参与决策,制定出合乎组织发展的目标;对本组织的公共关系战略、经营销售战略和广告宣传战略、企业的识别系统(Corporate Identity System,CIS)战略、组织文化战略提供咨询意见,使原来由几个部门负责的工作系统化,并制定出科学的实施方案供决策者参考;对组织生存环境的有关发展变化进行预测和咨询,使组织决策者拥有一套乃至几套可供选择的方案,以应对这些变化。

(二)参与决策

公关人员不仅要向组织提出一般性的咨询建议,而且要尽可能参与决策,为领导决策提供必要的咨询建议,直接影响决策过程才是公共关系咨询建议职能的最高表现形式。公关人员要努力开展工作,在决策之前广泛征询内外部公众的意见,获取全面信息,以供决策者参考,使决策方案具有较强的社会适应性和应变弹性,并争取在决策方案中较完整地反映出公关人员的思想及其工作成果,从而引起领导层的重视,为公关人员更多地参与决策活动提供机会。

值得强调的是:公共关系在组织的运营过程中之所以能起到决策和参谋等作用,是因为公共关系在组织内处于特定地位。组织内的其他部门主要是从技术、经济、业务、人力资源等方面为组织决策提供可行性意见,而组织的公共关系则是从社会公众、组织形象和传播沟通等角度为组织的决策者提供咨询服务,因而公关人员的信息建议不同于组织内其他部门提出的建议,而是具有特殊的价值。

三、协调沟通，调节应变

组织的运营要面对错综复杂的社会、经济与人际关系。因此，建立一种有效的协调沟通机制是公共关系的一项最基本的职能。它能起到减少矛盾、调解冲突、疏通渠道、发展关系等诸多作用。协调沟通、调节应变的目的是实现内部团结、外部和谐的良好生存状态。

（一）协调的含义

公共关系中的协调是指在沟通的基础上，经过调整，达到组织与公众互惠互利、和谐发展的目的。协调的重要作用在于保持组织管理系统的整体平衡，使组织内的各个局部能步调一致，以利于发挥总体优势，确保计划的落实和目标的实现。协调关系分为广义协调和狭义协调。广义协调不仅包括组织内部的协调，而且包括组织对外的协调，如组织与政府、社区、消费者之间的协调活动。狭义协调主要是指组织内部的协调，如组织内部上下级之间的协调，组织内部同一层级的各部门、各单位之间的协调。

随着市场经济体制的逐步建立和完善，许多过去用武力、行政手段调节的关系，现在都需要按经济规律来调节。组织作为一个开放系统，面对各类公众及其各自的利益要求，必须本着真诚互惠的原则来协调彼此之间的关系，从而为组织创造一个良好的内外部环境。

（二）协调的内容

协调既是目的又是手段，具有两重性。作为目的，协调指的是一种关系良好的状态；作为手段，协调指的是一种具有调整性质的工作，通过协调使关系达到良好的状态。公共关系发挥协调关系职能的情况主要有以下 3 种。

1. 协调组织内部领导与员工之间的利益与关系

组织内部领导与员工关系的好坏，直接关系到员工积极性、主动性、创造性的发挥和领导者职责的实现，也关系到组织全体员工能否形成良好的团结奋斗精神和产生有效的协调作用。因此，组织的公关部门和人员要努力协调好领导与员工的关系。

具体来说，一方面，公关人员要运用科学的方法，经常向员工宣传组织的方针、政策，传达领导层的经营战略，并尽可能对其做出充分的解释和说明，使员工了解、理解并自觉执行。另一方面，公关人员还要不断地收集员工对组织的意见和看法，及时将这些情况转达给领导，以改进组织工作，使领导与员工的关系和谐发展。

2. 协调组织内各部门、各环节之间的利益与关系

由于各有分工，组织内部的各部门有时会缺乏全局观，各自为政，从而产生一些矛盾，给组织带来不必要的麻烦和损失。部门之间的协调工作，虽然主要应当由领导去做，但公关部门也要积极配合，通过沟通协调，加强各部门之间的联系及了解，使之相互支持、相互信任、相互谅解、协同努力、提高组织绩效、实现组织目标。

3. 协调组织与外部公众之间的利益与关系

任何一个组织在其发展过程中都会由于各种原因而与外部公众发生矛盾和冲突。一旦出现这些现象，公关部门就要及时了解情况，进行协调，妥善处理各种矛盾和冲突。否则，组织的发展就会受到影响。

例如，浙江某地的一家石灰厂因处置不当，导致烟尘污染严重，附近居民的房屋被侵蚀，金属锈迹斑斑，农作物枯死，附近很多人都患上了呼吸道疾病。群众多次反映，但厂领导不予理睬，最后大家忍无可忍，挑水浇灭了石灰窑。纠纷上诉到法院，法院审理后，判决石灰厂停办转产。由此可见，企业的各项经营活动不能损害公众利益，当公关危机发生时，更应当以公众利益为出发点，妥善处理公众关系。

四、传播宣传，塑造形象

公共关系在组织经营管理中有着传播宣传的职能，能够提高组织及其产品、人员的知名度和美誉度，为组织创造良好的社会舆论，树立良好的社会形象。

（一）传播宣传

公共关系应该成为组织的喉舌，将本组织的信息真实、准确、及时、有效地传送给特定的公众对象，为组织塑造形象创造良好的舆论氛围。

传播宣传的目的主要体现在以下两个方面。

1. 建立舆论

关于组织的舆论包括知名度和美誉度两个方面，这"两度"是要通过公关活动去争取和创造的。比如，当公众还不认识某个新成立的企业或新问世的产品时，公关部门就要负责为其创造声势和建立信誉，以提高其知名度和美誉度，给公众留下良好的印象。

2. 引导舆论

当公众对组织的评价处于"十字路口"，或毁誉参半时，或者当组织遇到风险时，公关部门需要发挥"观念向导"的作用，引导公众的舆论向有利于组织的方面发展，因势利导地把握舆论宣传的主动权。

要做好传播宣传工作，就要充分利用新闻媒介的力量。要进行新闻宣传，将组织有新闻价值的事件和动态写成新闻稿投寄给新闻媒介，或者请新闻记者到组织采访，举行新闻发布会或记者招待会。这样做的目的是希望新闻媒介替组织做"免费"的宣传，因为新闻媒介具有较大的影响力，其传播宣传的效果和影响是广告所无法比拟的。然而在多数情况下，这种机会不会主动送上门来，要靠组织自己去争取。

（二）塑造形象

公共关系能帮助组织建立并维护与社会公众之间交流、理解与合作的关系。在市场经济条件下，组织之间的竞争不仅表现为商品质量竞争、技术竞争、价格竞争，而且扩展到组织声誉和形象的竞争。组织能否生存和发展，不仅取决于组织的产品能否适应市场需要，而且取决于组织能否得到社会公众的理解和支持。组织的声誉和形象是组织的无形财富，是组织竞争的重要手段。随着我国社会主义市场经济体系不断完善，树立良好的组织形象，建立良好的组织声誉，运用公共关系理论为组织经营管理服务，将会获得越来越好的经济效益和社会效益。

曾经有人说，如果可口可乐遍及世界各地的工厂在一夜之间被大火烧光，那么第二天世界各大媒体的头条新闻就是：各国银行巨头争先恐后向可口可乐贷款，因为这个红色背景上的白色字母标记，已经被世界接纳。通过长期有效的公共关系工作，可口可乐为自己树立了良好的形象，人们绝不会让这样的形象消失。这说明，良好的组织形象对企业来说是一笔重要的无形资产，它能够为该企业的产品或服务创造出一种消费环境，从而提高企业的竞争能力，帮助企业赢得社会公众的信任。

 精选案例

蚂蚁森林项目为阿里巴巴树立良好形象

马云曾在阿里巴巴5周年庆典上提出，要做102年企业。"永远不把赚钱作为公司的第一目的"是阿里巴巴的一大价值观，这并不是说企业不赚钱，而是说"赚钱是一个结果，不是目标。我们要创造社会，去改变人。"

2016年8月，支付宝公益板块正式推出蚂蚁森林项目。这个项目是用户根据自身的消费行为、运动行为等获得"绿色能量"，然后用"绿色能量"兑换树苗，用户每兑换一棵树苗，支付宝蚂蚁森林与其公益合作伙伴就会种下一棵真树，或守护相应面积的保护地。蚂蚁森林中的能量主要来自用户低碳出行、在线消费、在线缴费等行为，意在培养和激励用户养成低碳环保的生活习惯。2019年8月，《互联网平台背景下公众低碳生活方式研究报告》显示，蚂蚁森林已经拥有5亿用户，累计碳减排792万吨，与用户共同在地球上种下了1.22亿棵真树，面积相当于1.5个新加坡。

蚂蚁森林项目受到社会资金与政府政策的青睐。在2016年的G20杭州峰会上，我国倡议的绿色金融首次被纳入会议议程。蚂蚁森林产品自推出以来，得到了政府的大力支持，但其本身的运营资金仍由社会资金构成。公益组织和环保企业为实际绿化产业投入资金，阿里巴巴集团则承担网络开发、管理、维护等成本。政府的支持不仅体现在财政补贴和直接拨款上，还体现在对于公益事业的税收减免上。

蚂蚁森林项目有助于提高企业口碑。蚂蚁森林项目自运行以来，积极而开放地融入了较多的低碳场景，目前在社会各界共有720多个合作伙伴。蚂蚁森林项目通过与用户之间的沟通和反馈，让用户感受到自己真实地为改善环境贡献了力量，将线上的虚拟行为转化为线下的真实行为，给用户以满足感。

蚂蚁森林项目有助于提高用户活跃度。蚂蚁森林项目的设计让用户无须特意参与，就能将日常的低碳行为变成公益行为，既是自我善意的表达和社会责任感的体现，又是一种自我认同的实现。而且蚂蚁森林还具有社交功能，比如"加好友收能量""合种""公益林"等，提高了用户的互动频率并增强用户的参与感。

第三节　研究学习公共关系学的意义和方法

一、研究学习公共关系学的意义

学习公共关系学的意义可以从以下6个方面来认识。

（一）学习公共关系学是对外开放的需要

对外开放需要加强我国与外部世界的双向沟通，尤其是在当今全球经济一体化的大背景下，一方面要了解外部世界，另一方面要向外部世界介绍自己；对外开放使形象管理的问题日益突出，需要树立公关意识和加强公关管理；对外开放需要按国际惯例办事，特别是我国加入世界贸易组织后，学习和运用公共关系有利于完善和规范组织的行为。

（二）学习公共关系学是体制改革的需要

体制改革促进了组织和社会的横向联系的发展，使组织的社会关系日益复杂，给组织的关系状态（社会关系和舆论）及行为方式带来了新的变化，因此需要应用公共关系加强组织的社会沟通和社会协调。

（三）学习公共关系学是市场经济发展的需要

市场经济带来了大范围的分工协作关系和激烈的市场竞争关系，人与人之间、社会组织与社会组织之间、社会组织与个人之间的联系日益广泛、复杂化，需要我们转变传统的、狭隘的、落后的"关系"观念。组织需要运用公共关系来拓展合作关系，提高竞争能力，树立组织及其产品的知名度、美誉度，从而促进经济效益和社会效益的提高。

学习公共关系学，可以增强人们在现代社会生活中所需要的诸如变革、开放、互补、适应和协调等观念。如果能有效地运用公共关系，组织就可以拓展合作关系，提高竞争能力。公共关系学在阐述社会组织与公众之间的关系时，反对对立的观念，摒弃零和博弈，强调互补与双赢、多赢的观念。对于一个主体与社会的适应或调适问题，公共关系学总结了一些基本的观念和技巧，它们有利于人们适应社会、协调各种关系。因此，学习公共关系学是市场经济发展的需要。

（四）学习公共关系学是现代信息社会的需要

现代信息传播技术和沟通方式的发展，促进了社会交往观念和交往行为的变化。特别是大众传播的发展使公众舆论的作用日益增强，从而使组织形象管理的问题日益突出，需要运用公关手段来了解舆论、引导舆论、改善组织的生存和发展环境。

（五）学习公共关系学是社会稳定的需要

我国市场经济的发展需要稳定的社会环境，因此需要加强社会的公共关系工作，增强政府和公众之间的双向沟通，增强领导者和被领导者之间的了解、理解、信任与合作，形成和谐的社会气氛。

（六）学习公共关系学是提高个人素质的需要

从某种意义上说，公共关系学教育是一种终身教育，对于提高个人素质具有重要意义，对于大学生来说尤为重要。大学生在接受大学教育之后，便进入职业社会。职业社会要求从业者必须具备较高的素质，而且能够随着时代与形势的发展变化，与时俱进地提高自身素质。公共关系学的理论与方法，对于个人今后服务社会、发展自身、实现自我价值来说都是必备的知识和技能。

公共关系学对于人们的心理健康、精神气质和应对、处理社会关系技能等方面的素质的提高具有特别重要的作用，使人们能够认识事物的复杂性，形成包容、宽容和从容应对复杂情况的健康心理。提高个人的形象素质，不仅可以赢得他人的好感并感染他人、影响他人，而且有利于社会组织形象的塑造及传播。

二、研究学习公共关系学的方法

在本课程的学习过程中，大家必须坚持理论联系实际的原则，学会运用自己所学的知识为所服务的社会组织提出更好的发展思路，帮助组织开展好各项公共关系活动，为组织树立良好的社会形象。具体来说，我们可从以下几个方面入手来增强学习效果。

（一）牢固树立"公众导向"的现代公共关系观念

学习公共关系学，就要把握"公众导向"的基本内涵，从公众利益的角度出发去分析、研究公共关系的基本问题。一切公共关系活动均以"让公众满意"为出发点和归宿，以保证公共关系活动达成在公众心目中树立良好的组织形象，并求得公众的支持的目标。

（二）掌握公共关系学的基本理论和方法

学习公共关系学，就要完整理解公共关系学的学科体系、知识结构和分析与解决问题的方法。公共关系学是在与其相关的学科的基础上发展起来的独立而完整的、系统性的学科，其学科体系包括公共关系理论、实务、方法与案例；其理论主要有公共关系的基本含义，公共关系的历史与现状、主体、客体，公共关系活动的程序、方法、手段和技巧等。我们要全面掌握公共关系的理论和方法，并能对公关实务与技巧进行研讨，把抽象的内容具体化、实用化，以在理论学习的基础上具备实际应用的能力。

（三）学习公共关系学理论与加强社会实践相结合

公共关系学有自己独立的学科体系，有自己的操作技术与方法，它只有与公共关系的应用结合起来，才能显示出其理论价值，并发挥出巨大能量。而公共关系学在社会实践中得以应用，又为公共关系学理论的丰富、发展、深化和完善提供了更新、更好、更全面的素材，并对公共关系学理论的正确性、实用性进行了检验，从而体现了公共关系学的实用性和可操作性。学习公共关系学的最终目的是要能够正确处理生活中遇到的公共关系问题，为达到此目的，除了认真阅读和理解教材中关于开展公共关系活动的一般理论知识以外，还要多阅读一些公关案例，从中掌握开展公共关系活动的技巧。理论知识的学习要注意密切联系实际，要在实践中努力培养现代公共关系意识，加强自身的公共关系素质，提高实际公共关系能力，将所学的理论知识和操作技能运用到工作实践和社会实践中。

 案例分析

南门立木

公元前 361 年，商鞅起草了一项改革的法令，但是他怕老百姓不信任他，不按照新法令去做，于是就叫人在都城的南门立了一根三丈高的木头，并下令："谁能把这根木头扛到北门，就赏十两金子。"不一会儿，南门口围了一大堆人，大家议论纷纷。有的说："这根木头谁都

扛得动，哪儿用得着十两赏金？"有的说："这大概是左庶长成心开玩笑吧。"大伙儿你瞧我，我瞧你，就是没有一个敢上去扛木头的。商鞅知道老百姓还不相信他，就把赏金提到五十两。赏金越高，看热闹的人就越觉得不可能，仍旧没人敢去扛。正在大伙儿议论纷纷的时候，人群中有一个人跑出来，说："我来试试。"他说着，便把木头扛起来就走，一直扛到北门。商鞅立刻派人赏给扛木头的人五十两黄澄澄的金子，一分也没少。这件事立即传开了，一下子轰动了秦国。老百姓说："左庶长的命令不含糊。"商鞅知道，他的办法已经起了作用，于是就把他起草的新法令公布了出去。新法令赏罚分明，规定官职的大小和爵位的高低取决于在战场上的功绩。贵族没有立军功的就没有爵位；多生产粮食和布帛的，免除官差；凡是因为做买卖和懒惰而贫穷的，连同妻子儿女都罚做官府的奴婢。秦国自从商鞅变法以后，农业产量增加了，军事力量也强大了。

作为一名政治家、改革家，商鞅有着过人的胆识与魄力，他的南门立木之举，看似是一件无足轻重的事情，却有着非凡的意义，他为朝廷树立了一个言而有信、说到做到的形象，赢得了老百姓对朝廷的信任，还为新法令的顺利实施打下了坚实的基础。诚信是美德，也是做人的准则，从古至今，它都是个人和组织得到他人信任的基础。

 思 考 题

1. 如何理解公共关系的内涵？
2. 公共关系的基本特征是什么？研究、确定公共关系的基本特征有什么价值？
3. 公共关系学的研究对象有哪些？
4. 公共关系与庸俗关系有何区别？
5. 公共关系的基本职能有哪些？
6. 为什么说公共关系部门是组织的信息中心？
7. 公共关系应收集的主要信息有哪些？
8. 为什么要学习公共关系学？
9. 怎样学习公共关系学？
10. 运用公共关系学理论，分析评价"好酒不怕巷子深"和"王婆卖瓜，自卖自夸"的现象。

第二章 公共关系的产生与发展

 引例

恺撒与《高卢战记》

盖乌斯·尤利乌斯·恺撒，史称恺撒大帝，罗马共和国（今地中海沿岸等地区）末期杰出的军事统帅、政治家，以其优越的才能成为罗马帝国的奠基者。《高卢战记》是恺撒的作战心得，发表于公元前51年。《高卢战记》分别记述了恺撒对厄尔维几人的战争，恺撒在高卢的外交活动，对日耳曼人的战争，对不列颠、对比利时人的战争，对文内几人的海战和对日耳曼人的报复等。通过《高卢战记》，恺撒宣传了自己的军事功绩，将自己为国家的荣誉而征战的过程展现在罗马人民面前。《高卢战记》中的叙述也显示了恺撒的用心，给读者留下深刻印象的内容首推恺撒以第三人称的方式叙述的高卢战争。以局外人的语气来叙述当事人的行为，这样的写法不仅给人以客观公正的印象，而且还可以用第三者的身份对事件进行有利于自己的评价，从而引导读者的思想。

《高卢战记》文风简朴、不事雕琢，直率而优美，古罗马时期演讲家西塞罗对其做出了高度评价。其实这正是恺撒一心追求的效果，把自身的经历用平实的语言描述出来，供民众传阅，其目的在于提高自身的政治威望，把在高卢的军事成就转化为登上政治顶峰的强大资本。这本曾被西方专家称为"第一流的公共关系著作"的问世，反映了人们早期开展公关活动的特点，即恺撒作为一个政治人物，他和自己的追随者只是为了得到政治利益而采取行动，没有意识到这是为将来的活动提前进行准备，更不是有目的地进行形象管理，所以公关活动往往是自发性的。当然，这些活动虽然不是自觉性的公关活动，但是却给恺撒带来了很大的收益。

公共关系作为客观存在的社会关系和社会现象有悠久的历史。本章将追溯公共关系产生的源头，介绍其发展的过程。

第一节 公共关系产生的社会条件

公共关系产生于20世纪的西方，它的产生与当时的政治、经济、文化和技术等方面的社会条件有关。也就是说，公共关系是当时的政治、经济、文化与技术等条件综合作用下的必然产物。

一、商品经济的繁荣是公共关系产生的经济基础

自然经济条件下曾出现过一些较大规模的商品集散地,彼此间的贸易也十分活跃和频繁。开始是物物交换,后来逐渐演变为简单的商品交换。但是这些实践活动都是盲目的、自发的,只能看成是某些公共关系意识的萌芽。因为自然经济是一种自给自足的封闭性经济,其本质上并不需要人与人之间进行广泛的沟通与联系,再加上当时落后的交通工具和信息传播手段的限制,人们没有也不可能产生广泛而深刻的社会联系和交往。

商品经济的高速发展改变了传统的生产方式和交往方式,发达的商品经济是建立在广泛的社会分工的基础上的,它在整个社会中形成了一个极其活跃、开放的关系网络,社会分工从地区走向全国、走向世界。分工带来生产的社会化,使得各企业、工厂之间联系密切。因此,各企业不得不运用公共关系来增进彼此间的了解,建立良好的协作关系。商品经济的发展为公共关系的产生和发展提供了充分的社会基础和良好的经济条件,使现代公共关系不仅有了发展的可能,而且成了社会发展的必然产物。

二、民主政治制度的出现是公共关系产生的政治前提

社会政治生活的民主化是公共关系产生和发展的社会政治条件。通过传播媒介来促进沟通及交流,西方社会从封建制度向当代民主制度过渡。民主政治制度的出现为公共关系的产生和发展创造了一个重要条件。

三、大众传播技术的发展是公共关系产生的物质条件

科学技术是人类战胜自然、改造自然的武器,是推动社会生产力发展的重要力量。科技的每一次发展都是人类文明史上的飞跃。进入 21 世纪以来,科学技术,尤其是计算机网络技术、电子信息技术的飞速发展,在一定程度上改变了人们的生活方式,"地球村"的出现为人们进行大规模交流提供了可能性。所以说,大众传播与现代通信手段成为公共关系产生的科学技术条件,为公共关系的产生提供了物质基础。

四、文化心理从"理性"转向"人性"是公共关系产生的思想条件

20 世纪初,美国的 F·W·泰罗创立了科学管理理论。泰罗的思想及其理论,是理性主义的典型代表,其核心是通过"时间和动作分析"来强调对一切活动的计量定额,"人是机器"是这一时期的代表性口号。科学管理理论没有把企业管理的两种对象——人和物加以区分,仅把工人看成会说话的机器,忽视了企业成员之间的交往及个人的感情、态度等社会因素。在对人的激励上,泰罗过于强调人的经济性,把工人视为纯粹的"经济人",把经济手段视为调动工人积极性的唯一手段。20 世纪 20 年代,哈佛大学教授梅奥在著名的霍桑实验中提出的人群关系理论和行为科学,使社会生活、社会交往更趋向于开明化、开放化。

在管理的一切要素中,人是最活跃、最积极的能动主体,管理的根本任务在于调动人的积极性与创造性,最大限度地挖掘人的潜能。管理的要义在于得人,得人之道在于得人心。管理者越来越清楚地认识到,组织管理应以人为本。人性管理是基于"以人为本"的理念,充分考虑不同环境下人的基本要求、性格取向的管理理论和方法。人性管理的目的是塑造具备职业素养,能发扬职业精神的各种人才。人们的经营管理思想和观念的深刻转变,为公共

关系的产生奠定了思想基础。尊重人性、个人尊严和开放的文化是公共关系得以产生、发展的土壤。

正是由于商品经济的高度发达、民主政治制度的出现、大众传播技术的发展与进步和20世纪初人性文化的兴起等诸方面因素的促成，公共关系这门崭新的学科才得以产生和发展，以令人耳目一新的面貌立于世界学科之林。

第二节　公共关系在世界范围内的产生与发展

公共关系作为一种职业和一门学科，最早产生于美国，但其作为客观的社会现象，一种朴素的思想意识，人类不自觉的社会活动，却早已问世了。

一、古代时期——公共关系思想的萌芽

在漫长的古代时期，人们从事各种各样的活动，如种地、打猎、纺织等，这些都是通过技术传授而得以延续下来的活动。据说，考古学家曾在伊拉克发现了公元前1800年的一份农业公告，它的内容是告诉农民如何种地、如何灌溉、如何对付田鼠、怎样收割等，它有点像现代社会某些农业组织的公共关系部门的宣传资料。

在古希腊，社会非常重视沟通方法，有些深谙沟通学问的一流演说家常常被推为首领。希腊人认为，较强的修辞能力是参与政治过程的基本条件之一，因为政治家与公众是靠修辞来联系的。古希腊哲学家亚里士多德的经典著作《修辞学》，被西方公共关系学界认为是最早问世的公共关系学的理论书籍。古罗马政治家盖乌斯·尤利乌斯·恺撒的纪实著作《高卢战记》曾被西方公共关系专家称为"第一流的公共关系著作"。

我国研究公共关系的学者认为，早在周朝，我国就有了类似于公共关系的观念与活动。西周时期，有人针对周厉王施暴政而带来的怨声载道、民怨沸腾的情况，提出了"防民之口，甚于防川"的观点，认为社会舆论的好坏直接关系到政权的稳固与否，强调应重视民众、传播信息和调整施政措施。这种观点与现代公共关系要求中重视信息反馈的观点是一致的。在我国古代的政治活动、外交活动和军事活动中，亦有许多类似于公共关系活动的成功范例，如商朝盘庚迁都之前进行的动员、演讲；战国时期苏秦、张仪进行的游说活动；秦末刘邦攻入咸阳后与老百姓的约法三章；明朝的郑和下西洋等。古代帝王对民意的重视、古代商业经济领域的诚信原则"和"及古代军事领域的"知彼知己，百战不殆"等，都是古代公共关系活动的例证。

公共关系萌芽于古代社会，萌芽的基础是对民众形象的认识，具体表现在3个方面：组织对公众力量的认识、组织对自身形象价值的认识和组织对传播作用的认识。

一是对公众力量的认识。这种认识是从政治领域开始的。对公众力量的认识，是公共关系的萌芽。没有对公众力量的认识，就没有公共关系。

二是对自身形象价值的认识。认识到公众力量之后，接着就要思考怎样提高自己在公众中的形象，以取得公众的支持。这个过程是对自身形象价值的认识。

三是对传播作用的认识。人们在实践中认识到，形象是通过传播起作用的。而在古代，形象主要是通过人与人之间的语言和文字传播起作用的。

这些活动仅仅是"类似"公共关系活动，或准公共关系活动而已。在这一历史时期，人们在不自觉地从事着各种具有公共关系性质的活动，而且这些活动一般都在很小的范围内。

拓展案例

杜邦的"门户开放"

 精选案例

子产不毁乡校

春秋时期，郑国人常在乡校里聚会，议论执政者。然明对子产说："把乡校关闭了，您看怎么样？"子产说："为什么关闭？人们早晚劳动之余到这里聚会，来议论施政措施的好坏。他们认为好的，我就去实行；他们厌恶的，我就改正。他们是我们的老师啊！为什么关闭它呢？我听说过诚心为善以便减少怨恨，但没听说过施用权势（指使用惩罚手段）来防止怨恨。还不赶快停止毁掉乡校的念头？这样做就如同防川，大的决口所造成的灾害，受伤的人一定很多，我没法挽救；不如开个小口来导流。对于人们的议论，不如听到后把它当作治病的苦口良药。"然明说："我现在才相信您的确能把国家治理好。我原来的想法实在愚蠢。如果真的这样做，那郑国确实要依靠您，岂能只靠我们几个做官的呢？"此后，弱小的郑国在子产和然明的治理下，呈现出政通人和的气象。

子产把乡校作为获取群众对政事反馈的场所，并根据群众的意见调整自己的政策和行为。子产在执政时重视听取百姓的意见，还把刑书铸在鼎上公布于世，努力协调统治者与被统治者之间的关系，颇得百姓的爱戴，从而使郑国强盛起来。从这个事例可见，我国悠久的历史文化中蕴藏着丰富的公共关系思想和活动。

二、公共关系产生的三个阶段

真正意义上的公共关系产生于商品经济高度发达的资本主义时期，最早出现在19世纪的美国。公共关系的产生经历了3个阶段，即美化宣传阶段、丑化宣传阶段和深刻反思阶段，也有人把这3个阶段称为宣传阶段、反思阶段、革新阶段。

（一）美化宣传阶段

美化宣传阶段是以世界上第一份廉价、大众化的报纸——美国"便士报"的产生开始的。不过，当时的商品宣传带有太多的虚假成分，因此被历史学家戏称为"美化宣传"或"公众受愚弄"时期。

19世纪30年代，美国报界掀起了一场"便士报"运动，即报纸以低廉的价格和通俗的内容去争取大量的读者，报纸发行量大增，随即广告费也迅速上涨。有些公司和其他组织为了省下广告费，便雇用专门的人员来制造煽动性新闻或关于自己的神话，以此来扩大自身的影响。报纸为了迎合读者的阅读心理，也乐于发表此类内容。这样两相配合，就出现了美国历史上有名的"报刊宣传活动"。当时最具代表性的人物是巴纳姆，因此这个时期也被称为"巴纳姆时期"。

巴纳姆是美国知名的游艺节目演出经理人,他曾制造过一个关于女奴海斯在100年前曾养育过美国第一任总统乔治·华盛顿的"新闻"。这一"新闻"引起了美国社会的轰动。巴纳姆又乘势使用不同笔名向报社寄去"读者来信",人为地引起一场讨论。有的来信说,巴纳姆所谓的"海斯的故事"是个骗局;有的来信说,巴纳姆发现了海斯是一大功劳。巴纳姆说,只要报纸上没有把他的名字拼错,随便怎么说他都无妨。海斯死后,她的尸体解剖结案表明,海斯不过80岁左右,并非巴纳姆所说的161岁。对此,巴纳姆厚颜无耻地表示"深感震惊",还说他本人也受了骗。其实作为这场骗局的策划者,他达到了真正的目的:从那些希望一睹海斯风采的人那里获得可观的门票收入。巴纳姆的信条是"凡宣传皆好事"。为了使自己和公司扬名,置公众利益于不顾,肆意编造谎言和"神话",利用新闻媒介"愚弄公众",这是该时期的显著特点。

(二)丑化宣传阶段

实业界和广告业无原则的美化宣传愚弄了公众,造成公众对宣传的不信任,尤其是对广告的不信任。当时,这种把新闻媒介视为异己,或利用新闻媒介"愚弄公众"的现象,引起了新闻媒介的不满,报纸杂志率先揭露实业界那些"强盗大王"的丑闻。于是,一些作家和记者发起了一场揭露广告虚假面和阴暗面的运动。据统计,1903—1912年,几乎每天都有揭丑的文章刊登在报纸上,同时还有社论和漫画。这种情况持续了将近10年,形成了美国近代史上著名的"清垃圾运动"(又称为"扒粪运动""揭丑运动")。揭丑文章沉重打击了当时新兴的广告业和利用广告做宣传的企业,迫使其进行反思,公共关系也因此进入一个新的发展阶段——深刻反思阶段。

(三)深刻反思阶段

在这个阶段,企业家们认识到,必须纠正过去的错误观念,对公众讲真话,只有这样才能使企业真正在公众心目中树立起良好的形象。深刻反思阶段开始于20世纪初,是由被誉为"公共关系之父"的艾维·李发起的。

1. 艾维·李时期——现代公共关系职业化的开始

艾维·李(Ivy Lee)(见图2-1),出生在美国佐治亚州的一个牧师家庭,毕业于普林斯顿大学,早年受雇于"纽约时报"。他在美国无烟煤业罢工期间发表过一篇非常有名的文章《共同原则宣言》。在这篇文章中,他阐明了公关思想——"公众必须被告知""说真话",这是第一次把公众放在与企业平等的位置上,并奠定了诚实传播的公关职业道德基础。艾维·李于1903年成立了世界上第一家具有公关性质的企业——宣传顾问事务所,以收费的方式为客户提供许多有效的传播沟通服务,它标志着公共关系职业的诞生,艾维·李因此成了开创公共关系职业的先驱。艾维·李的著名实践性案例是洛克菲勒财团的成功转型。洛克菲勒财团因在科罗拉多州的对待罢工工人的错误做法而声名狼藉,被称为"强盗大王",他们向艾维·李提出改变此形象以及平息工人罢工怒潮的要求。艾维·李提出公关措施的基本思想是"讲真话",他反复向客户灌输以下信条:凡是有益于公众的事业,最终必将有益于企业和组织。他呼吁企业不要唯利是图,应实现企业人性化,倡导公关人员进入企业的最高管理层。

艾维·李为科学公共关系的建立和发展奠定了强有力的基础,被称为"公共关系之父"。

但艾维·李公共关系工作的不足之处在于：只凭经验和直觉，缺少科学理论指导。所以，有人说他的公共关系工作只有艺术，没有科学。

2. 爱德华·伯奈斯时期——现代公共关系学科化的开始

使公共关系学科化的旗手是爱德华·伯奈斯(Edward L.Bernays)，如图2-2所示。爱德华·伯奈斯于1891年出生于维也纳，刚满一岁时移居美国。他在第一次世界大战期间开始将公共关系付诸实践，为著名演员、总统、大公司和政府等提供咨询。爱德华·伯奈斯于1923年发表了公共关系学第一部里程碑式的著作——《舆论之凝聚》；同年在纽约大学讲授公共关系课程时，第一次多角度使用"公共关系"一词，其公共关系思想的重要组成部分是"投公众之所好"。此后他写了大量的理论著作，把公共关系从新闻传播领域中剥离出来，并对公共关系理论进行了系统研究，是一位使公共关系由活动、社会现象变成一门学科的杰出人物。

图2-1　艾维·李

图2-2　爱德华·伯奈斯

继爱德华·伯奈斯之后，经过众多学者的努力，公共关系成了一门充满时代特征、具有强大实用性的新兴学科，并以崭新的身姿立于学科之林。

三、公共关系的发展

现代公共关系是为满足市场经济条件下商务活动和人际交往等的需要而产生的。它一产生便以其独特的魅力跨洋越海，首先进入英国。1926年，英国成立了官方公共关系机构——"皇家营销部"。在20世纪30年代经济危机期间，该部门全力支持英国政府"买英国货"的号召，开展了全方位的公共关系活动，取得了惊人的成功，从而使英国人开始对公共关系的作用刮目相看。

从20世纪30年代的经济大危机到第二次世界大战（以下简称"二战"），公共关系日益为公众了解、信服及重视，并获得了长足的进步与发展。1939—1945年，《公共关系季刊》《公共关系杂志》《公共关系新闻》等专业性杂志在美国相继出版。1935年，美国公立学校公共关系学会成立。1937年，雷克斯·哈罗博士在斯坦福大学开设公共关系课程。1937年，据美国《商业周刊》发表的第一篇公共关系职业报告，当时全美国有公共关系专业人员5000人，公共关系公司250家，在全美国比较大的公司中，大多设有公共关系部。战争期间，美国政府对公共关系给予了充分重视，美国总统富兰克林·罗斯福著名的"炉边谈话"，就是运用公共关系的一个成功范例。他在炉边温馨的家庭氛围中对大政方针娓娓道来，打动了公众的心。在罗斯福的倡导下，政府成立了"战争信息办公室"，征用了一批公共关系技术专家，运用公共关系来宣传、解释美军出国远征的意义，号召公众支持政府和军队，唤起公众的爱国热情，以鼓舞士兵的斗志。与此同时，美国的商界、劳工界也开始大量征聘公关人员，这些公共关系人员为美国战时经济的发展做了大量有价值的工作。1947年，波士顿大学创办了第一所公共关系学院，培养公共关系学士及硕士。

"二战"结束后，公共关系进入了全面发展的时期。公共关系活动日益成为一种世界级活动。1946年，法国出现公共关系机构，同年，荷兰也出现了公共关系事务所。之后，欧洲的非英语国家，乃至亚洲、非洲、拉丁美洲都出现了相应的公共关系机构。1948年，美国公共关系协会成立，制定了公共关系人员职业守则，从而使公关活动进入了制度化、规范化的发展轨道。1955年，国际公共关系学会在伦敦成立。从此，公共关系作为一门世界性的行业而独立存在。

20世纪50年代以后，公共关系的面貌发生了巨大的变化，其理论研究与实践方式进入了成熟发展的重要时期。公共关系开始步入科学化、规范化、制度化的发展道路。这一时期，对公共关系理论和实践做出重要贡献的代表人物是卡特利普、森特和詹夫金斯。

卡特利普和森特是美国著名的公关专家，其代表作是《公共关系咨询》和《有效公共关系》。后者是卡特利普和森特于1952年出版的权威性公共关系专著，它被誉为"公共关系的圣经"。他们提出"公共关系四步法"（参见第六章），论述了"双向对称"的公共关系模式，并提出了公共关系实践的系统化研究方法。传统的公共关系理论认为，在公共关系实践中，公共关系只是"一项具体的工作"，这类工作只注重将有关组织的信息扩散到组织所处的环境之中。这种观点忽略了将有关环境的信息传递给组织，实质上是把公共关系系统看成了一个"封闭系统"。这种一厢情愿式的单向传递模式在特定的历史条件下可能会收到一定的成效，但缺少公众参与的"一头热"模式的弊端则会日渐显露出来。而现代公共关系理论要求以"开放系统"的思想去分析公共关系问题，以"双向对称"的理论模式去规划公共关系工作，即组织与其公众关系的维持与改变是建立在"输出—反馈—调整"的互动模式的基础之上的。开放系统的"双向对称"公共关系模式，一方面要把组织的行为和信息传递给公众，另一方面又要把公众的想法和信息传递给组织，从而使组织和公众形成一种互动的和谐状态。根据"双向对称"模式，组织必须找出那些对组织影响较大的公众，并通过调查研究及开展适当的公关活动，协调与这部分公众的关系。"双向对称"模式的提出适应了当代社会进步与发展的需要，因而一经提出便为人们所接受，成为现代公共关系理论的重要组成部分。

詹夫金斯的主要成就是在广告学和市场营销、管理学方面的研究。这位英国著名的公共关系教育家，在英国创办了最早的公共关系学校，主要讲授公共关系、广告、市场营销等课程，一生写作公关著作十多部，其中产生重要影响的有《广告学》《现代市场学》《公共关系与成功的企业管理》等。这些著作丰富、发展了公共关系学理论。

纵观处在发展时期的公共关系，其特征主要有两个：一是公共关系的理论研究与实践的结合日益紧密，理论体系形成并日臻完善；二是公共关系走向世界，公共关系活动的开展已成为一种全球现象。

进入20世纪80年代以后，由于新技术不断深入发展，社会信息化、产业自动化程度提高，人与环境相互依存的程度进一步加深，这一切都促使现代公共关系朝着理论系统化、科学化，技术手段现代化，公关活动国际化的方向发展，最具代表性的事件是"公共关系营销"（也称"营销公共关系"）和"网络公共关系"的兴起。1986年，科特勒提出了"大营销"概念，首次把"市场营销组合"4P（产品、价格、促销和销售渠道）发展为6P（产品、价格、促销、销售渠道、政治和公共关系）。1995 年，美国市场营销专家帕托拉在《市场营销》一书中强调，"公共关系结合其他促销组合可以提高品牌知名度，树立有利于品牌的公众态度并鼓励消费者购买"。公共关系与营销的融合是两大学科发展的必然结果，从此公共关系有了产业依托，营销进入了"大营销"时代。道格·纽瑟姆教授在《这就是公关》一书中对 21 世纪的公共关系做出了新的界定：21 世纪的公共关系实践是全球背景下的运作。尽管世界各国在社会、经济和政治环境方面仍千差万别，但随着 21 世纪公关实践和研究的内涵与外延的创造性扩展，社会与业界的认可和接纳，公共关系实践万变仍不离其宗旨，即为企业、公众的最根本利益制定决策和提供信息。

从 20 世纪末到 21 世纪初，随着互联网的广泛运用，人类在沟通传播领域经历了一场革命，网络公共关系应运而生。米德伯格是第一代网络公共关系专家中的代表。他认为，现代商业活动，包括公共关系的本质已经因为互联网的出现而发生了根本性的变化。米德伯格在2001 年出版了《成功的公共关系》一书，他认为，"从本质上看，公共关系因互联网发展而催生了 5 个沟通趋势，即快速、途径、交互作用的新规则、品牌的重新界定以及作为沟通的商业伙伴"。他断言，新的公关人员群体已经出现，他们是混合了传统的公共关系与网上沟通所创造出来的对客户具有前瞻性的、一体化的商业活动——"电子沟通者"。网络公共关系虽诞生较晚，但近年飞涨的需求量表明，网络公共关系不可小觑。许多大企业已配备专职人员作为网络媒体的代表，专门处理、协调网络媒体传播。方便快捷、成本低廉的网络公共关系帮助不少企业渡过形象危机，重塑企业信誉。网络公共关系也蕴藏着巨大的商机，进入互联网时代后，正所谓"无企业，不公关"。凡此种种，公共关系在当代正可谓方兴未艾、任重而道远。

第三节　公共关系在我国的传播和发展

中华人民共和国成立以前，我国并没有系统介绍公共关系的理论，正式进行公共关系活动的组织也很少，但已有不少企业十分有效地运用公关达成目标的例子：坐落在当时东亚最繁华的工商城市——上海的一些公司，如华成烟草公司、信谊药厂等，利用广告、新闻报道等方式吸引传播界和社会大众的注意，以提高公司的知名度，并安排专门的人员负责处理对外关系的协调和联系工作。但这些活动只是公共关系的具体活动，它们没有经过系统的理论指导，也没有形成规模，企业更没有长期、有计划地开展公关活动的打算。1978 年党的十一届三中全会召开以后，为适应市场经济发展的需要，公共关系很快在我国这片广袤古老的土地上生根、发芽、壮大起来。

一、公共关系在我国的发展历程

纵观我国的公共关系发展史可以发现，公共关系作为一种新的经营管理理论和方法传入我国后，呈现出由南向北、由东向西、由服务行业向工业企业、由外资企业向国有企业、由企业组织向政府组织逐步发展的格局，而且发展过程也呈现出明显的阶段性。

（一）拿来主义时期（20 世纪 80 年代初—1986 年）

公共关系是在 20 世纪 60 年代传到我国的。我国公共关系的兴起与发展经历了一个"拿来主义时期"。1980 年，我国在深圳、珠海、汕头和厦门试办经济特区。不久之后，公关部挂牌，公关从业人员出现，深圳的一些"三资"企业设立了公共关系部。1982 年，广州白天鹅宾馆设立了公共关系部。1982 年，深圳竹园宾馆成立了公共关系部，开展以招徕顾客为目标的、扩大影响的服务性公共关系活动。1983 年 9 月，广州的中国大酒店设立了公共关系部。后来，广东电视台以宾馆、酒楼的公共关系活动为题材，拍摄了我国第一部反映公共关系理论与实践的电视连续剧《公关小姐》。我国第一家国有企业的公共关系部——广州白云山制药厂公共关系部于 1984 年 9 月创立。1986 年，我国第一个民间公共关系组织——广东地区公共关系俱乐部成立。

此时，国际著名公关公司抢先占领我国市场。美国新闻机构曾报道说我国是一个有发展前景的公关市场，这对世界上的大型公关公司来说，无疑是一个振奋人心的好消息。当时的世界第二大公关公司希尔·诺顿公关公司，于 1984 年率先在北京设立了办事处。同年，美国的伟达公关公司挺进我国市场。1985 年 8 月，当时世界上最大的公关公司博雅（成立于 1930 年，创始人曾任美国公众咨询委员会副主席）与新华社下属的中国新闻发展公司联手成立了我国第一家公共关系公司——中国环球公共关系公司。1985 年出现了另一家中外合资的公关公司——中法公关公司。截至 1990 年年初，在我国有影响力且有一定规模的外资（含合资）公关公司基本上就只有这两三家。然而，它们带来的新思路、新的国际操作规范都促进了我国本土公关公司的出现和成长。叶茂康的报告文学《环球专业公关之路》道出了我国公关发展的风风雨雨，也让我们看到了公关业灿烂的未来。

（二）自主发展时期（1986—1993 年）

在这个时期，从国外引进的公共关系理论经过我国的消化吸收，已有了良好的发展势头，这种发展形势有效地促进了公关事业的职业化及公关研究的学科化。这个发展时期有以下几个特点。

1. 行业协会辈出，职业网络出现

1986 年 1 月，我国第一个民间公共关系组织——广东地区公共关系俱乐部成立。1986 年 12 月，省（市）级公共关系协会——上海市公共关系协会正式成立。1987 年 6 月 22 日，中国公共关系协会在北京成立，这标志着公共关系在我国已得到正式确认和接受，公共关系事业的发展进入了一个崭新的时期。紧接着，深圳、北京、浙江、天津、南京、武汉、陕西和四川等地先后成立了省（市）级的公共关系协会、学会、研究会和俱乐部等社团组织。1991 年 4 月 26 日，中国国际公关协会在北京成立，标志着我国的公共关系事业已开始走向规范化、专业化、一体化。

2. 公关出版物丰硕，学术成果推广快

我国第一部公共关系学专著是中国社会科学院新闻研究所公关课题组编著的《公共关系学概论》，于 1986 年 11 月由科学普及出版社出版。这是我国内地最早的一部全面而系统地论述公共关系理论和实践的专著。1993 年 8 月，我国当时最具代表性的一部公关巨著，550 万字的《中国公共关系大辞典》问世。在传媒方面，1988 年 1 月 31 日，由浙江省公共关系协

会主办的《公共关系报》在杭州创刊，这是我国内地最早的一份公共关系专业报纸。1989 年 1 月 25 日，陕西省公共关系协会和中国公共关系专业委员会联合主办的《公共关系》杂志在西安面世。同年，《公共关系导报》在青岛创刊。1993 年，《公关世界》在石家庄创刊。《中国公共关系大辞典》显示，到 1992 年，专业性的公关类报刊已发展到 29 种。专业性的公关传播媒介的发展，极大地推动了公关的普及并使其向纵深发展。

3. 公关培训活跃，教育层次多样化

公关培训培养了大批公关人才。自 20 世纪 80 年代中期开始，公共关系的培训异常活跃。这个阶段，公共关系的培训开始初具规模，规范化、系统化的职业教育和学历教育逐步形成。

20 世纪 60 年代，广州、北京的一些专家和学者开始将公共关系作为一门新兴的学科引入国内。1985 年，深圳大学传播系创办了第一个公共关系专业（专科），公共关系开始步入高等学府的课堂。1987 年，中华人民共和国国家教育委员会（以下简称"国家教委"。现为中华人民共和国教育部）正式批准把公共关系课纳入教学计划，把公共关系学列入行政管理、工业经济、企业管理、旅游经济、市场营销、广告学、新闻学等专业的必修课。全国有 300 多所大学开设了公共关系课程，复旦大学、中山大学、兰州大学、杭州大学等是较早引入公共关系这门学科的高校。1994 年，经国家教委批准，中山大学创办了我国第一个公共关系本科专业，同时该校行政管理专业的硕士点也将招收公共关系研究方向的研究生。这不仅填补了我国公共关系专业本科和硕士研究生学历教育的空白，也形成了我国高校多层次、多形式的公共关系教学与培养体系。

4. 公共关系科学研究和实践渐有成效

1986 年 3 月，在广州和北京，"公共关系与现代化""公共关系和新闻工作"研讨会分别召开。1987 年 7 月，在杭州召开了由复旦大学、中山大学、兰州大学和杭州大学发起的全国高校公共关系理论研讨会。1988 年 5 月，在北京召开了由中国环球公共关系公司和博雅公共关系公司联合主办的首届国际公共关系专业研讨会。1989 年 12 月，在深圳召开了第一届全国高校公共关系教学研讨会。

这一时期的公共关系事业虽然发展到了一定的规模，取得了不少成绩，但由于对外来的东西照抄照搬，有"拿来主义"的种种弊端；同时，活动的层次较低，还有少数人将公共关系庸俗化，这引起社会上一部分人对公共关系的误解。

（三）成熟发展时期（1993 年至今）

20 世纪 90 年代初，公共关系在我国进入了稳步发展时期，我国公共关系的发展主要表现在以下几个方面。

1. 公关职能部门渗透到各行各业

随着社会主义市场经济体系的建立，公共关系在各行各业得到了广泛的认同，公共关系的作用也越来越受到重视。作为社会科学的一个分支，公共关系有普遍的意义，而由此派生出的各个组织的公共关系又有其特殊性。各行各业不同性质的组织运用信息传播手段，努力与公众建立相互了解和信赖的关系，树立良好的企业形象和信誉，以促进组织总目标的实现。"公共关系服务市场经济"是 20 世纪 90 年代业界提出的口号，及至 21 世纪方大显身手。公共关系所具有的管理职能，如扩大影响、提高知名度、树立组织的良好形象、协调组织的内

外关系等，发挥着越来越重要的作用。

2. 职业公关公司发展成熟

20世纪80年代，现代公共关系正式在我国内地登陆，我国的专业公关代理公司之后得到了快速发展。一开始基本上是国际公关公司"独霸天下"，本土公关无论是在客户方面还是在专业公司方面都是一片空白；10年之后情况发生剧变，本土专业公关公司迅速崛起。伴随着我国经济的发展，经过多年发展的本土公关公司，有的已经在数量、规模和收入上超过了国际公关公司，形成了国际公关公司和本土公关公司相抗衡的局面。但本土公关公司在发展中产生的问题也不少，其中战略缺失是主要问题：很少有企业认真思考长远发展战略的问题以及长期的核心竞争力建设问题，更多的是以利润最大化为唯一目标。

3. 公共关系的实践运作逐步繁荣

我国公共关系的实践运作逐步繁荣，表现在以下几个方面。

一是我国的公共关系协会发挥了积极作用。1993年4月，中国国际公共关系协会在第一届理事会第三次会议上提出了"开拓、建立和发展中国公关市场"的战略构想；同年7月15日，时任会长柴泽民在《公共关系报》（浙江）头版发表了题为《中国公共关系市场——一个值得研究的新课题》的文章，激起了有关我国公共关系市场的热烈讨论。1993年10月和1994年9月，《公共关系报》分别推出"中国公共关系市场笔谈"和"公关实务界人士眼中的中国公共关系市场"两个专版；1994年11月，《中国名牌》杂志推出"机遇、策略与发展——中国公共关系市场特别报道"专版，《中国经营报》推出"中国公关业——一个生机勃勃、尚待规范的大市场"专版。这些舆论宣传对我国公共关系市场的形成和发展产生了重要影响。1996年创立的"中国国际公共关系大会"每两年举办一次。该大会从战略高度探讨了中国公共关系市场和业务的发展，获得了一系列学术成果和行业成果，而大会期间举办的"中国最佳公共关系案例大赛颁奖典礼"则吸引了业界人士的广泛关注。另外，中国国际公关协会1999年第一期《通讯》所发布的公关调查显示，那时全国就有100多家公关协会或学会。这些学会在20世纪80年代中期积极发展会员，进行公共关系基本知识的培训与传播，为推进公关事业的普及、促进公关职业的规范化、完善公关的学科化做出了贡献。进入21世纪以后，中国公关行业与海外同行之间的交流、合作日益频繁。行业协会、大学、公关公司都组织或参与了大量交流活动，仅华中科技大学就举办了多届"公关与广告国际学术论坛"。

二是中国公共关系协会主办的"最佳公共关系案例大赛"定期举办。这个大赛始于1993年，是我国公共关系领域最具权威的品牌赛事，每两年举办一次。大赛征集参赛案例，评选出金奖案例、银奖案例，案例内容涉及企业、政府、非营利机构的各类公共关系实务，而且每一届的获奖案例均汇集成册，由复旦大学出版社出版，此活动推动了我国公关实务技术的发展。

三是行业调查。"中国公共关系行业调查"始于1997年，它是目前国内最客观、最科学的行业调查活动之一，于每年年初进行。调查采用问卷调查和访谈调查相结合的方式，主要针对北京、上海、广州三地市场进行抽样调查和分析，这些关于行业发展的基本数据对指导行业健康稳步地发展发挥了非常积极的作用。而2001年起发布的"CIPRA—TOP10排行榜"则成了业内公司发展的风向标。

四是行业工作会议。1998年12月，首次"中国公共关系业工作会议"在北京召开，与会人员为各公关公司的主要负责人，会议发布了上一年度行业调查报告，分析了当前的市场状况，预测了行业未来的发展，并就我国公关业发展中出现的问题进行讨论。此后，该工作会议在每年 2 月或 3 月举办。

五是中国公关节。2003 年，中国国际公关协会宣布，将每年的 12 月 20 日定为"中国公关节"，并举办相应的纪念庆祝活动，活动内容包括公共关系知识传播、年度十大公关事件评选和庆祝晚会。该活动向社会传播了公共关系的职业价值，产生了较好的社会影响力和行业凝聚力。

4. 外资公关公司纷纷抢滩我国市场

自 1984 年美国的伟达公关公司和 1985 年博雅公关公司挺进我国市场后，在相当长的一段时间内，外资公关公司在我国的市场开拓情况并不好，基本只有 2～3 家能维持正常运营。从 1992 年开始，由于我国公关市场初显生机，一大批外资公关公司纷纷进入，如爱德曼、奥美、福莱、罗德、凯旋先驱、万博宣伟等。这些外资公关公司大多与中资公关公司建立联营关系，或在一些发达地区设立办事机构或业务点。这极大地推进了我国公关市场的形成和发展，尤其对我国公关市场的专业化、职业化、国际化产生了积极影响。

5. 公关职业得到确认

值得一提的是，公关从业人员的职业身份终于得到正式确认。中华人民共和国劳动和社会保障部（以下简称"国家劳动和社会保障部"，现为中华人民共和国人力资源和社会保障部）于 1997 年定下了"公关员"的职业名称，并正式将其列入了《中国职业大典》，这标志着国家已正式承认公共关系这一职业。1997 年 11 月 15 日成立了中国公共关系职业审定委员会，标志着我国的公共关系开始真正走上职业化和行业化的道路。2000 年 5 月《公关员国家职业标准》经国家劳动和社会保障部审核批准并颁布实施，公关员这一职业成为必须持专业资格证书上岗的职业，即凡是要从事公共关系职业的人员都必须首先获得国家公关员职业资格证书。2004 年 3 月修订后的《公关员国家职业标准》通过审核并颁布。我国人力资源和社会保障部于 2015 年 11 月 20 日颁布《人社部决定废止〈招用技术工种从业人员规定〉全力助推创业创新》文件，决定废止公关员持职业资格证书就业。此举有助于更多人才投身公关事业，积极开展有关工作。

二、我国未来公共关系的发展与展望

我国的公共关系事业从无到有，从 1985 年新华社下属的中国新闻发展公司和美国博雅公关公司合资成立我国第一家公关公司到今天，我国公关行业得到了飞速发展，公关的价值得到了市场的认可。随着我国经济的持续发展，我国公共关系服务市场继续保持着良好的增长势头，新媒体的出现激发了更多公关服务产品的涌现；国际公司收购步伐的加快以及本土大中型公司与国际接轨速度的加快将会促进新的市场格局的形成，特别是我国申奥、申博的成功，使我国公共关系的发展又一次迎来了春天。可以说公关已成为今日我国经济链条中不可或缺的动力，更是明日我国经济新干线上最不容忽视的加速器。公关行业的超快速发展说明市场的需求已经领先，这无疑为公关未来的发展创造了更加宽松的环境。展望未来，我国公关的发展将呈现出以下态势。

（一）公关市场趋向国际化

在国际化背景下，国内公关公司承接跨国公司的许多公关业务，甚至走出国门，以及国外公关公司进入国内市场将成为常态。

1. 更多的国际公关公司挺进中国市场

美国等国的公关公司在我国加入世贸组织后，纷纷来到我国经营。随着我国市场的进一步开放，将有更多的国际公关公司进入我国市场，特别是大量的中小型国际公关公司。

2. 中资公关公司将不断发展壮大，业务趋向国际化

深谙本土经营之道的国内大公关公司，最能了解并运用我国文化，更容易与当地的客户在价值共识的基础上进行沟通。它们凭借"家门口"的成本优势，借鉴外来公关公司成熟的运营模式和新鲜的公关理念，很快就能发展壮大起来。目前，中资公关公司的外资客户比例已大大提高。世界著名的跨国公司的许多公关业务，已由中资公关公司经办。

3. 公关市场资源整合、资本加速进入的趋势明显

继奥美公关收购西岸之后，2003年嘉利公关成功并购了业内著名的博能公关，开创了本地公司收购的先例；蓝色光标分拆出蓝色印象和蓝色动力；PFT传播集团整合内部资源，福莱灵克和帕格索斯结为战略联盟，国际公关公司和本土公关公司以及本土公关公司之间的合作力度加大，特别是中外公关公司合作的倾向更加明显。

更具标志性意义的事件是，蓝色光标在 2013 年 4 月宣布认购英国 Huntsworth 公关公司 19.8%的股份，成为后者的单一最大股东并拥有一个董事会席位。随着公关行业的兼并、重组，以及资本的加速进入，2017年春节刚过，国内著名公关公司宣亚国际正式在中国 A 股上市，这意味着，在蓝色光标上市 7 年之后，又一家老牌公关公司正式登陆创业板。

> **拓展阅读**
>
> 爱德曼国际
> 公关公司

（二）公关实务趋向专业化、职业化

回顾公关产生与发展的历程，公关公司的专业化水平在提高，职业化程度也在逐渐加深。

1. 专业化服务水平进一步提升

公关公司将从简单的日常公关项目的执行，逐步向高层次整合策划、顾问咨询和品牌管理方面转变；公关公司的业务操作规范更加国际化、标准化，将按照国际统一的标准提供服务。专业服务技术的研发和新型服务手段的使用，将逐步改变目前国际公关公司占据高端市场、本土公关公司只能占据中低端市场的格局。

例如，蓝色光标总部位于北京，截至 2020 年年初，有员工近 5 000 人，在中国各大区域设有分支机构，并在北美、欧洲以及亚太其他国家和地区拥有国际业务网络。蓝色光标服务于约 3 000 个国内外品牌客户，其中财富 500 强企业 100 多个，其客户已经覆盖 IT、电信、金融、汽车、家电、快速消费品等领域的多家商业企业及政府机构和院校、媒体、协会、基金会等非政府组织。2019 年蓝色光标营业收入超过 281 亿人民币。由此可以预见，在不远的将来，本土公关公司与国际公关公司的服务将趋于同质化，整个公关行业的专业化服务水平将得到大幅度的提升。

2. 专门化的公关公司层出不穷

针对不同行业的专门化公关公司层出不穷，如金融公关公司、通信公关公司和旅游公关公司等。这种专门化的公关公司将给组织带来更为全面、到位的服务。人们就像离不开法律顾问一样离不开公关公司，由此而生的公关咨询业将成为新世纪公关行业的新的增长点。公关咨询业表现出来的极大的智力劳动的价值将得到充分的尊重。

（三）公关手段数字化

随着互联网多媒体时代的到来，网络已经成了主流媒体，它支持公关传播的发展。电子邮件、介绍组织形象的网址、主页、网上新闻、网上展览、网上市场调查和网上新品推广等，使得公关传播的平等性、双向性和反馈性得到更大幅度的提升，信息传播双方已成为真正意义上的交流伙伴，实现了更深层次的互动。伴随着高科技的发展，以及互联网、新媒体的迅速发展，公共关系不再只是单向的传播，还有更多的对话和互动，传播方式的革命还将继续。未来的公关手段将更加数字化，人们会在新媒体时代实现真正意义上的人际互动。

（四）网络公关的规制将加强

2008年，中国国际公共关系协会对我国公关行业各公司的抽样调查结果显示，网络公关首次成为公关行业各类服务模式中收益增长比例和收益增长趋势的双料冠军，业务产值占整个公关服务市场的6.3%，年度服务毛收入超过10亿元，仅次于传播顾问、媒体执行、活动管理等传统公关服务，成为无可争议的"最佳新秀"。作为网络时代的新生事物，网络公关在抢占优势助力企业品牌建设的同时，也出现了鱼龙混杂的局面，一些损害网络公关服务声誉的现象也随之出现。在这种背景下，中国国际公共关系协会继向所有网络公关从业者及网络公关公司发出"绿色网络公关"倡议之后，于2010年3月16日在北京发布了《网络公关服务规范》（指导意见），这是我国针对网络公关业务发布的首份行业标准文件。它向外界传递的信号是，网络公关行业对目前的繁荣和问题有清醒的认识，并正努力自律。市场的磨炼让网络公关逐渐被厂商认可，企业市场部门针对网络公关的预算正在逐年增加。在经历了探索、发展和井喷阶段之后，网络公关进入优胜劣汰阶段，净化市场是网络公关建立品牌的首要任务，只有这样，品牌效应才会出现。

 精选案例

《2018—2019网络"黑公关"研究报告》发布

黑公关是指通过编造和传播负面信息、操纵舆论、诽谤等手段，损害特定企业、公众人物、行业形象和声誉的行为。从特征上看，黑公关行为往往通过捏造或拼接、组接负面新闻，用不实的内容操纵舆论，来抹黑特定企业的形象和声誉。黑公关行为常常出现在特定企业推出新业务、融资、上市等关键时期。而且，为了加强传播效果，一些"黑公关"还会用耸人听闻的标题，或者涉嫌恐慌、色情的字眼与企业或产品建立联系，从而达到混淆视听的目的。

（五）公关逐步进入组织管理的战略层面

随着全球经济一体化，组织的传播活动将日益多元化。一方面，组织的形象竞争呈白热化状态，公共关系作为一种重要的传播战略和传播手段，面对并解决全人类面临的一些全球性问题，如环保、人口膨胀，将为组织塑造一种"全球形象"，因而被纳入组织的战略管理层面，其战略地位日益凸显；另一方面，战争以及人权与主权等，这些问题的解决并非是一个国家和一个民族所能做到的，必须通过国家间的沟通对话以及全球性、跨文化的传播去达成共识、制定标准，而公共关系在解决这些问题的过程中是最有发言权的、最能取得成效的。

公共关系在未来发展中的战略地位将越来越明显。

（六）公关教育规模将不断扩大

2000 年，中国国际公共关系大会通过的《新世纪中国公关业宣言》称"振兴公关、教育为本"。公关行业面临的新问题是市场迫切需要大量的公关人才，特别是复合型的公关人才。面对市场的需求，以市场为导向办学的高等学校将加大对公关人才的培养力度，并不断强化复合型人才的培养。此外，社会化的公关教育与培训将迅速发展。在公关行业发展的推动下，在规范化的高等教育的引导下，全社会的普及型和提高型的公关教育与培训，将有规模、有系统地交叉运行，各行各业会更重视人员公共关系的教育，同时各种协会与组织主持的专门化培训会因社会专门化公关服务细分市场的形成而更趋成熟。公关教育目前基本上形成了立体多维的学历教育和非学历教育交叉并存的局面。从低级到高级，公关教育的具体种类有：①业余培训；②函授教育；③普通全日制教育；④大学全日制本科教育。最高层次的教育是公共关系专业方向的博士研究生的培养。2013 年 12 月 12 日，经中华人民共和国教育部批准，国内首个二级学科公共关系博士点落户华中科技大学新闻与信息传播学院，这标志着我国公共关系教育事业上了一个新的台阶，也为我国日后培养高层次公关人才指明了方向。

（七）公关人才市场逐渐形成

随着我国公关市场的逐渐成熟，公共关系教育的规模化、规范化，公共关系市场的国际化，公共关系人才的竞争将更加激烈。一方面，公共关系作为一种智力产业，专业化智力劳动的价值将得到前所未有的尊重；另一方面，由于市场经济体制的发展，各类组织均已改变了以往那种大而全的组织管理架构，并接受了资源稀缺的生产新观念，这势必促使组织在开展公共关系活动的时候考虑吸纳最优秀的公共关系人才加盟，让组织运用有限的传播资源取得最大的效益。同时，公共关系服务市场的发展与不断成熟，会激活公共关系的人才市场。目前公关人才的争夺战已经打响，一些国际公关公司凭借自己的品牌效应和优厚待遇，从中资公关公司挖走了许多在某个领域具备特定资源和经验的公关人才，这样的竞争将推动我国公共关系的人才市场早日形成。

（八）公关领域进一步拓宽

公关从企业公关、政府公关发展到各行各业的公关。高科技公关、时尚公关、环境公关、艺术公关、体育公关、财经公关及奢侈品品牌公关等的手段和技巧更为丰富多彩，从一般的新闻发布、媒介宣传及市场推广，发展到政府关系协调、超大型活动策划。上海、广州等城市纷纷邀请国际公关公司参与竞标，广阔的城市公关市场不断得到拓展，新的公关领域不断涌现。

 案例分析

在黑暗中体会光明——第一个公关思想家伯奈斯的创意

在伯奈斯一生无数的公关实践中，最为人称道的就是他发起的"灯光佳节"纪念活动。1929 年 10 月 21 日晚，在爱迪生家乡的威肯斯庄园里，明亮的灯光把漂亮的葡萄架照耀

得分外美丽。这里正在举行庆祝爱迪生发明灯泡15周年的"灯光佳节"纪念活动。

在人群中，人们注意到，当时的美国总统赫伯特·胡佛、"汽车大王"亨利·福特及其他的一些政界人物、社会名流都在其中。

这项活动是伯奈斯精心策划的。爱迪生作为美国伟大的发明家，被视为美国独立精神和科学创造精神的代表，纪念他的活动当然是大家都很愿意参与的。

晚上9时30分，纪念活动达到高潮。所有的灯光一下子全都熄灭了，露天庄园中的人们在漆黑的夜空下只能看到微弱暗淡的星光。为了纪念爱迪生，全世界许多公用事业公司都在这一刻切断了全部电源，为时一分钟。在这一分钟里，淹没在黑暗中的人们真切地感受到了伟大的发明家爱迪生带给人们的福祉。

"灯光佳节"纪念活动举办得如此成功，以至于美国邮政总局专门为此发行了一枚2美分的纪念邮票。这个活动被人们盛赞为"和平时期美国所举行的最盛大的宣传活动"。1984年，电视台的节目主持人就公共关系的起源问题采访伯奈斯时说："您使托马斯·爱迪生、亨利·福特、赫伯特·胡佛及众多的美国人做了许多您让他们做的事，您使全世界在同一时刻灯光齐暗。这无疑是一种极为强大的力量。"

伯奈斯说："我从来不把它看成一种力量。我只不过是把人们引导到他们希望去的地方罢了。"

从上例中可以看出，伯奈斯在公关实践方面表现突出。1985年，93岁高龄的伯奈斯仍在进行公关咨询、写作、会见来宾。伯奈斯在公关研究方面的贡献也是卓越的，他花费了毕生的精力研究公共关系理论，不断探讨公共关系的真谛。他撰写的公共关系书籍达16部，并通过开设公共关系课程培养了一大批公关实践人才，故而，人们把他称为"现代公共关系之父"。1990年，美国《生活》杂志把他列为影响20世纪社会发展进程的100个重要人物之一，盛赞他"构想并设计了现代公关事业"。

 思 考 题

1. 结合公共关系产生和发展的社会历史条件，说明在古代社会为什么只有准公共关系。
2. 公共关系在美国的兴起和发展大致经历了哪几个阶段？
3. 艾维·李和爱德华·伯奈斯对于公共关系学的主要贡献分别是什么？
4. 结合实际情况分析艾维·李"说真话"的公共关系思想。
5. 我国公共关系在发展过程中呈现出哪些趋势？
6. 你认为当今我国公关界还存在哪些问题？对此你有什么意见和建议？

第三章 公共关系的公众

引例

美国航空公司的 AYP 计划

美国航空公司为了给未来的顾客——青年人留下一个良好的印象，每年都举办音乐大赛，为优胜者提供奖金，并为高级中学提供音乐教育。每年 5 月，该公司在纽约市卡内基音乐厅举办音乐大赛的颁奖典礼，并邀请世界著名的首席指挥为获奖人指挥。此外，该公司还将音乐大赛的门票收入作为高级中学的音乐教育基金。这项活动在美国影响很大，由此加深了美国航空公司在青年人心中的良好印象。从公共关系的角度剖析，AYP 计划成功的原因，一是充分发挥名人的作用，邀请世界著名的首席指挥来为获奖人指挥，利用名人制造话题，引起轰动；二是借力高级中学的音乐教育，在教育方面直接对青年人产生潜移默化的影响，在青年人心中留下了良好印象，并引发热点话题，进而在美国扩大影响。

公共关系也称公众关系，因为公共关系的工作对象就是公众。任何组织的生存和发展，都离不开公众的支持和信任。如引例所述，社会组织协调各种公众关系以赢得良好的社会舆论，正是公共关系工作的重要内容。因而要做好公共关系工作，就必须对公众进行充分的了解和研究。

第一节 公众概述

公共关系活动自始至终都离不开公众。了解公众、认识公众和掌握公众，是开展各项公众关系工作、建立良好的公众关系、树立良好的组织形象的前提。

一、公众的含义和特点

公众（Public）是公共关系学中的一个基本概念。正确理解这个概念及其特征，了解其他有关公众的知识，对于把握公共关系的真谛至关重要。

（一）公众及其相关概念

公众是与特定的公关主体相互联系及相互作用的个人、群体或组织的总和，是公共关系工作对象的总称。公众可以是个人，也可以是群体，但不是任何社会群体都是组织的公众。公众只是面临某个共同问题而形成的，因为某种共同利益而与组织发生联系的特定群体，这个特定群体是与特定组织产生互动效应的对象，对组织有重要的影响。

在日常生活中，公众容易与人民、群众等概念混淆，应注意它们之间的区别。

1. 人民（People）

人民作为一个政治及社会历史范畴，量的方面泛指居民中的大多数，质的方面指一切推动社会历史前进的人们，其中既包括劳动群众，又包括促进社会历史发展的其他阶级、阶层或集团。

2. 群众（Mass）

群众与人民相比，其内涵大、外延小，也就是说，本质含义在很大程度上是一致的。从范围上看，群众包含于人民之中，其内涵更具体、稳定。人民是个流动的概念，在不同的历史时期有不同的内容，但其主体和稳定的部分始终是从事物质资料和精神资料生产的劳动者，这部分人就是群众。

3. 人群（Crowd）

人群作为社会学用语，在量上，指居民中的某一部分；在质上，人群是松散的，不一定需要合群的整体意识和相互联结的牢固纽带，凡是人聚在一起均可称为"群"。

4. 受众（Audience）

受众是传播学中的概念，在新闻学、广告学中通用，其含义与公众很接近。从广告学的角度讲，受众一词的含义是信息的接收者，因此，受众是消极的和被动的。从公共关系学的角度看，受众又是积极的、主动的。为解决语义上的差异，公关界趋向于把受众分为"积极受众"和"消极受众"，而公众特指积极受众。

（二）公众的特点

公众这一概念有其特殊性，我们可以从以下几方面来认识。

1. 整体性

公众面临共同的问题，具有某种内在的联系和共同的意识，会为了某种共同的利益而行动。

2. 相关性

公众因面临某个共同的问题而聚集，这个问题对该组织的目标和发展具有实际或潜在的影响力、制约力，甚至决定组织的成败；而该组织的决策和行为对公众所面临的问题的解决也具有影响力，它制约公众问题的解决、需求的满足、利益的实现，从而使组织与公众之间产生相关性和互动性。

3. 主次性

各类公众对组织的影响程度不同，组织的性质和类型不同，其公关工作的目标、重点和具体对象均不同。

4. 层次性

公众是复杂多样的，公众的存在形式也不是单一的，而是由大量的个人、群体、团体和组织所构成的。即使是同一类公众，也可以有不同的存在形式。

5. 动态性

组织具体的公众对象并非一成不变，其成员的性质、结构与数量有多变性，组织与公众的关系也处于不断的发展和变化之中。

二、公众分类的目的

公众分类是公共关系理论的重要内容之一，其意义是很明显的：没有区别就没有政策，从而也就没有方法。从公关实践操作的角度看，公众的构成是非常复杂的，公共关系政策的制定和公共关系方法、技巧的运用，都依赖于对不同的公众进行区分。只有根据不同的层次、不同的角度、不同的标准，对不同的公众进行分析，才能使公关工作在科学的公众分析的基础上进行下去。具体来说，公众分类的目的如下。

第一，确定公众与组织相关性的大小，以及公众与组织关系的深度和广度，以便科学地制订公关计划。

第二，了解特殊公众的特殊要求和共同利益，有的放矢地制定公关对策。

第三，明确公众的分类，针对公众的不同类型和状态，有重点地开展公关活动。

第四，熟悉公众的特征，在公关策划时，提出有效的对策，以防工作时出现被动局面。

第五，掌握公众的态度以改变原有的计划。

三、公众分类的方法

不同的组织有不同的公众，同一类组织也有不同的公众。对公众进行较为准确的分类和判断，既是公关人员业务能力的体现，也是公关工作取得预期效果的重要保证。具体而言，根据不同的层次、不同的角度、不同的标准，公众分类的方法有以下几种。

（一）不同的组织有不同的公众

1. 互益性组织

互益性组织包括各种党派团体、职业团体、群众社团组织等。这类组织重视组织内部成员的利益和共同目标，所以要重视内部成员对组织本身的归属感，重视组织内部的沟通。

2. 营利性组织

营利性组织是指工商企业、金融机构、旅游服务业等以营利为目的的组织。这类组织以实现其所有者、经营者的利益为目标，所以首先要与其所有者（如投资者）以及对其经营成败具有决定性意义的顾客等建立良好关系。

3. 服务性组织

服务性组织是指公益学校、医院、社会福利工作机构等非营利组织。这类组织以满足其特定的服务对象的需要为目标，又要求其必须与其资助者、协助者保持稳定的关系。

4. 公益性组织

公益性组织包括政府部门、公共安全机关、消防队等。这类组织以实现国家及社会公众的整体利益为目标，其公众对象是社会各界。不同组织的公众分类如图 3-1 所示。

图 3-1　不同组织的公众分类

（二）同一类型的组织有不同的公众

1. 内部公众和外部公众

内部公众是由组织的成员组成的，是代表组织的角色；外部公众存在于组织之外，他们尽管不直接构成组织，但与组织联系密切。

2. 目标公众和非目标公众

目标公众，又称优先公众，一般指要求从特定组织得到某些利益、获得某些信息的个人、群体或组织，其对该组织和组织目标的达成具有一定的影响力和制约力。非目标公众指与组织无关，其观点、态度和行为不受组织影响，也不对组织产生作用的公众。

3. 组织的具体目标公众对象

最早对公众进行较为具体分类的是美国的杰瑞·A.亨德里克斯（Jerry A. Hendrix），他为组织界定了以下几类重要的公众：媒介、雇员、社区、政府、投资者、消费者和特殊公众。

（三）同一类型的公众可根据不同的标准分类

不同的组织有不同的公众，同一类型的组织有不同的公众，而同一类型的公众又可以根据不同的标准分类。

1. 根据组织公关活动的内外部对象，公众可划分为内部公众和外部公众两类

内部公众即组织内部的成员群体，如管理人员、技术人员、销售人员、辅助人员及股东等。

外部公众即组织外部的沟通对象群体，如消费者、协作者、竞争者、记者、政府官员、社区居民等。

2. 根据公众的组织结构，公众可以划分为个体公众和组织公众两类

个体公众指以个体的形式和组织发生联系的公众。个体公众是以分散的形式出现，以个人作为意见、态度和行为的表达者，并以个体形式与公关主体发生联系的公众对象，如竞选过程中面对的选民、酒店或商场中的散客等。

组织公众指以组织的形式与组织发生联系的公众。组织公众是以一定的组织或团体形式出现，以组织团体作为意见、态度和行为的表达者，并与公关主体相互交往的公众对象。如竞选过程中面对的各种助选团体，工商企业面对的集团消费者、订购者等。

另外，根据组织权力的性质，公众又可分为一般社团型公众和公共权力型公众。一般社团型公众指一般的组织机构，如企业、学校、新闻单位、社团组织等。公共权力型公众主要指政府及各类行政管理机关，如公安、税务、市政等部门，也包括上级主管部门。

3. 根据关系的重要程度，公众可划分为首要公众和次要公众两类

首要公众指关系到组织生死存亡、决定组织成败的那部分公众对象。

次要公众指对组织的生死存亡有影响但不起决定作用的公众对象。次要公众不应完全被放弃，在保证首要公众的前提下也应兼顾，因为次要公众也可能转化为首要公众。

4. 根据关系的稳定程度，公众可划分为临时公众、周期公众和稳定公众3类

临时公众是因为某一临时的因素、偶发事件或特别活动而形成的公众对象，周期公众是指按一定规律和周期出现的公众对象，稳定公众即具有稳定结构和稳定关系的公众对象。

划分临时公众、周期公众和稳定公众，是制定公共关系临时对策、周期性政策和稳定策略的依据。

5. 根据公众对组织的态度，公众可划分为顺意公众、逆意公众和边缘公众3类

顺意公众指对组织的政策、行为和产品持赞成意见和支持态度的公众对象。

逆意公众指对组织的政策、行为或产品持否定意见和反对态度的公众对象。

边缘公众则指对组织持中间态度、观点和意向不明朗的公众对象。

6. 根据组织的价值取向，公众可划分为受欢迎的公众、不受欢迎的公众和被追求的公众3类

受欢迎的公众即完全迎合组织的需要并主动对组织表示兴趣和沟通意向的公众对象。

不受欢迎的公众指违背组织的利益和意愿，对组织构成潜在或现实的威胁的公众对象。

被追求的公众特指那些对本组织公众关系工作有特别意义，但与本组织无直接利害关系，需本组织竭力去接近和争取的组织或个人，如新闻媒体、社会名流。

7. 根据公众发展过程的不同阶段，公众可以划分为非公众、潜在公众、知晓公众、行动公众4类

非公众是公共关系学中的特殊概念，指与组织无关，其观点、态度和行为不受组织影响，也不对组织产生作用的公众对象。

潜在公众即由于潜在公共关系问题而形成的潜伏公众、隐患公众、隐蔽公众或未来公众。

知晓公众即已经知晓自己的处境，明确意识到自己面临的问题与特定组织有关，迫切需要进一步了解与该问题有关的所有信息，并开始向组织提出有关权益要求的公众对象。

行动公众即已采取实际行动，对组织施加压力，并迫使组织采取相应行动的公众对象。

8. 根据公众对组织的关心程度，公众可划分为一般公众、留意公众和需要被告知的公众3类

一般公众指那些对本组织的境况和动向不十分关注，对组织的发展目前也无直接影响的公众对象。

留意公众指那些对本组织的境况和动向十分关注，对组织的发展亦有一定影响，同时组织也必须对他们予以关注的公众对象。

需要被告知的公众指那些对组织的某项活动有重要影响，但又不十分关注本组织的境况和动向，需要组织主动告知他们的公众对象。

第二节　处理各类公众关系的原则与规范

最早对公众进行较为具体分类的杰瑞·A. 亨德里克斯认为：任何特定公众，不管他们属于什么类型，都可能成为公共关系工作的中心对象。这些被筛选出来的公众被称为"目标公众"或"优先公众"。每个组织都有特定的目标公众，组织的性质、类型不同，具体的目标公众也不同。比如政府的目标公众、企业的目标公众、学校的目标公众，相互之间会有很大的差异。我们主要以公共关系应用较为普遍的企业为例，对其主要的目标公众进行分析，包括员工公众、顾客公众、媒介公众、政府公众、社区公众，以及股东公众、名流公众和国际公众等。

一、员工公众

员工既是内部公关的对象，又是外部公关的主体，是与组织相关性最强的一类公众。

（一）员工公众的定义

员工公众包括企业内部全体职员、工人、管理干部。员工关系不同于一般的人事关系和劳动关系，其最主要的责任是要实现组织与员工之间的良好沟通，使组织的决策及行为能充分体现组织与员工双方的共同利益，能同时满足双方的愿望和要求，并说服员工将个体利益目标寓于组织整体利益目标之中，达成信任与合作关系。

（二）建立良好员工关系的意义

员工是组织直接面对的、距离最近的公众，是形成组织力量的主体，是组织创造一流产品或服务的主力军，是塑造和传播组织形象的积极因素。建立良好的员工关系，可以培养组织成员的认同感和归属感，形成向心力和凝聚力。其意义主要表现在以下两个方面。

1. 组织需要得到员工的认可和支持来增强内聚力

一个组织如果其形象得不到自己员工的认可，就很难赢得社会的认可；一个组织如果其目标得不到自己员工的支持，就很难赢得社会的支持。因此，组织的内部公共关系工作首先是增强组织的内聚力，使员工形成有机的整体。要争取员工的理解和支持，就要将员工视作传播沟通的首要对象，尊重员工分享信息的优先权，使员工在信息分享中与组织融为一体，在组织内部形成信任与和谐的气氛。

海底捞董事长张勇认为："当员工把心放在工作上的时候,他就会替你去揣摩顾客的心思。支持海底捞发展的根本，从来不是钱，而是员工。"所以海底捞非常关注两点：顾客满意度和员工满意度。海底捞明文规定：员工宿舍必须是配有空调和电视的楼房，不能是地下室，距离门店步行不能超过 20 分钟，因为太远会影响员工休息。我国餐饮行业员工的平均流失率为28.6%，而海底捞员工的流失率则能控制在 10% 以内。

在 2016 年"顺丰快递小哥被打"事件发生后，顺丰集团总裁王卫在朋友圈声称："我王卫向所有朋友声明，如果这事我不追究到底，我不配再做顺丰集团总裁！"顺丰集团随后公开发表声明称："对于责任，我们不会因愤怒而抛弃客观公允；对于尊严，我们也不会因理解而放弃追回！希望一线小哥恪尽职守的同时也要保护好自己，你们的安危牵动着每一个顺丰人的心。"这些企业都为员工营造了"家"的感觉,以实际行动加强了企业内部的公共关系,增强了企业的内聚力。

 **精选案例**

广州羊城药厂为普通员工"树碑立传"

广州羊城药厂(以下简称"羊城药厂")于 1991 年建立起一座记功碑,上面有本厂195 位普通员工的名字,他们都是立功受奖的人员,于是厂里为他们"树碑立传"。羊城药厂曾有一段时间经营状况不佳。为了扭转这种状况,该厂领导号召全厂员工振奋精神,积极献计出力,打好翻身仗。195 位普通员工努力工作,为羊城药厂的振兴做出了突出的贡献,立下了汗马功劳。1990 年,羊城药厂举行评奖活动,这 195 位普通员工分别荣获金羊奖、银羊奖和铜羊奖。羊城药厂领导认为,广大员工才是企业的主人。这 195 位有功人员虽不是什么英雄,但是他们发挥了自己的作用,为羊城药厂的经营做出了突出的贡献,他们的名字应该载入本厂史册,永志不忘。于是羊城药厂为这 195 位普通员工树起了记功碑。羊城药厂为员工"树碑立传"的做法,是重视员工关系、充分尊重员工的有力证明,有利于增强企业的内聚力。

2. 组织需要通过员工的公关工作增强外张力

一个组织的对外影响力有赖于全体员工的努力和配合。因为每个员工都是组织与外部公众接触的触角,都处在对外公共关系工作的第一线,组织的整体形象必须通过他们在各自的工作岗位上的良好表现具体体现出来。在对外交往中,每一位员工都是非常重要的公共关系主体,组织主体性的发挥有赖于他们对组织的认同感和归属感、向心力和凝聚力。一个组织如果希望员工能够时时刻刻自觉地维护组织的形象,就应该时时刻刻尊重自己的员工,将员工作为重要的公共关系对象,努力培养他们对组织的认同感、归属感,不断增强组织的凝聚力。有公共关系学者认为,公共关系活动如果得不到员工的信任和了解,便不能获得真正的成功。

(三)对员工心理的认知

员工心理认知属于内部公众心理的认知,我们可通过考察组织内部凝聚力来认识内部公众心理。组织内部公众是组织生存和发展的主要力量,了解内部公众心理是公共关系活动的主要内容之一。了解组织内部公众心理,除了对个体心理的了解,把握每一个人的心理状态和特征,还要把握组织内部整体心理的状态和特征,而这又主要是指把握员工的群体凝聚力水平。凝聚力主要是指组织内部的相互吸引力,包括上下级之间的信任度、亲和度,同级之间的融洽度、亲密度等。一般来说,一个组织内部凝聚力的强弱与这个组织的运营状况有很大关系,内部凝聚力强是组织良性运转的标志。组织内部员工之间关系融洽、意见一致、相互合作,就意味着这个组织的内部凝聚力强,组织稳定;反之,组织内部员工之间关系紧张、意见相悖、离心离德,则意味着这个组织的内部凝聚力弱,组织涣散。内部凝聚力越强,组织越稳定,工作效率也就越高;反之,内部凝聚力越弱,组织越涣散,工作效率就越低。

（四）如何处理好员工关系

组织处理员工关系的方法如图3-2所示。

图 3-2 处理员工关系的方法

1. 了解员工对组织的期望和要求

员工对组织的期望和要求，以及组织对这些期望和要求的满足程度，决定了员工对组织的态度和表现。所以，了解员工对组织的期望和要求，是建立良好员工关系的先决条件。

一项调查表明：只要工作合适，员工并不在乎多做额外的工作；员工要求工作具有挑战性，能运用创造力，并能激发他们的潜力；足够复杂多样的工作能够帮助员工发展新的技能并为其提供进步和团结的机会；员工在工作中需要友情，他们乐于在良好的合作关系中工作、互相帮助、分享快乐、分担痛苦，并能了解怎样才能把工作做得更好。员工对组织不满意的3个最主要的原因是报酬不够、工作单调和人情冷漠。由此可见，员工对组织的期望和要求是多方面的。满足员工的要求，提高他们的积极性，发挥他们的潜能与创造力，是处理好与员工公众的关系的关键。

2. 建立有效的沟通机制

美国民意调查公司的一项调查表明，只有1%的员工认为公司的事与己无关，而99%的员工都渴望知道公司的最新动态，希望了解公司的内情。因此，建立有效的沟通机制，把组织的信息及时告知员工，提高组织的透明度，是建立良好员工关系的重要途径。沟通的内容主要包括以下几个方面。

（1）向员工介绍组织的管理和决策情况，如组织的目标、规模、经济效益、财务状况、市场占有率、高层动向、投资方向、新的重大决策等，让员工全面了解组织，争取员工对组织的支持。

（2）向员工介绍组织的竞争对手，增强员工的紧迫感和危机意识。

（3）向员工介绍组织的发展历史、取得的成果、技术创新、组织荣誉、模范人物等，增强组织对员工的吸引力，激发员工的自信心和自豪感。

（4）介绍员工动态，如工作经验交流、文体活动、工作职位变动、业绩表彰等，增强员工之间的了解，拉近员工与组织的心理距离。

与员工沟通的途径包括通过管理人员、意见领袖与员工沟通；通过会议形式与其沟通；通过组织内部出版物与其沟通以及建立合理的建议制度。

其中，建立合理的建议制度是自主管理的一项内容，对组织经营有重要意义，如海尔公司在组织内部公共关系的实践中，不仅坚持严格管理，还倡导员工自主管理，尤其重视让员工提出合理建议。海尔公司的女工高云燕是总装车间的一名普通操作工，她发现放置部件的工作台会影响操作时的观察，从而影响加工的质量和效率，便思考利用折射原理，在钻眼机前放一面镜子，一试，效果绝佳。公司立即支持其给所有钻眼机前都立起一面一平方米的镜子，还将镜子命名为"云燕镜子"。这一举措不但激励了高云燕，还激励了全体员工发挥主人翁的创造精神。集团董事局主席张瑞敏说："我们追求的是全员自主管理，追求一种自觉的状态。"

3. 尊重并公平对待员工

组织在制定员工奖酬制度时要尊重并公平对待员工。例如，通过建立正式的奖酬制度来确保表现良好的员工一定能受到奖励。如果奖酬制度能够适当地执行，那么员工就会感觉自己受到了公平的对待，从而提高工作的积极性。组织应当精心设计奖酬形式，因为任何形式的报酬或奖励都应当对员工有吸引力。只有这样，才能提高员工的满意度，更好地激励员工。许多企业还建立了员工帮助计划来帮助员工及其家属解决职业心理健康问题以缓解员工的压力，促进员工关系朝着积极的方向发展。

随着经济的不断发展，员工关系的管理也在不断地完善。对于组织来说，为了提高组织的效益，使组织得到更好更快的发展，为建立良好员工关系所付出的一切努力都是值得的。

二、顾客公众

顾客公众是各类企业主体的服务对象的总和。顾客公众是企业最重要的，也是数量最多的外部公众。

（一）顾客公众的定义

顾客公众也称服务对象公众，是指企业的具体服务对象，如商场中的顾客，宾馆中的住客，酒店中的就餐者及火车、轮船、飞机上的乘客等，他们是各类企业主体的服务对象的总和。

（二）建立良好顾客关系的目的和意义

美国公共关系专家加瑞特说："无论大小企业都必须永远按照下述信念来计划自己的方向，这个信念就是企业要为消费者服务，要为满足人民的需要生产，这是企业唯一正确的方向。"因此，企业要想生存和发展，首先就要建立良好的顾客关系。失去了消费者，便没有了企业生存的基础；了解消费者需求，把握消费者需求，企业就拥有了生存的基础。建立良好顾客关系的目的是促使消费者对企业及其产品形成良好印象和评价，提高企业及其产品的知名度和美誉度，增强企业及其产品对市场的影响力和吸引力，为实现企业和消费者的共同利益服务。建立良好顾客关系的重要意义主要表现在以下 3 个方面。

1. 良好的顾客关系能够为企业带来直接利益

对于企业来说，消费者就是市场，有了消费者就有了市场，满足了消费者的需求，企业的经济效益就能够实现。得人心者得市场，良好的顾客关系是企业经营的生命线，可以给企业带来直接的经济利益。

2. 良好的顾客关系能够帮助企业树立正确的经营思想

"利润第一"和"消费者第一"，是两种完全对立的经营思想。企业要实现自己的目标，最根本的任务就是使其产品和服务得到消费者的认可。认真做好消费者的公共关系工作，就是要树立"消费者第一"的思想，也就是说，企业不仅要满足消费者物质消费的需求，还要满足消费者信息知晓的需求、情感的需求、选择的需求、表达和参与等方面的需求，从而达到经济效益和社会效益的统一。

3. 良好的顾客关系有助于形成稳定的顾客公众

认真做好顾客公关工作能够培养具有现代消费意识、自觉维护自身权利的顾客公众，能为现代社会营造健康、良好、稳定的消费环境。企业要扮演好教育、引导和组织消费者的角色，与消费者一起设计生活、美化生活，从而形成和谐的顾客关系。

（三）对顾客公众心理的认知

由于企业直接指向的对象是顾客公众，因而如何使他们满意，并赢得他们的支持，就成了企业公共关系活动的一项重要内容。企业要想处理好与其顾客公众，也就是购买公众之间的关系，就需要对顾客公众的心理有所了解。顾客公众的心理基于顾客公众的权利意识。

一般而言，顾客公众有 3 种权利。

1. 知晓一切的权利

顾客公众在选择自己购买的产品时，应当知道产品的用途、质量、使用和保养方法、维修方式、牌号、厂址、价格等；在购买服务时也有知道服务地点、方式、质量、费用等的权利。对于顾客公众的这种权利，企业应予以重视，并尽可能地满足。

2. 选择的权利

对于买什么、不买什么、什么时候买、在什么地方买，顾客公众应有绝对的选择权。企业应尽可能地给顾客公众更多的选择机会和条件，以获得他们的支持。

3. 要求公平的权利

由于企业与顾客公众之间是交换关系，这种关系就应遵循等价交换的原则。顾客公众一旦发现交换过程中有不公平的现象存在（如以次充好），就有要求退换赔款的权利，而企业应当尊重顾客公众的这一权利。

企业要了解以上顾客公众的权利，便于认知顾客公众的心理。

拓展案例

"印刷侍者"的
成功之道

（四）如何处理好与顾客的关系

随着竞争的加剧，以及顾客消费的理性化和个性化的加强，企业之间的竞争必然会从争夺"市场份额"转为争夺"客户份额"。企业会更加关注顾客的终身价值，关注顾客关系资产的价值。企业的长期发展需要依赖相对持久的竞争优势，而核心产品形成的竞争优势越来越小且难以持久，因此，围绕顾客需求所创造的无形资产——顾客关系便成为企业打造竞争优势的重要战略资源。正确而有效地管理顾客关系，可从以下几方面入手，如图3-3所示。

1 明确顾客权利，满足顾客诉求

2 为顾客提供优质的产品和服务

3 妥善处理顾客提出的问题

4 加强与顾客的沟通

图 3-3　处理顾客关系的方法

1. 明确顾客权利，满足顾客诉求

如"对顾客公众心理的认知"部分的内容所说，顾客公众拥有3种权利，企业应当尊重顾客公众的权利，并满足顾客的诉求。

2. 为顾客提供优质的产品和服务

产品和服务是企业满足顾客需求的载体，而服务又是产品价值的延伸。企业建立良好顾客关系的根本途径就是为顾客提供优质的产品和服务。"蓝色巨人"IBM的经典格言是"IBM意味着服务"，这句话体现了IBM的理念精华，是IBM企业文化的核心，并且一以贯之。凭借"尊重个人、给予顾客最好的服务和追求优异的工作表现"的原则和信念，IBM形成了特有的企业文化，成就了"计算机帝国"的伟业。

例如，资生堂通过对化妆品市场的调查和研究，发现一般顾客不仅需要化妆品公司提供高质量的产品，还需要其提供高水平的美容咨询。资生堂强调其旗下各专卖店的销售人员必须有较强的提供咨询的能力，能把化妆品店变成美容咨询室，为入店的顾客提供各种咨询服务。每年资生堂都会定期举行美容咨询的研讨会，以提供美容资讯，这样做可以为女性顾客营造一种能完全独立自主挑选商品的购物气氛。创建服务是品牌参与市场竞争的重要手段，也是企业的一笔可观的无形资产，因此企业不仅要注重服务的消费功能，还要重视让顾客在享受服务的过程中体味品牌赋予的深层次的思想内涵与文化气息，从而给顾客带来精神上的愉悦。创造品牌服务差异化，使它成为创新服务方式和提升服务质量的重要手段，以超越顾客的期待，赢得顾客的信任。

3. 妥善处理顾客提出的问题

企业在提供产品和服务的过程中，经常会遇到顾客的质疑、抱怨，甚至是辱骂和投诉。这种情况下，企业既不能无动于衷，听之任之，也不能激发矛盾，站在顾客的对立面，而应该恪守"顾客永远是对的"这一顾客关系最高准则，迅速做出反应，妥善解决，争取顾客的谅解。"顾客至上"是公关人员必须遵循的原则。

4. 加强与顾客的沟通

除日常工作业务交往外，加强与顾客的沟通，主要有以下方式。

（1）口头或书面联系，包括面对面的答复及电话回答询问，建立顾客热线，寄发公共关系手册、新产品介绍等。

（2）内部刊物。企业通过编发定期或不定期的内部刊物，向顾客介绍企业发展情况，发布新产品，使顾客对企业有较为深入的了解。

（3）公共关系广告。通过加强企业形象宣传，吸引公众注意力，发展顾客群体。

（4）开展顾客联谊活动，如进行社区服务、赞助公益事业等，以此来回馈社会、回报顾客。

 精选案例

深入了解顾客需求

美国纽约《华尔街日报》的一篇文章中有这样几句话："没有人比妈妈更了解你，可是，她知道你有多少条短裤吗？乔基公司知道。妈妈知道你往每杯水中放多少块冰吗？可

三、媒介公众

媒介公众是公共关系工作对象中最敏感、最重要的一部分。

（一）媒介公众的定义

媒介公众又称新闻界公众，是指刊载和发布各类信息的新闻传播机构（包括报社、杂志社、广播电台、电视台等传统媒体机构以及博客、微信、社交网站等新兴媒体机构）以及新闻界人士（包括记者、编辑等）。

（二）建立良好媒介关系的目的和意义

在信息化社会，人们对任何组织及产品的了解，已不再停留在亲眼所见的直接接触阶段，更多的是通过传播媒介对组织及产品"产生印象"。因此，建立良好媒介关系的目的，就是争取传播媒介对组织的了解、理解和支持，以便形成对本组织生存与发展有利的舆论氛围，并通过传播媒介实现与大众的广泛沟通，加强组织与社会公众之间的联系。

媒介公众是告知组织新闻信息的主渠道，是社会信息流通过程中的"把关人"。良好的媒介关系可以形成对组织有利的舆论环境，建立良好的媒介关系是运用大众传播手段的前提，如果没有好的媒介关系就无法有效地进行大众传播，因而与媒介公众处好关系对组织来说意义重大。

（三）对媒介公众心理的认知

任何一个组织要提高其知名度，都离不开媒介公众的作用，媒介公众的主要传播手段之一是新闻媒介传播。新闻媒介公众有敏感、果断、及时、有效传播的特点。同时，由于其要考虑政治影响、舆论导向、公众兴趣、可靠程度等问题，又具有谨慎、挑剔、注意新闻性等特点，这就使得组织不能仅仅依靠新闻媒介公众，还要依靠人际传播媒介公众。

（四）如何处理好与媒介公众的关系

组织需借助媒介向公众传递信息，提高组织的知名度，营造有利于组织的舆论环境。在与媒介公众交往的过程中，一定要平等相待、以诚相待、以礼相待、相互配合，要讲究工作方法和工作技巧。处理媒介关系的方法如图3-4所示。

图3-4　处理媒介关系的方法

1. 重新审视、正确看待媒介公众

组织和媒介公众产生冲突的部分原因在于，双方都站在自己的立场来看待对方。媒介公众都具有很强的社会责任感，认为自己有责任将最真实、最全面的信息以最快的速度传递给公众，而有的组织不愿发布负面信息，因此双方可能会发生冲突。组织应首先了解媒介公众的观点，正确看待媒介公众。其实，在现代法治社会，媒介公众在监督社会方面起到了重要的作用。记者的监督怀疑权利难免会与一些企业和社会组织的某些利益发生冲突，我们应该通过赋予媒介公众合理的怀疑权来协调这中间的冲突。同时，适度的怀疑也可以使组织及时听到反对自己的声音，有利于企业及时消除危机。

2. 主动向媒介公众提供新闻素材

要善于发现组织内部具有新闻价值的事件，向媒介公众提供传播材料。组织要熟悉各类媒介公众的特点及受众情况，帮助媒介公众收集并向其提供新闻素材，主要包括组织的机构、经营方针、运作模式、生产技术、人事安排的重大变革；组织的开业庆典、纪念活动、公益活动；组织的新成果、先进人物、先进事迹；组织与社会知名人士的交往等。

3. 善于进行新闻策划

要善于进行新闻策划，放大新闻效应。新闻策划又称为制造新闻，它是以组织内部发生的真实事件为基础，有计划地推动或挖掘事件的新闻价值，引起公众和新闻媒介的注意，以获得新闻效应。新闻策划不是无中生有、凭空捏造、欺骗公众，而是通过对真实事件的新闻价值进行挖掘、放大和升华，推动事件的顺利发展。

4. 加强与媒介公众的沟通与联系

组织应重点关注与媒介公众的沟通，要经常与电视台、广播电台、报社、杂志社等媒介公众联合举办各种活动，提高组织在新闻报道中出现的频率。对于"沟通"的理解，应主要把握以下几点。

首先，与媒介公众的沟通并不仅仅是在组织遭遇危机时才表现出的一次新闻发布会、一次道歉或者一个登报说明等。沟通被誉为解码公共关系的关键词，它包含一个组织通过传播媒介想要传递给目标受众的信息。其次，媒介公众的沟通管理蕴含在组织的整个运营过程之中，包括组织日常与新闻媒体关系的培养；危机公关时与新闻媒体进行交流；利用媒体的舆论导向作用去解决问题，重塑组织形象等。最后，媒介公众的沟通管理对于组织而言，与组织的研发、生产、销售、技术等部门一样具有不可替代的重要性。

5. 建立合理的媒介公众管理制度

在对外交往时，组织内部应首先建立一套媒介公众管理制度，以便在面对各种状况时有章可循。首先，组织应成立专门的管理部门，把媒介公众关系列为日常工作内容，对其进行细水长流式的培养与维护，并由总经理主管该部门，以提高其执行效率。其次，组织可以仿效政府部门设置专门的新闻发言人，由新闻发言人专门负责接受媒体的采访并发布新闻，这样做可以使组织保持对外信息的一致性，而且固定的新闻发言人也意味着组织的稳定和关系的稳固，可以增强媒介公众对组织的信任感。最后，组织要真诚对待媒介公众，热情接待媒介公众的采访，一视同仁地对待前来采访的记者，安排专人陪同记者采访，随时了解采访需求，及时满足其合理的要求。只有真诚地对待媒介公众，才能换来媒介公众对组织的信任，从而为双方的友好合作打下基础。

四、政府公众

政府公众是所有传播沟通对象中最具权威性的公众对象。

（一）政府公众的定义

政府公众是指政府各行政机构及其工作人员，具体可分为两大类：一是纵向政府公众，如上级主管部门；二是横向政府公众，包括工商、人事、财政、税务、市政、治安、法院、海关、卫检、环保等部门。政府关系是指组织与政府及各职能机构、政府官员和工作人员之间的关系，即组织与政府沟通的具体对象。政府是国家权力的执行者，是对社会进行统一、有序管理的权力机构。任何组织都必须无条件遵守政府颁布的法律与法规，服从政府各职能部门的管理，但在政府与组织之间的这种管辖与被管辖的关系中，还存在被管理者与管理者、公共关系主体与客体的关系，以及相互了解、相互沟通的关系。

（二）建立良好政府关系的目的和意义

组织必须与政府各职能部门建立并保持良好的关系，这是组织生存与发展的重要保障和条件。建立良好政府关系的目的是争取政府对组织的了解、信任与支持，为组织的生存和发展争取良好的政策环境、法律环境、行政支持和政治支持。其重要意义主要表现在以下几个方面。

1. 政府的认可和支持最具权威性和影响力

政府掌握着制定政策、执行法律、管理社会的权力，具有强大的宏观调控力量，代表公众的意志来协调各种社会关系。因此，组织应该把握一切有利时机，扩大组织在政府部门中的信誉和影响，使政府了解本组织对社会、国家的贡献。

2. 建立良好的政府关系能够为组织赢得好的发展环境

建立良好的政府关系能够为组织营造有利的政策、法律和社会管理环境。政府的政策、法律和管理条例是组织决策和活动的依据和基本规范，组织的一切行为都必须在政策法令许可的范围之内实施。通过良好的政府关系，组织能够及时了解有关政策的变动，能够较方便地争取政策性的优惠和支持，使之对组织的发展有利。因此，组织应该主动建立和加强自己与政府有关部门之间的双向沟通。

（三）对政府公众心理的认知

任何一个组织不论属于什么性质，都不免要与政府公众发生关系，因而它们要了解政府公众的心理，可从以下几个方面入手。

一是政策执行的灵活性和原则性。政府公众具有对政策的监督、解释、执行等职能。在执行时，有的政府公众原则性较强；有的政府公众灵活性较强。前者执行政策、法规时比较机械，不考虑特殊情况，也难以通融；后者则注重情面，善解人意，但也容易犯错误。所以，组织对与自己发生具体关系的这两类不同的政府公众，应采取不同的对策，遇到前者时应尽量循规蹈矩，遇到后者时则可灵活多变。

二是在工作作风方面有果断性和细腻性的区别。在工作作风上，有的政府公众果断利索，办事效率高，但有时难免草率；有的政府公众细腻耐心，办事认真，反复研究，但有时难免

拓展案例

可口可乐公司
的政府公关

拖拉。遇到前者时，要尽可能果断迅速地处理问题；遇到后者时，则应尽可能细致、认真，以免出现漏洞，引起合作的不快。

三是在工作态度上有消极和积极之分。在工作态度上，有的政府公众积极、主动，不仅热情接待各种来访之人，还积极深入基层，了解情况，寻找问题。遇到这类政府公众时，组织的问题往往会立刻得到解决，便于开展工作。有的政府公众则缺乏主动性，满足于各类机关性事务，遇事推诿，更不愿上门征求意见及了解情况，组织和这类政府公众很难愉快合作。

（四）如何处理好与政府公众的关系

社会组织要寻求政府公众的理解与支持，就必须充分认识到公众利益对于组织利益、社会责任对于组织责任的重要性。组织既要有报效国家之心，又要在行为上、在决策过程中将其充分体现出来，做一个社会公益事业的热心倡导者和积极拥护者，以此作为对政府工作的一种支持，以行动赢得政府公众的高度认同与厚爱。要搞好同政府公众的关系，关键在于妥善处理国家利益同组织自身局部利益的关系，尤其应努力做好以下工作，如图 3-5 所示。

依法经营 | 发挥组织的优势作用，做好协助工作 | 加强与政府的双向沟通 | 适当承担一定的社会责任

图 3-5　处理政府关系的方法

1. **依法经营**

依法经营是组织参与市场竞争的基本法则。组织作为一个独立的经济实体，从注册成立到发展壮大，始终需要做到以下 4 点。第一，必须具备从事生产加工的各种许可证，生产设备和生产环境涉及职工安全时，必须经过有关部门鉴定后才能使用；第二，组织生产的产品必须严格按照规定的程序加工，经过政府职能部门的鉴定后才能在市场上销售；第三，组织在纳税、投资、职工权益等方面也必须按照国家的有关法律严格执行；第四，当组织对政府的干预有意见时，要利用法律赋予的诉讼权起诉政府，通过合法的途径来解决争端。

2. **发挥组织的优势作用，做好协助工作**

实力超群的企业一般都拥有先进的管理运作经验、大量的优秀人才、雄厚的资金实力、多元的投资渠道、广阔的国内外市场。这些企业应与政府合作，让地方政府大量待转化的社会资源很快被企业雄厚的实力所"催化"，迅速转化为社会效益。组织还应发挥自身优势，在政府工作遇到困难时，主动援之以手，为政府排忧解难。组织要积极配合和参与社区和地方的建设事业，树立全局观念，力求为社会多做贡献；要积极参加政府组织的各种公益活动，尤其在生态环境保护与建设方面，要做模范公民。

3. 加强与政府的双向沟通

组织要积极主动与政府公众，尤其是主管职能部门联系与沟通。假如政府关系处理得不恰当，彼此关系不和谐，组织就会浪费大量的时间、人力等资源，削弱市场竞争力。组织在政府关系的处理方面应该采取积极态度，主动和政府对话，摆正姿态，当双方发生摩擦时，组织要和政府部门多沟通。一些大型组织不能因为自己实力雄厚、对社会的贡献大等，就对政府的行为不重视或者不配合。毕竟政府是社会事务的管理者，要尊重政府，积极主动地和政府沟通，这样才有建立和谐政企关系的基础，组织才会在这种和谐关系中享受到更大的优惠和发展空间。例如，邀请政府官员参加组织的重大活动，主动提供信息，重视并加强组织的宣传报道工作等。

4. 适当承担一定的社会责任

组织要适当承担一定的社会责任，以树立良好的组织形象。组织在开展社会责任意识教育活动的同时，应该将这种社会责任意识转化为实际行动。比如大型国有组织汉江集团就在员工权益、扶贫、救助捐款、城市市政建设等方面做了很多工作。它采取积极主动的态度，选择全市人民普遍关心、对全市发展影响较大的市政建设项目予以力所能及的帮助，并通过隆重的仪式和新闻媒体将此事告知全市人民，增强了市民对汉江集团的情感认同。

五、社区公众

社区是一个组织赖以生存和发展的基本环境，是组织的根基，共同的生存背景使社区公众具有"准自家人"的特点。

（一）社区公众的定义

社区指以地缘为纽带，联结和聚集一定数量的社会成员的地域。社区公众是指组织所在地的公众，包括当地的政府机构、地方团体及居民等。社区关系也称区域关系、地方关系、睦邻关系，它是指与某个社会组织主体在地域上相邻、利益上相关的一种公众关系。

（二）建立良好社区关系的目的和意义

社区如同组织扎根的土壤，如果不能与社区公众建立良好的关系，组织就会失去立足之地。建立良好的社区关系是为了争取社区公众对组织的了解、理解和支持，为组织创造稳定的生存环境；同时体现组织对社区的责任和义务，通过社区关系扩大组织在本区域的影响。其重要意义主要表现在以下两个方面。

1. 社区关系直接影响组织的生存环境

社区公众是由特定的活动空间所确定的，区域性、空间性很强。地方性组织或企业的活动直接受社区的制约，社区关系直接影响组织或企业其他方面的关系，如员工家属关系、本地顾客关系、地方政府关系和媒介关系等。跨区域性经营的组织或企业也不能脱离特定的社区，甚至要善于同各种不同背景的社区公众打交道，以争取社区提供的各种地方性的服务和支持，使组织能够在各种完全不同的社区环境中生存和发展。因此，组织需要将社区关系作为影响自身发展的一个重要因素来认真对待。

2. 社区关系直接影响组织的公众形象

社区公众包括当地政治、经济、文化、教育等各个方面的公众，类型繁多，涉及面较广，对组织有各种不同的感受、要求和评价。由于处在同一社区,社区公众对组织的某一种评价和看法就容易相互传播,形成区域性的影响,从而形成组织的某种公众形象。因此,组织的社区关系好坏,直接影响组织的公众形象。一个组织如果没有良好的社区关系,就很难在社会上获得良好的名声。

社区公众与组织之间有千丝万缕的联系。社区居民可能成为组织的员工或组织最稳定的顾客;社区的其他社团可以成为组织的良好合作伙伴;而社区所在地的政府,则是组织的"父母官"。能否与社区公众建立良好的关系,关系到组织和组织员工能否拥有一个安静、和谐的生产、生活环境。此外,社区公众是组织劳动力的主要来源,是组织最可靠的后勤保障系统,社区文化影响组织的文化。因此,组织要主动承担必要的社会责任和义务,像爱护自己的家园一样爱护社区,在社区的物质文明和精神文明建设中发挥中坚作用,为社区造福,为社区公众多做贡献。

(三)对社区公众心理的认知

社区是人们生存和生活的主要环境和场所,因而社区公众的一般心理主要表现为:要求生活配套设施完备,服务质量高、有亲切感,生活方便、舒心,能在社区内享受到相对满意的待遇等。尽管组织要满足社区公众的所有要求是极其困难的,但组织要力所能及地为社区公众着想,以获得社区公众的支持,因为做到这一点对扩大组织的影响、树立良好的组织形象是十分必要的。只有满足了社区公众的愿望和要求,才能建立友好的睦邻关系,才能营造有利于组织生存与发展的社区环境。

(四)如何处理好与社区公众的关系

一个组织与社区保持良好的关系,通常应当使该组织的经营管理活动及其员工活动与当地其他组织的活动相融合,得到其他组织和社区公众的认同和支持,这是一个组织最想实现的关于社区关系的目标。要建立良好的社区关系,最好的方法是实现组织自身的社区化。

所谓社区化,是指组织通过接受、吸收社区文化,并以自己的行为反作用于社区的行为规范和准则,从而使自己逐渐为社区公众所承认和接纳,成为社区公众的一员,并通过进一步沟通,与社区公众相互同化,融为一体。实际上,许多组织成功建立和维护良好社区关系的过程,就是组织逐渐社区化的过程。处理社区关系的方法如图3-6所示。

1. 树立为社区做贡献的理念
2. 加强与社区的双向沟通
3. 加强环保意识
4. 加强公关活动的开展
5. 向社区提供众多福利设施
6. 实施社区公众优先原则
7. 坚持互惠互利原则

图3-6 处理社区关系的方法

1. 树立为社区做贡献的理念

组织不仅承担着为社会创造经济效益的使命,也担负着为社会创造社会效益和环境效益的使命。组织应从社会的整体利益和长远利益出发,维护社区的利益。

2. 加强与社区的双向沟通

组织应该多与社区沟通,了解社区的文化背景,了解社区对组织的定位,有针对性地开展社区公关活动。只有双向沟通,双方相互了解,才有可能建立良好的关系。

3. 加强环保意识

社区的环境如何,直接关系到社区公众的生活和健康。环境问题已成为社区公众最关心的问题之一。组织要想建立与社区公众之间的良好关系,就应该注重环保,不仅要做到不污染环境,而且应引导并帮助社区公众美化社区的环境,营造一个美好的生活、生产空间,增强社区的吸引力。这样不仅可以增强社区环境对组织内部员工的吸引力,还可以帮助组织赢得社区公众的好感。

4. 加强公关活动的开展

组织应力所能及地多支持社区开展各项公益活动,比如赞助一些文体活动等。这些公关活动可以促进组织与社区的沟通交流,拉近组织与社区的距离,帮助组织在社区公众的心目中树立良好形象。组织可以根据社区的不同特点,开展符合社区文化特点的社区艺术文体活动,如果年轻人较多,就可以多开展一些体育活动,如足球赛、篮球赛等。

5. 向社区提供众多福利设施

组织的各种服务设施和娱乐场所,如果以适当的形式向社会公众开放,就会受到所在社区公众的欢迎,同时适当安排社区公众参观本组织,使他们对本组织有更深的了解,这有助于与社区公众维持长期的和谐关系,得到社区公众的理解和支持。除了设置向社区开放门户的"开门日"外,组织还可以采取其他方法,比如向社区各界印发介绍组织情况的文字资料和图片资料,通过新闻机构刊发新闻稿和广告,举办展览会、记者招待会或进行公关演讲,以及邀请各类社区公众参加组织的各种活动等,从而让社区公众了解组织。

6. 实施社区公众优先原则

一个组织在特定的社区中生存与发展,需要社区公众的支持和协助。那么,组织在提供就业机会和社会福利方面,理应实施社区公众优先原则,即在同等的竞争条件下,优先录用本社区的公众为本组织的员工;在向社会大众提供各种服务设施和服务项目时,优先提供给本社区公众。实施社区公众优先原则,可以体现出组织对本社区公众知恩图报的心理,让社区公众了解组织是不会忘记社区公众的理解和支持的,社区公众也必然会以更大的热情对组织的厚爱予以回报。

7. 坚持互惠互利原则

组织在与社区的交往中必须满足对方的利益需求。虽然组织一般看重经济效益,而社区更在乎社会效益,但坚持互惠互利的原则,必然能使二者获得在平等利益地位上的互助,并得到各自相应的实惠,从而达到双赢目的。

六、其他公众

除了上述几类公众以外,股东公众、名流公众和国际公众也对组织的发展起着重要的作用，组织需要了解他们对自身的意义，并且熟练掌握维系良好公众关系的方法。

（一）股东公众

1. 股东公众的定义

股东公众是企业的投资者，或组织的财政支持者，为组织的发展提供经济支持。从公关的角度分析，股东公众主要包括董事会、董事局、广大股东、金融舆论专家等。从本质上说，股东关系属于内部关系。但从形式上看，由于股东人数多、较分散，所以股东关系又似外部关系。实际上，这是一种分散于外部的内部关系。针对股份制企业来说，股东是一群具有"老板意识"的外行，但他们又是企业财富和权力的源头。

2. 建立良好股东关系的意义

股东关系是一种关乎企业生存与发展的基本关系，是一个必须直接面对和正确处理的问题。良好的股东关系，可保障企业和谐发展，并为企业的可持续发展提供良好的内部环境和条件。

3. 如何处理好与股东公众的关系

股东是股份公司的出资人或投资人。股东出资的目的是盈利，这是铁律。处理好股东关系需要做的是：维护股东的正当权益，满足股东的心理需求，争取股东对组织决策的参与支持。是否盈利，盈利多少，不仅是股东和投资者关心的问题，还是广大经营管理者和员工劳动价值和利益的最终体现，也是衡量绩效的指标之一。盈利水平高、能力强，这个组织就可能争取到更多的资源，员工才可能获得更多的报酬。亏损的组织将危及自身的生存，员工将失去就业的机会。个人利益平均主义的分配方式将彻底地退出历史舞台。因此，任何组织、任何员工尤其是股改后企业的员工都应具有强烈的股东意识，都应树立牢固的股东回报观念。

（二）名流公众

1. 名流公众的定义

名流公众是指那些对公众舆论和社会生活具有较大影响的社会名人，如工商界、金融界的首脑人物，科学界、教育界、学术界的权威人士，文化、艺术、影视、体育等方面的明星等。名流公众的特点是：这类公众对象的数量有限，但质量优异，能在舆论传播中迅速聚集，影响力很强，但具有不稳定性。

2. 建立良好名流关系的目的和意义

建立良好名流关系的目的，是借助名流的知名度扩大组织的公共关系网络，扩大组织的公众影响力，丰富组织的社会形象。其意义包括以下几个方面。

（1）借助社会名流的知识和专长

与社会名流建立良好关系，能充分利用他们的见识、专长为组织的经营管理提供有益的意见。社会名流往往见多识广，或是某一方面的权威人士，组织的管理人士能够在与他们的交往过程中获得广泛的社会信息或宝贵的专业信息，这在无形中为组织增添了一笔知识财富与信息财富。

（2）借助社会名流的关系网络

与社会名流建立良好关系，能通过他们良好的社会关系网络为组织广结善缘。有些社会名流虽然不可能为本组织直接提供所需的专业信息或管理咨询，但由于他们与社会各界有广泛的联系，或在某一方面有特别重大的影响，组织就能够通过他们与有关公众对象建立关系，扩大社会交往范围。

（3）借助社会名流的社会声望

与社会名流建立良好关系，能借助他们较高的社会声望，提高本组织的知名度。社会名流由于具有较高的社会地位、某方面的权威性，或自身对社会的特殊贡献、突出成就等，而具有较高的知名度。此外，一般公众存在"崇尚英雄""崇拜明星"的社会心理，通过社会名流去影响公众和舆论，往往能取得事半功倍的效果。组织与社会名流建立好良好关系，就可以将本组织的名字与社会名流的名望联系在一起，利用公众崇拜名流的心理，提高本组织在公众心目中的地位。

（三）国际公众

1. 国际公众的定义

国际公众指一个组织的产品、人员及其活动进入国际范围，对别国的公众产生影响，并在需要了解和适应对象国的公众环境的时候，该组织所面对的不同国家、地区和公众对象，包括别国的政府、媒介、消费者等。国际公众具有与本组织完全不同的社会和文化背景，因此传播沟通活动具有显著的跨文化特征。

2. 建立良好国际公众关系的目的和意义

建立良好国际公众关系的目的是争取国际公众和舆论的了解、理解与支持，为组织及其政策、活动、产品和人员塑造良好的国际形象，创造良好的国际声誉。建立良好国际公众关系的意义如下。

（1）发展国际公共关系，为对外开放服务

我国实行对外开放政策，企业发展外向型经济，参与国际经济大循环，极其需要发展国际公共关系。一方面，企业需要通过公共关系方法及时、准确地了解国际市场动向，了解有关国家的政治、经济、文化、社会等方面的信息，了解国外的投资者、合作者和客户等；另一方面，企业需要运用国际公共关系手段，向国外的公众和市场传播自己的信息，树立自己的形象，介绍自己的产品和服务，提高自己的国际知名度和国际信誉。即使是不想走出国门的企业，在对外开放的条件下，也要运用国际公共关系，为来华投资、经商或合作的外商以及来华旅游参观的外国客人提供信息服务，做好接待工作等。

在文化、艺术、科学、教育、医疗、体育等方面的国际交流中，组织也需要接触国际公众对象。良好的国际公共关系有利于促进各方面的交流与合作，有助于我国在世界上树立良好形象。

（2）运用跨文化传播手段，促进组织形象的国际化

参与国际性活动的组织需要建立国际化的形象，即能够适应对象国文化、获得对象国人民接受和欢迎的形象。这就需要注意研究和适应对象国的社会和文化差异，调整公关政策和方法。国际公共关系是一种跨文化传播，与国内公共关系有很大不同。在信息的传播和对外交往方面，组织不仅要懂得运用对象国的语言文字，还要了解对象国的历史文化、风俗习惯、公众心理，了解国际贸易规则，以及对外交往的国际惯例，使传播的信息尽量符合对象国公众的习惯。

如果要使国际公共关系成功运作，组织就必须善于运用国际新闻传播和广告传播手段。企业不仅要运用我国的对外传播工具，更要了解对象国及国际上知名的新闻媒介和广告机构，与国外的新闻媒介和广告机构建立联系，懂得如何为他们提供新闻资料和广告资料。国际公关早已进入我国，我国的企业及各类组织应抓住机遇，运用国际公共关系帮助自己走向世界。

老乡鸡董事长手撕员工联名信大获好评

在 2020 年元宵节,著名餐饮品牌老乡鸡发布了一个名为《董事长束从轩手撕员工联名信》的视频,引发网友们刷屏。视频中,董事长束从轩亲自出镜,讲述因受新冠肺炎疫情影响,老乡鸡受损 5 亿元,感谢武汉的老乡鸡员工为医护人员送餐,倡导所有人在家隔离,为国家做贡献,另外,在家也要多活动。最后,束从轩手撕员工的不要工资联名信,并表示卖房卖车也要让员工有饭吃,这可以说是正能量满满。视频发出后,迅速引起刷屏并大获好评,"中国好老板"的声音不绝于耳,老乡鸡也妥妥地吸了一波粉。其中有几点值得我们学习。

(1)标题带来反差营销效果,事半功倍。在信息泛滥时代,标题的好坏极大地影响着文章的打开率。那段时间,报道中小企业艰难的文章很多,《董事长束从轩手撕员工联名信》这样的标题,引发网友好奇,从而提高了打开率。

(2)"段子手+正能量",既亲民又容易引发共鸣。公关稿的风格一般较为严肃,但这个视频中,束从轩的表现从头到尾都是互联网化的风格,引用了很多段子、热词等,拉近了与网友的距离,符合新媒体社交传播的特性。

(3)老板亲自出面,感谢员工不要工资的善举,手撕员工联名信后给员工暖心的承诺,让员工感觉到公司的关怀,并给所有观看视频的网友打气,带来满满信心,充满正能量,从而使观看视频的人产生共鸣,再次收获一波认同,取得了良好的公关效果。

思 考 题

1. 如何正确地理解"公众"这个概念?
2. 联系实际,思考各种不同的公众分类方法的作用和意义。
3. 建立良好的员工关系对塑造组织整体形象有什么作用?
4. 公共关系学所讲的顾客关系与市场销售关系相比有何不同?
5. 如何理解新闻媒介关系是传播性质最强的一种关系?
6. 为什么说建立良好的政府关系是组织生存与发展的重要保障和条件?
7. 联系实际,列举某组织的目标公众,并运用 2~3 种公众分类方法对其进行分析。

第四章 公关公众的心理分析

引例

美的"为中国妈妈发明"

　　家、年夜饭、团圆，都是春节的主题，但你有没有注意到，团圆之际，总有一个人在不停地忙碌，过年反而是她最累的时候。美的厨电 2018 年春节广告短片一开始，便刻画了一个让大家深有同感的"中国妈妈"，她爱发号施令，早早让老伴起床；爱挑剔，三斤八两的鱼不满意，要四斤；不爱领情，儿子想帮忙反而让他出去；不讲道理，说儿子只知道玩手机。看到这里，很多人都有共鸣："我妈也是这样的！"可是，当一家人围坐在一起的时候，妈妈却缺席了。这一整天，她不是在做饭烧菜就是在忙着收拾碗筷，家人看到的只有她忙碌的背影。这其实是很普遍的场景，文案写道：她总是忙着照顾我们，却忘了，自己也需要被照顾；你看到，丰盛的年夜饭，却看不到，她从早忙到晚的爱与付出；她，一年有 364 天都在期盼团圆，不应在团圆的这一天缺席……广告诠释了"为中国妈妈发明"的品牌定位，这也是蒸汽油烟机的发明灵感来源：通过科技，帮妈妈们节省消耗在厨房的清洗时间，让妈妈有更多时间参与家庭活动，帮儿女解决妈妈缺席的问题。只有都在一起，才是团圆。

　　美的厨电公关广告（见图 4-1）并不注重介绍产品功能、价位、工作原理和使用好处等，而是走情感路线，以关爱母亲为主线，将电器的好处与情感和生活相结合，从而触动了人们的内心，给天下儿女留下了深刻的印象，同时也提升了美的的知名度和品牌形象。

图 4-1　美的厨电暖心短片《在一起，才是团圆》

　　在与公众的沟通中，企业如果能巧妙地利用心理分析，就容易吸引消费者的注意，使其产生情感共鸣，在促进产品的营销推广方面收到较好的效果。

第一节 公关公众的心理概述

公众心理，也指公众心理现象，与公关行为和公关活动相关，主要包括公众心理倾向、公众心理特征。了解它们有助于主体在公关活动中了解公众、认识公众，以取得公关活动的成功。公关界无数实例无不证明了"公关战"即"心理战"。

一、公关公众的心理定义

心理，是知觉、记忆、思维、情感、意志及气质、能力、性格等心理现象的总称，是支配、调节人的行为的内部机制。在公关活动中，公众的心理活动是非常复杂的，它以不同的形式能动地反映客观世界的事物及其关系。所谓公关公众的心理，就是指在公关情境中，公众受组织行为和大众的影响所形成的心理现象和心理变化规律。

二、公关公众的心理倾向

在公关活动中，公众不是被动的，而是具有主观能动性的。公众以其自身的兴趣、需要、价值取向、自我意识及决策风格反作用于公共关系主体，从而构成二者之间的互动和相互调适，这被称为公关公众的心理倾向。它包括以下几个部分。

（一）公众需要倾向

公众需要是指公众生理和心理上的匮乏状态，即感觉缺少些什么，从而想获得它们的状态。美国人本主义心理学家马斯洛（Abraham Harold Maslow，1908—1970）于 1943 年在《人类激励理论》论文中提出需求层次理论，亦称"基本需求层次理论"，它是行为科学的理论之一，将人类需要按由低级到高级的顺序分成 5 个层次或 5 种基本类型：生理需要、安全需要、情感和归属的需要、尊重的需要、自我实现的需要。根据此理论，研究公共关系如何满足公众的需要，主要从以下 3 个方面做工作：一是了解并设法满足公众不同层次的需要；二是根据需要的层次原理，当组织不能满足公众的低层次需要的时候，可考虑从高层次来引导或弥补；三是具有高层次需要的公众，也具有低层次需要，不可忽视其低层次需要。

（二）公众的动机

动机这一概念是由伍德沃斯（R. S. Woodworth）于 1918 年率先引入心理学的。他把动机视为决定行为的内在动力。一般来说，动机是引起个体活动，维持已引起的活动，并促使活动朝某一目标发展的内在作用。人们从事任何活动都是由一定的动机引起的。引起动机的条件有内外两类，内在条件是需要，外在条件是诱因。需要被唤醒后会产生驱动力，驱动有机体去追求需要的满足。例如，血液中水分的缺乏会使人（或动物）产生对水的需要，从而唤醒驱动力，促使人（或动物）实施喝水这一行为以获得满足。由此可见，需要可以直接引起动机，从而使人们朝着特定目标行动。动机既可能源于内在的需要，也可能源于外在的刺激，或源于内在需要与外在刺激的共同作用。

组织从公关的角度审视公众的动机问题的，应以此为基础，这样有助于其运用公众的动机来引导公关活动。

（三）公众的兴趣倾向

兴趣是指积极探索某种事物的认识倾向。当一个人经常主动观察某种事物时，我们就说他对这一事物产生了兴趣。所以说，兴趣不是天生的，它是在社会实践活动中产生和发展起来的。

需要是兴趣产生和发展的基础。由于人们的需要是多种多样的，因此，兴趣包含的内容也十分广泛。但是，由一般生理性需要所引发的兴趣是暂时的，需要得到满足后，兴趣就会消失或转化。而建立在高层次需要基础上的兴趣，是较为长远和持久的。一般随认识的不断加深，兴趣会更加强烈和浓厚。在公关活动中，公众的兴趣发挥着重要的作用。组织只有充分地重视、利用和引导公众的兴趣，才能使公关活动取得实际的成效。具体表现在以下几个方面。

其一，公众的兴趣对公关目标发挥导向作用，任何公关的具体目标只有在迎合公众兴趣的前提下才具有实际的价值，否则只是一纸空文。

其二，公众的兴趣对公关过程发挥能动作用，公关过程是主客体双向交流的过程，主体发挥主动作用，客体发挥能动作用。客体的能动作用包括公众兴趣产生的作用。主体发出的信息和提出的要求，要在公众的兴趣面前接受检验。符合公众兴趣的信息和要求能够推动公关的发展，而不符合公众兴趣的信息和要求则不能推动公关的发展。

其三，公众的兴趣对公关主体发挥启迪和诱导作用。对公关主体来说，有关公众兴趣的信息是一种重要的资源，只有积极地利用这种资源，才能使公关活动取得实际的成效。

（四）公众的价值取向

价值取向指的是在一定的价值评价体系的推动下，行为、活动指向主要价值目标的行为类型。由于价值评价体系的结构不同，价值取向的类型也不同。行为学家格雷夫斯曾把不同人的价值取向分为以下 7 种类型。

拓展案例

小燕子的信

第一级是反应型。他们的价值取向服从于生理反应，实际上没有自己的价值评价体系，形同婴儿。这种类型极其少见。

第二级是依赖型。他们的价值取向服从于传统习惯、多数人的意志和权力，个体的自主能动性很弱，缺乏主见、容易受骗。

第三级是自私型。他们的价值取向是冷酷的个人主义，一切从个人的利益出发，不惜以他人的利益和公共的利益为代价，难以合作共事。

第四级是固执型。他们的价值取向具有恒常性，不受或很少受周围的人影响，反过来又以自己的价值取向要求别人，思想比较僵化。

第五级是权术型。他们的价值取向以权力、地位为目的，手段比较隐蔽，善于玩弄权术，踩着别人的肩膀爬升。

第六级是社交型。他们的价值取向以取悦、讨好别人为特征，缺乏恒常性而具有灵活性，易接受暗示，往往被固执型和权术型的人所鄙视。

第七级是现实型。他们的价值取向一般比较理智，既不伤害别人，又有独立的见解，善于在现实环境中发挥自己的主体能动作用。

了解公众价值取向的作用是，对公关主体来说，有关公众兴趣的信息是一种重要的资源，只有积极地利用这种资源，才能使公关活动取得实际效果。

三、公关公众的心理特征

公关公众的心理指与公关行为和公关活动相关的公众心理，它具有以下几个特征。

（一）心理需求的广泛性

公关公众心理需求的广泛性是由公关对象的广泛性所决定的。由于公关对象具有广泛性，而且公关公众的心理需求是因人、因时、因地而异的，所以也具有广泛性。

（二）利益追求的共同性

公关主体和客体之间存在许多矛盾，其中主体和客体之间的利益矛盾居于根本的地位。主客体双方都有维护自身利益的自然要求，因而公关活动从根本上讲是一种利益性活动，公众的心理需求都是以追求利益为出发点的。

（三）信息暗示的易接受性

暗示是指人或环境以非常自然的方式向个体发出某种意向性的信息，个体无意中接受了这种信息，从而做出相应反应的一种心理现象。公众容易受到各种信息的暗示从而产生不同的心理现象。

（四）行为模仿的普遍性

人类有一种天然的愿望，那就是尽可能地与周围的人保持一致。这在社会心理学家阿希的"群体压力"实验中得到了清晰的体现。在群体压力的作用下，人们有时甚至做出与自身判断相左的行为。公众具有从众心理，容易模仿他人的行为。在公关活动中，如果能巧妙借助群体压力的作用，那将比自己站出来声嘶力竭地叫喊，效果要好得多。

 精选案例

梅兰芳巧用广告

20 世纪 30 年代，梅兰芳先生初到上海，虽然他唱功绝顶，但要在大上海一下子出名也难。

那时，报纸为了生存，需要通过广告来获得收入。可那时候的广告，要么吹得过分，要么说某某产品有什么特别疗效，介绍演出也是说什么盖世绝顶，这样的广告在报纸上比比皆是。为了宣传梅兰芳，当时梅兰芳所在的戏班子就想在报纸上打广告，但是这则广告要怎么刊登，才能引起人们的注意呢？

经过一番筹划，他们决定在报纸上只印上 3 个字——梅兰芳，别的什么都不说。广告就这样登出去了。第一天就开始有人议论："这梅兰芳是谁呀？"第二天的报纸还是在不小的版面上印着 3 个大字——梅兰芳。这下子议论的人就更多了。连登了几天之后，上海市街头巷尾都在议论："您知道梅兰芳吗？"由于这则特殊的广告特别引人注目，梅兰芳这个名字很快就传遍了当时的上海。

就这样，梅兰芳的名声越来越响。连登了一周之后，报纸上刊登了一则详细的广告："梅兰芳——京剧名旦，今晚在上海某某戏院登台献艺。欢迎观看。" 这广告一出，戏票立即卖光了，大家都想去听听梅兰芳究竟唱得怎么样。从此，梅先生一唱走红。

第二节 公关公众的心理类型

在公共关系活动中划分公众，是为了更好地分析公众，对各类不同心理的公众施加影响，做到有的放矢、疏而不漏地影响公众的观念，改变公众的态度，从而使组织获得更多公众的支持。在某种程度上，公共关系活动使得人与人在交往过程中建立了心理上的联系。因此，掌握相关的公众心理活动规律是有效地开展公共关系工作的基础。

公众不同行为的产生由公众的不同心理所致。公共关系的公众一般都是由许多个体所组成的，而任何个体又都处于某种正式或非正式的群体之中，并在其中担任各种不同的角色，如某产品消费群中的个体，其性别可能是男/女；其所处的年龄阶段可能为老年/中年/青年/少年；可能从事某种职业；可能具有某种文化层次等。也就是说，个体不仅是个体公众，还可以是角色公众、群体公众。因此，公众心理也就相应地包括个体心理、角色心理和群体心理。

个体心理、角色心理、群体心理，这 3 类公众心理相互独立、相互影响。个体心理具有稳定性和独立性，是角色心理和群体心理的基础。角色心理是同类公众共同的心理，它具有可变换性和可伸缩性。而相对于个体心理，公众的从众或时尚等群体心理则显示人类的普遍性这一特色，具有凝聚性和排他性。

一、影响公众行为的个体心理

影响公众行为的个体心理因素有许多，一般来讲，包括以下 6 个方面：知觉、价值观、态度、性格和气质、兴趣和能力、需要，如图 4-2 所示。

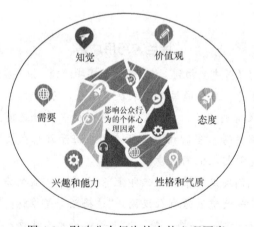

图 4-2　影响公众行为的个体心理因素

（一）知觉和公众行为

知觉是人脑对直接作用于它的客观事物的整体反映。知觉分为视觉、听觉、嗅觉、味觉、触觉 5 种感觉。心理学告诉我们，通常我们感觉到的世界，不一定是现实的、千真万确的客观世界，它往往带有人们的主观看法，因此，对于同一件事情，不同的人由于知识水平不同、阅历不同，就会产生不同的知觉。所谓社会知觉，是指人们对社会环境中有关个人和团体特征的知觉。从公共关系的角度来看，要想建立良好的公众关系，就必须先具有正确的社会知觉。社会知觉主要包括人际知觉和自我知觉。人际知觉就是对人与人之间关系的认识，有明显的感情因素。自我知觉则是指一个人通过对自己行为的观察而对自己心理状态的认识。在现实社会生活中，人们往往容易受各种偏见的影响而形成歪曲的社会知觉，做出与客观事实不一致的判断。在心理学中，这种现象被称为心理定式。这种心理定式有积极的作用，但也有消极的作用，常见的心理定式有首次效应、晕轮效应、经验效应和移情效应，如图 4-3 所示。

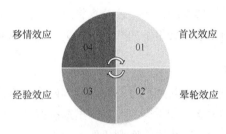

图 4-3　常见的心理定式

1. 首次效应

第一次进入一家商场，或第一次购买某厂家的产品等都会给公众留下较为深刻的印象，成为一种心理定式而影响其今后的行为。这种现象称为首次效应。首次效应一旦形成，会妨碍人们正确、全面地认识事物。第一印象不仅来自直接的接触，而且也可能来自传播媒介的间接接触。了解首次效应的作用对于公共关系活动具有重要的实际意义。一方面，公共关系人员在观察公众时应尽量避免受首次效应的影响，以免对公众失去正确的认识和判断；另一方面，公共关系人员应巧妙地利用这种心理定式，在公众的心目中树立起公关主体的良好的社会形象。

2. 晕轮效应

晕轮效应指的是从对象的某种特征推及对象的总体特征，从而美化或丑化对象。例如，在选购礼品时，精美的包装、偏高的价位会使人产生晕轮效应，让人想象里面的东西与外面的包装一样精美，其价值和偏高的价格一致，这就带有强烈的主观色彩。晕轮效应既是无意识的，又是固执的。所以，近年来随着市场的发展，一些企业、商场纷纷装修门面，讲究包装，以期利用晕轮效应来扩大自己的影响，提高产品的销售额。公关人员利用晕轮效应来进行实事求是的宣传，是无可厚非的，但是如果利用晕轮效应进行坑蒙拐骗，就应该被反对和制止。

3. 经验效应

经验效应指的是公众凭借以往的经验来进行认识、判断和决策。经验是财富，也是包袱，经验越丰富，人也越老练，为人处事往往得心应手；但是如果不顾时间和地点地照搬、套用经验，有时也会出洋相。特别是在现代社会中，科技发展日新月异，封闭状态逐渐被打破，人们的思想观念在不断更新，只靠经验行事是行不通的。在公共关系领域中，经验效应最为典型的表现是怀疑。有些企业和商家花了大量的人力、物力和财力开展公共关系活动，但是公众的反应却很冷淡，达不到预期的效果，原因往往在于企业和商家事前没有做好消除公众疑虑的工作。例如，商家的微笑服务赢得了一部分公众的好感，但是有些公众对笑脸"斩客"已产生了根深蒂固的戒备心理，这样的活动就对他们起不了作用。再比如，人们购物时总是选择大商场，认为其质量可靠、价格公道、品种齐全，因此在看到商品的促销广告时，总会下意识地产生戒备心理等。由此可见，忽视公众的经验效应，光凭良好的活动策划是达不到公关的目的的。

4. 移情效应

心理学中把那种对特定对象的情感迁移到与该对象有关的人或事物上的现象称为移情效应。在公共关系工作中，社会组织自觉地利用移情效应的心理规律开展公关活动的例子举不胜举，请明星做代言人就是最典型的例子。让公众将对某明星的喜爱迁移到对某个物品或者社会组织上，借以提高该物品或社会组织的知名度和美誉度，这是公关活动中常用的手段。

（二）价值观与公众行为

这里所说的价值观是指一个人对周围事物的是非、好坏、善恶和重要性的评价。人们对各种事物，如自由、幸福、荣辱、和平等，在头脑里都有好坏、轻重、主次的评价，这些决定了人们的态度及采取的行为。在相同的客观条件下，不同的人，由于有不同的价值观，就会产生不同的行为。由价值观产生的人们的追求或向往，直接决定人们行为的取向。对于这种追求和向往，人们的努力程度取决于以下因素：一是个人的成就感、事业心；二是过去成功或失败的经历；三是周围环境、生活条件的影响；四是对目标的接近程度。

美国行为学家格雷夫斯曾把人的价值取向分为 7 种类型：反应型、依赖型、自私型、固执型、权术型、社交型和现实型。我们也可以从价值体系和价值取向类型的联系上进行分析，做另一种划分，即划分为 6 种类型：功名型、安稳型、享乐型、储蓄型、事业型和模糊型。不同价值类型的人做出的行为反应是截然不同的，如"享乐型"会热衷于个人的享乐，对衣食住行比较讲究，而"储蓄型"则把金钱视为生命，克制消费的欲求。

在公共关系的实际活动中，价值观是影响人们动机和行为的主要因素，因为社会制度、民族传统、社会风气、风俗习惯等的不同，价值观往往也不同，而价值观不同，往往会使人们的行为产生很大的差别。因此，只有了解了人们的价值观，才能解释他们的行为，并以此作为开展公关工作的依据。

对于社会组织来说，其活动宗旨要体现合理而有意义的价值观；对于公共关系从业人员来说，在处理与公众的关系时，要善于识别不同价值取向的公众，争取达到更好的公关效果。开展公关工作时要注意协调组织自身的价值取向和公众的价值取向之间的距离和关系。

（三）态度与公众行为

态度是指个人对某个对象所持的认识、评价及其倾向。态度是引起和指引人的行为的重要因素，对人的行为具有内在的影响力，甚至决定了一个人的生活方式。

公共关系的目标是社会组织通过开展各项活动，影响公众的态度，制造有利于自己的公众舆论，以树立良好的组织形象。而态度对公众行为的影响，表现在以下两个方面。一方面，态度影响公众的选择和判断，态度一旦形成，人就会对特定事物持有一种或强或弱的固定看法。这种固定的看法往往会影响其对人和事的感知与判断。另一方面，态度潜在地决定了公众会按照某种方式行动。如果一个人喜欢他的朋友，他就会产生接近这个朋友的行为。例如，公众对海尔电器持积极肯定的态度，可能是因为其肯定海尔的产品质量，或海尔优质的售后服务，也可能是因为其认同海尔的企业理念。只要公众形成了某一态度，就可能产生接受或购买的行为。

从公共关系的角度看，公关人员一方面要努力引导公众的态度向有利于组织的方向发展，另一方面要设法改变公众的敌对态度，化干戈为玉帛。但是态度是具有隐藏性的，一家商场，对它满意和不满意的公众都会光顾，因此，公关人员要善于通过自己的观察去推测公众的心理，要能够透过现象看本质，了解公众真实的想法，推断出公众真实的态度，找到公众真实的行为动机，从而制定出能真正影响公众的措施和手段。

（四）需要与公众行为

需要是指人在缺少某种东西或受到某种刺激时，所产生的一种主观状态。人不断地追求某一事物是出于需要；人在感到压抑和难受时寻求解脱是一种需要；而人在受到强烈刺激时做出的反应也是出于某种需要。

人在衣食住行等基本的生存需要得到满足的前提下，会不断产生新的、更高层次的需要，这样的需要推动人的行为的产生，推动人的发展。需要是人的主动性和积极性的原动力。一般来说，需要越迫切，行为越积极；行为越积极，产生的需要越多，速度越快，层次越高。这是人的一种寻求自我发展的心理倾向。人们常说的"人心不足，得陇望蜀""水往低处流，人往高处走"，指的正是这种心理倾向。不同的人有不同的需要，由于各人的经历不同、所受的教育不同、经济地位不同、社会地位不同，因而，各人的需要也不尽相同。在公关活动中，公关人员分析公众的需要，了解不同公众的不同需要，可以为顺利开展公关活动创造基础。例如，一个社会组织在处理与员工的关系时，既要满足员工物质层面的需要，又要满足员工自我发展的精神需要，这样才能最大限度地调动员工的积极性。

（五）性格和气质与公众行为

性格和气质与公众行为的关系极为密切，对一个人性格、气质的了解，不仅可以说明他现在的行为，而且能预测他未来的行为。

性格是一个人较稳定的对现实的态度和与之相应的习惯化的行为方式，是一个人的全部品质和特点的总和。一个组织的公关人员对待公众，特别是对待内部公众时，不能仅仅满足于了解他们的性格，而应该积极创造条件，让他们的性格朝着积极、健康的方向发展，努力在组织内部营造良好的有利于其成长的公关环境。

心理学认为，气质是人典型、稳定的心理特征。气质本身没有优劣之分，但是由于工作要求不同，就有了不同气质的人适应不同工作的问题，同时也出现了为适应工作而改变自己某种气质的问题。在公共关系工作中，对不同气质的人运用的方式、方法要因人而异。

（六）兴趣和能力与公众行为

人们在工作、学习、生活等社会活动中，对一些事物的印象特别深刻，这些事物带来的是愉快的感觉和深入研究的愿望，于是人们会形成一种定向反射，每当这类事物重新出现的时候，人们便又会出现愉快的感觉，并把注意力集中到这类对象上，这就是兴趣。兴趣指导人们的行动。当人们对某件事物产生兴趣之后，总会通过行动表现出来。兴趣和人的情感相联系，并与人的需要、年龄、职业、社会条件及实践活动等因素有关。因此，一个人的兴趣并非一成不变，这就为社会组织实施有针对性的公关活动，引发特定公众的兴趣从而加深对组织的认识带来了可能。在公共关系活动的策划和实施过程中，公关人员要善于观察各种公众，掌握其兴趣、爱好与需要、年龄、职业的关系，以及兴趣对各种公众的影响。

能力是完成一定的活动的本领，存在于人的具体活动中。人们在各项活动中所表现出来的能力是多方面的，包括观察力、记忆力、想象力、感受力和鉴赏力等。人与人之间能力上的差异导致了人有不同意识、不同评价、不同决断以及不同的行为模式。从公共关系的角度来讲，社会组织可以针对公众能力的差异，采取灵活多样的公关手段。

例如，上海一家鞋厂针对一些动手能力和创新能力强的年轻人，推出了可以自由组合的鞋子，将鞋面、鞋底、鞋帮彻底分开，款式和颜色各异，在市场上销售时，消费者可以根据自己的审美观来自行组合并购买。将穿鞋子和搭积木联系起来，很符合年轻消费者的心理，鞋厂的创新行为在社会上引起了轰动，提高了其知名度。

总之，影响公众行为的心理因素很多，知觉、价值观、态度、性格和气质、兴趣和能力、需要是其中的主要方面。在公共关系活动的实施过程中，公关人员要依据公众所表现出的细微表情和动作，来揣摩公众的心理倾向，进行有效的预测、判断，并制定和实施公关对策。

二、影响公众行为的角色心理

公众的角色心理揭示了公众与社会的关系，人在社会化的过程中，形成的角色心理决定着这个人的行为模式，所以研究公众的角色心理有利于组织更深刻地认识和把握公众。

公众在社会中所充当的角色很多，可能在家里是父母角色，在工作单位就是职工角色，在商店购物就是顾客角色，在看电影时就是观众角色，诸如此类，无法一一列举。公众充当的角色是复合的，但是无论充当哪一种角色，都有年龄、性别、职业和文化方面的基本心理特征，每一个成年人至少具备这4种基本的心理特征。在公关活动中，公关人员说话、办事若想让公众感到满意，就必须把握公众的角色心理。而社会组织在开展具体的公关活动时，也必须依据公众的角色心理，设计、实施符合某一类公众心理的活动。当组织把某一类型的角色如女性或老人作为活动的对象时，公关人员就要把握女性或老人的主要心理特征；而当组织把某种复合角色如中年知识分子或男性青年工人作为活动的对象时，就必须把握这两类公众的综合心理特征。

例如，2016年11月7日，王老吉通过对当时年轻都市白领群体的生活习惯与审美情趣进行研究，并结合188年传承的历史底蕴与文化基因，在杭州新品品鉴会上发布了"双11不上火计划"。它利用无糖、低糖新品上市后积攒的人气、口碑和关注度，通过电商平台"双11"优惠活动以及线下品鉴会和创意互联网营销活动，"引爆"王老吉"双11"狂欢季。在微博平台，它以"熬夜剁手、快递爆仓、网速太渣、余额不足"4个不同的场景，以夸张的画风构建了4张充满视觉冲击力的海报，备受网友好评。它通过趣味性、互动性、参与性十足的社会化媒体传播与目标消费者建立深度的情怀认同感，在活动期间，吸引了很多年轻人积极参与其中。从最后的效果来看，这次活动达到了吸引年轻消费群体注意力的目的。

三、影响公众行为的群体心理

群体心理是公众在工作和生活中逐渐形成的、与其他群体成员相似的、带有普遍性的心理特征。公众的群体心理决定了公众一致行为的产生，所以组织有必要科学地分析和研究群体心理对公众的影响，以指导公共关系工作的开展。研究群体心理可从有组织的群体心理和无组织的群体心理两个方面着手。

（一）影响公众行为的有组织群体心理

在有一定行动目标和组织的群体里，公众易形成认同、归属意识以及排外意识。在这些意识的影响下，公众较容易产生从众心理和逆反心理。

1. 从众心理

从众心理是指在社会团体的压力下，个人不愿意因为与众不同而被孤立，从而放弃自己的意见，采取与大多数人一致的行为，以获得安全感、归属感和认同感。

造成从众心理的原因一般有两种：一是团体内部的意见比较一致，具有足够的同一性、凝聚力和吸引力；二是个体的素质和能力较低，缺乏自信和独立性，过于依赖他人，或者顾虑较多，对团体有较强的依赖性和归属感。这些原因都会在公关工作中有不同的体现。一方面，社会组织在处理内部公众关系时，不断加强及健全管理体制，竭力形成一种团体压力，促使内部公众产生从众心理，服从组织的管理，加强组织的团体意识，形成组织的内聚力，达到"内求团结"的理想状态。另一方面，公众缺乏个性，行为随大流，毫无目的性，显得十分盲目。例如，组团外出旅游，看到其他游客在买纪念品或其他物品时，自己不管是否需要，也跟着购买。由于社会组织的外部公众表现出的从众心理及行为较零散、不固定，没有规律，所以难以对其进行系统的分析研究。公关人员应积极研究如何培养和利用公关的从众心理去增强组织的凝聚力和吸引力，创造"人和"的组织气氛，为社会组织的发展创造条件。

2. 逆反心理

逆反心理是指人们为了维护自尊，而对对方的要求采取相反的态度和言行的一种心理状态。逆反心理相对于从众心理来说，是一种背离群体心理而产生的个体心理。逆反心理可能是因抵触心而起，如公众对某些组织的监督、控制体系产生抵触感，或不再从心里认同某组织，产生厌恶感；也可能是因好奇心而生，有些公众虽置身于群体，但富于幻想，渴望变化，追求新奇，敢于藐视传统，于是在一定的条件下，便不再保持与群体的一致性，产生逆反行为；也可能是出于好胜心，把自己能做到而他人无法做到的行为看作一种荣誉，从而做出惊世骇俗的逆反行为。由于组织要与各类公众处理好关系，引导各类公众关系向有利于组织的生存和发展的方向发展，因而，任何一个组织都应分析并掌握公众的逆反心理。

（二）影响公众行为的无组织群体心理

无组织的群体心理最典型的表现形式有时尚、舆论与流言、骚乱。因为无论是时尚还是流言或骚乱，都会在短时期内互相"感染"，而过一段时期不经"治疗"又会自然"痊愈"，就像流行感冒一样。所以，有的学者也将这一类心理现象称为"流行心理"。下面我们分别展开论述。

1. 时尚与公众行为

在现实生活中，我们常常会发现一种现象：一段时期内，社会上相当多的公众对某种特定的观念、行为、语言或生活方式等产生崇拜心理并进行追求，而且公众之间还互相模仿，

连锁 "感染"。我们把这种现象称为时尚。

时尚作为一种社会心理现象,对公众行为的影响是很大的,因而公关人员应顺应公众的心理需要,有的放矢地开展公关活动。

一方面,社会组织要根据时尚的迅速性特点,有意识地对社会组织的形象进行集中性的公关宣传,使社会组织的形象能在较短时间内 "风靡" 起来,以尽快地在社会公众中创造社会组织的良好声誉。

另一方面,根据时尚的下行性特点,社会组织在一定时期内,如果设计出可以满足人们潜在需要的 "时尚" 产品,并首先在政治、经济、文化较为发达的地区,或在有较高的地位、较大的影响的社会公众中进行 "试点",往往会使一般社会公众群起仿效,使时尚产品一时间备受追捧,成为风尚,这就是通常所说的引导消费。

2. 舆论、流言与公众行为

舆论是社会公众的意见和看法,是社会上大多数人的共同观念。社会舆论一旦形成,就会成为一种群众性的意见,在社会上产生很大的影响。

舆论的指向和民心的向背对社会组织的公共关系都有着十分重要的意义。对于一个社会组织来讲,首先要尊重舆论,其次要倾听舆论,再次要顺应舆论,最后要劝导舆论。公共关系从业人员要及时引导公众的舆论,通过宣传、解释、劝导,帮助公众做出抉择,使公众与社会组织采取合作的态度。当然达到这个效果的前提是尊重客观事实,社会组织应该站在公众的立场,反映广大公众的意愿,只有这样,社会组织才能树立起真正的良好形象。

流言与舆论相似,但是流言更多的是指在公众中流传的、不确切的、带有煽动性的消息。如果流言传向军队群体则会动摇军心,传向经济领域则会引起抢购和倒闭,传向政治领域则可以引起政治风暴,所以流言具有极大的破坏力,是社会的不安定因素。社会组织经常会遭受流言带来的伤害。面对这种情况,社会组织应采取的方法是拿出事实依据,通过传播媒介向公众澄清事实。

3. 骚乱与公众行为

骚乱是在某一特定场合或局部范围内发生的,扰乱和冲击社会正常秩序的群体行为,是一种暂时的无政府状态。比如在体育场、车站、影院和学生宿舍等人群集中的地方,因为一些自然原因或偶然事件引起人群的激烈互动,造成了公物被破坏、交通阻塞、人员伤亡等混乱的现象,这种现象就是骚乱。骚乱一般没有预谋,是突发的群体行动。社会组织有时也会受到骚乱带来的不利影响。面对这种情况,社会组织应沉着冷静,要认识到防止及平息骚乱,不仅是政府的责任,也是社会组织的责任。

第三节　公关公众心理沟通的障碍及突破

一个组织要树立良好的社会形象,除了要让人知其名,更重要的是要让人美其名。为获得组织美誉度,做好公众的心理沟通工作是一个重要环节。有的组织美誉度低,并不是由于其产品或服务质量低,而是由于组织与公众之间存在着沟通障碍,致使公众对组织产生误解,从而形成对组织的不良印象。因此，组织的公关人员要善于通过恰当的沟通方式、技巧，疏通、排除组织与公众之间的沟通障碍，化解组织与公众之间的误解、矛盾，从而达到加强组织与公众的联系、提高组织美誉度的目的。

一、公关公众心理沟通的定义

从一般意义上讲，公关公众心理沟通就是公关人员凭借一定渠道（亦称媒介或通道），将信息发送给既定对象（即公众），并寻求反馈以达到相互理解的过程。在社会交往中，人们借助共同的符号系统，如语言、文字、图像、记号及手势彼此传递或交换知识、意见、感情、愿望、观点和兴趣等的行为，就是沟通。沟通在我们的生活中是至关重要的。

拓展阅读

口头沟通和书面沟通

二、公关公众心理沟通的基本要素

公关公众心理沟通是一个互动的过程，沟通过程是由各种要素组成的一个信息的流动过程。发信者、接信者、信息、渠道、反馈和环境是沟通的六大基本要素（见图4-4），共同构成了整个沟通过程。

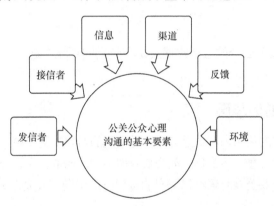

图 4-4　公关公众心理沟通的基本要素

（一）发信者

发信者即公关人员，是信息的发送者，是沟通过程的主要要素之一。发信者的主要任务是信息的收集、加工、传递和对反馈的收集。

（二）接信者

接信者是发信者的信息传递对象，即公众。接信者在接收信息的同时，会将新的信息注入其中，并且反馈给发信者。所以，在沟通过程中，发信者与接信者在同一时间既发送又接收。接信者的主要任务是接收发信者的思想和情感，并及时地把自己的思想和情感反馈给对方。

（三）信息

信息就是发信者（即公关人员）所发送的内容，是由发信者要与接信者分享的思想和情感组成的。所有的公关心理沟通信息都是由语言和非语言两种符号组成的，思想和情感只有在表现为符号时才能得以传递。语言中的每一个词都是表示某一种特定事物或思想的语言符号，语言符号也是非常复杂的，通常指用来进行口头和书面沟通的词语。非语言符号是不用词语进行沟通的方式，如面部表情、手势、姿势、语调和外表等。人们给非语言符号赋予了特定的含义，如打哈欠意味着厌烦或疲倦；皱眉表示疑虑；不看着别人的眼睛可能是隐瞒了什么事情等。

（四）渠道

渠道是信息经过的路线，是发信者（即公关人员）发出信息以及接信者（即公众）接收和反馈信息的手段。渠道的性质和特点，决定着对媒介的选择。比如，在谈话中，如果以声波作为交流渠道，发信者选取的交流媒介就只能是具有"发声"功能的物体、材料和技术手段。同样，如果以频道为信息传递渠道，那么，发信者只能选取电子类的载体。渠道的主要任务是保证沟通双方传递的信息所经过的线路畅通。

（五）反馈

反馈是指接信者接收发信者所发出的信息，经过消化吸收后，将产生的反应传达给发信者。例如，听到一个笑话，你付之一笑，这就是反馈。沟通中的反馈是非常重要的一环，因为反馈能让沟通参与者了解思想和感情是否按他们计划的方式分享。在沟通中，参与的人数越少，反馈的机会就越多；参与的人数越多，反馈的机会就越少。

（六）环境

环境是沟通产生的地方。公关公众的心理沟通总是在特定的环境中进行。环境会对沟通产生重大影响。

三、公关公众心理沟通的障碍

若公关人员对自己将要传递的信息内容缺乏理解，对交流的对象缺乏了解，即不清楚自己到底怎样做才能向公众准确传达信息，不了解公关公众心理沟通障碍的类型，那么，信息沟通便碰到了无法逾越的障碍，对公关公众心理沟通障碍的认识有助于提高公关人员的沟通水平。

（一）公关公众心理沟通障碍的定义

公关公众心理沟通障碍是指在公关活动中，导致信息在传递过程中传递失真或沟通停止的原因或因素。

（二）公关公众心理障碍的类型

公关公众心理障碍的类型共有发信者的障碍、接信者的障碍和信息传递过程中的环境障碍 3 类，其形成的原因各不相同。

1. **发信者的障碍**

（1）目的不明，导致信息内容不确定

若公关人员不清楚自己到底要向公众说些什么、怎么去说，也不知道公众想听些什么，那么，信息沟通的第一步便碰到了无法逾越的障碍。因此，公关人员在信息交流之前必须有一个明确的目的和清楚的概念，即"我要通过什么渠道、向公众传递什么信息、达到什么目的"。

（2）表达模糊，导致信息传递错误

公关人员无论是口头演讲还是书面报告，都要表达清楚，使公众一目了然、心领神会。若公关人员口齿不清、语无伦次、闪烁其词，或词不达意、文理不通、字迹模糊，都会产生

"噪声"并造成传递失真，从而使公众无法了解其所要传递的真实信息。

（3）选择失误，导致信息被误解的可能性增大

对传送信息的时机把握不准，缺乏审时度势的能力，会大大降低信息交流的价值；信息沟通渠道选择失误，则会使信息传递受阻，或延误传递的时机；沟通对象选择失误，无疑会造成不是"对牛弹琴"，就是自讨没趣的局面，直接影响信息交流的效果。

（4）形式不当，导致信息失效

当公关人员使用语言符号即文字或口语和非语言符号（如手势、表情、体姿等）传递同样的信息时，一定要相互协调，否则会使人摸不着头脑。

2. 接信者的障碍

（1）过度加工，导致信息模糊或失真

公众在信息交流过程中，有时会按照自己的主观意愿，对信息进行"过滤"和"添加"。现实生活中沟通失败的主要原因是公众对信息进行了过多的加工。

（2）知觉偏差，导致对信息的理解产生偏差

公众的个人特征，诸如个性特点、认知水平、价值标准、权力地位、社会阶层、文化修养、智商情商等，将直接影响其对公关人员的正确认识。有的公众在信息交流或沟通中，总习惯于以自己为准则，对不利于自己的信息，要么视而不见，要么熟视无睹，甚至颠倒黑白，以达到自我防御的目的。

（3）心理障碍，导致信息阻隔或中断

由于公众在沟通或信息交流过程中曾经受到过伤害，或者有过不良的情感体验，形成"一朝被蛇咬，十年怕井绳"的心理定式，对公关人员心存疑惑，怀有敌意，或由于内心恐惧，忐忑不安，就会拒绝接收公关人员所传递的信息甚至拒绝参与信息交流。

（4）思想观点差异，导致对信息的误解

由于公众在认知水平、价值标准和思维方式上存在着差异，所以往往会出现公关人员用心良苦却换来"对牛弹琴"的局面，或者造成思想隔阂或误解，引发冲突，导致信息交流中断以及人际关系破裂。

3. 信息传递过程中的环境障碍

（1）时空距离的干扰

时间和空间因素以及在同一时间或空间条件下其他事件、信息的作用，是影响公共关系传播效果的环境因素。研究表明，由于受生命周期和生物节律的影响，在不同的时间和空间条件下，人们的心理状态具有明显的差异，对信息的敏感程度和注意力的强弱也有变化。在相对整洁、安静的环境中和一天的早晨，人们精力旺盛，大多会有一种好心情，并容易对接收的信息产生比较深刻的印象和记忆。相反，在混乱、嘈杂的环境中和临近傍晚身体疲惫时，人们的心理往往比较紧张，容易对接收的信息产生排斥感。而且在同一时空条件下，各种大大小小的干扰，像噪声、光线等因素，经常会打断沟通的进程。此外，如果各种不同的信息接连不断，也会使人们不知所措，很难将注意力集中在某一类信息上。由于这些干扰无处不在，人们很容易忽略这类障碍。需要强调的是，任何挡在公关人员和公众之间的事物都是公关公众心理沟通的障碍，就算它不会完全阻隔信息的传递，也会扭曲信息的内容。

（2）物质条件的限制

没有公关公众心理沟通所需要的物质条件，相应的沟通就无法实现。例如，公关人员的处理经验、公关人员的人数、公关的经费资产、系统平台的稳定性等因素都会影响公关活动的顺利开展。如果这些因素出现问题也会使信息难以迅速及时地传递给公众，造成与公众心理沟通的环境障碍。

（3）沟通渠道的选择不合理

例如，用口头的方式安排一个意义重大、内容庞杂的促销计划，将使实际效果大打折扣。公关交流沟通渠道主要包括报纸杂志、电视广告、热线电话、社交网站、微博互动、微信"摇一摇"等，在沟通过程中，使用恰当的沟通渠道将为组织工作的顺利开展奠定扎实的基础。"条条大路通罗马"说的正是达成目标的途径有很多种。面对不同的公众，或不同的情形时，应该选择不同的沟通渠道，这样方能事半功倍，否则可能造成严重的后果。

 精选案例

走样的命令传递

据说，1910 年美军的一个部队命令是这样传达的。营长告诉值班军官："明晚 8 点左右，哈雷彗星可能会在附近出现。这种彗星每隔 76 年才能看见一次。命令所有士兵穿上野战服，在操场上集合，我将给大家介绍这种罕见的天文现象。如果下雨，就在礼堂集合，我会给大家放一部有关彗星的影片。"值班军官告诉连长："根据营长的命令，明晚 8 点，哈雷彗星将在操场上空出现。如果下雨，就让士兵们穿上野战服，列队去礼堂，哈雷彗星将在那里出现。"连长告诉排长："明晚 8 点，营长将带着哈雷彗星去礼堂。这是每隔 76 年才能见到的事。如果下雨，营长还将命令哈雷彗星穿上野战服，到操场上去。"排长告诉士兵："如果明晚 8 点下雨，已经 76 岁的著名将军哈雷将在营长的陪同下，身着野战服，开着他的'彗星'牌汽车，经过操场前往礼堂。"

四、公关公众心理沟通障碍的突破

在公关公众的心理沟通中，要克服沟通障碍，要树立正确的沟通理念，即无论我是否同意你的观点，我都将尊重你，给予你说出它的权利，并且以你的观点去理解它，同时将我的观点更有效地与你交换。另外，要运用有效的沟通技巧，掌握沟通艺术，这样才能达到最佳的沟通效果。针对上述两种障碍，公关人员要做到以下几点。

1. 发信者障碍的突破

如果要克服这类障碍，公关人员要做到以下几点。

（1）了解公众

在沟通之前必须做好准备，尽量了解公众。要弄清以下几个问题，公众对沟通的主题已经知道了多少？公众的背景如何？有过哪些经验？在传达信息之前，要先探知公众对主题了解了多少，公众在沟通过程中的质疑减少，会让沟通过程更顺利。

（2）选择恰当的传递渠道和方式

沟通的本意应该是双向交流，要做到双向交流，就应该使用对方听得懂的语言。根据公众的不同，公关人员应调整表达的难度、风格和语气以适应公众的需要。以自己惯用的方式、语气发言也许可以给公众留下深刻印象，但是这种行为充其量只是单向表达自我，绝非双向交流。

（3）传递完整的信息

作为传递信息的一方，公关人员有必要知道自己正在说什么。如果在说话或写报告时留下一些空白，没有把信息完完全全地呈现出来，公众很可能会迅速以自己的假设、成见、理解把空白填满。如果一开始传递出去的信息不完整，公众当然不可能接收到完整的信息。

（4）考虑公众的观点和立场

有效的沟通者必须具有"同理心"，能够感同身受、换位思考，站在公众的立场，以公众的观点和视野来考虑问题。若有的公众拒绝接受公关人员的观点与意见，那么公关人员必须耐心、持续地做工作来改变公众的想法，甚至要反思自己的观点是否正确。

（5）充分利用反馈机制

进行沟通时，要避免出现"只传递而没有反馈"的状况。一个完整的沟通过程，一定要包括公众对信息做出反应这一环节，只有确认公众接收并理解了公关人员所发送的信息，沟通才算完整与完成。要检验沟通是否达到目标，只有获得公众的反馈后才能确定，公众的反馈包括提问、聆听、观察、感受等方式。

2. 接信者障碍的突破

如果要克服这类障碍，公众要做到以下几点。

（1）保持客观公正的态度倾听和接收信息

作为信息的接收者，要分清信息中哪些是客观事实、哪些是个人观点，及时有针对性地反馈相应信息，以保证沟通正常进行。

（2）专心聆听

公众应当等对方把完整的信息说完之后再做评估，不要因为自我的观念、认知、理解的不同和局限，过早地加以判断，以免影响沟通的顺利进行。也就是说，在公关人员传递信息的时候，公众要集中注意力，专心聆听，就像重复对方的思考过程一样，而不需要急着反驳他的论点，因为这并不是一场辩论。

（3）重视发信者的沟通信息

在沟通中，当接信者对沟通主题不感兴趣时，他应当问自己："我如何利用这些信息？"然后强迫自己全神贯注地沟通下去。其实不论接信者对主题感兴趣的程度如何，接信者面对的讨论或阅读的资料都可以使他获得一些对自己有用的信息；即便他只是在专心听对方说话，也可以取悦对方。这样将使接信者成为受人欢迎的公众。

（4）及时对接收到的信息进行反馈

作为一个接收信息的人，如果不明确表示自己是否听懂了，那就没有尽到应尽的责任。当然，有时候自以为了解了，而事实上却不然。许多听别人说话的人，即使不懂也会不断地点头称是，该问问题的时候又错失良机，这样的行为有时会引起麻烦。如果不懂装懂，以不完整的信息去完成别人交付的工作，就不会取得成功。

3. 信息传递过程中环境障碍的突破

（1）避免时空因素影响公共关系传播效果

在公共关系活动中，公关人员应注意到公众对信息的需求、敏感程度和接受效果在不同环境因素的作用下有很大的差异。公关人员要努力创造有利于信息传播的时空条件，掌握向目标公众传递信息的最佳地点和时机。同时，在活动安排上应尽量避开重大节日、事件或邻近组织的公共关系活动，以免因不同信息过于集中而使公众目不暇接，分散其注意力，从而影响传播的效果。

（2）打破物质条件的限制

对于某些物质条件的限制，组织要提前准备好公关的经费，保证经费的充足以保障公关活动的正常进行，在遇到紧急情况或者危机时可以随时提出使用。对系统平台的稳定性也要时刻维护，组织内部要注意在这方面的投资，要招收经验丰富的系统平台的管理员团队来进行系统维护，否则一旦出现问题，所造成的损失将是巨大的。

（3）慎重选择沟通渠道

随意选择沟通渠道，势必造成信息沟通的障碍，公关人员应当根据实际情况和公关工作的具体要求来选择。沟通渠道可以选择多渠道，但是相应的支持费用也会增加，所以要以某一种渠道为主进行公关宣传，兼顾报纸杂志、热线电话等渠道。每种沟通渠道都有优缺点，应扬长避短，充分发挥其积极作用和渠道的整体效应，以提高组织的知名度和美誉度。

第四节　认识及影响公众心理的方法和技巧

有效认识公众的心理是组织成功实施公共关系计划或公共关系策划的重要前提和基础。熟练掌握认识及影响公众心理的方法，是公共关系人员应该具备的专业技能。

一、认识公众心理的方法和技巧

认识公众心理常用的方法大致有观察法、实验法、心理换位法、参与实践法和调查研究法等，如图4-5所示。

图4-5　认识公众心理的方法

（一）观察法

观察法是指在自然条件下有目的、有计划地对所要了解的对象进行仔细观察，从而获得初步认识，为进一步研究提供直观、生动和具体的第一手资料的一种方法。观察法是人类认识事物最古老且运用最多的一种方法。

（二）实验法

实验法是有目的地严格控制或创造一定的条件，引发某种心理现象，以供研究者进行研究的方法。

（三）心理换位法

心理换位法就是通过"设身处地"的角色换位来了解、分析公众心理活动的方法，即在研究时把自己放在一定的背景、环境中去体会公众的心情，尔后据此加以分析，推断被研究对象的处境和心情。运用心理换位法认知公众的心理，就是要打破思维定式，站在公众的角度上思考问题，通过充当公众的角色来体会公众的心态与思想，从而选取有针对性的最佳方案来处理问题，增进相互间的理解与沟通，以防止误解和不良情绪的产生。

（四）参与实践法

参与实践法是指调查人员直接进入某一需要调查的对象环境，充当该环境下的某个角色，从而细致且全面地体验、了解和分析被调查对象的情况的方法。

参与实践有助于调查人员更加详细地了解所需调查的对象，"身临其境"地感受被调查对象的情况，了解和分析某种工作的心理因素及工作所需的各种心理品质和行为模式。这常常会带来惊人的发现，如得出与传统认识相悖的结论或找到出人意料的解决办法等。

（五）调查研究法

调查研究法即通过一定的形式和各种途径，直接或间接地收集有关信息，比较充分地掌握客观实际材料，并在此基础上进行深入的分析综合，从而获得对客观事物的某些规律性认识，用以指导各种实践活动的一种方法。调查研究一般可划分为调查阶段和研究阶段。两个阶段密不可分，调查阶段是研究阶段的前提和基础，研究阶段是调查阶段的继续和升华。只调查不研究，就会使掌握的客观材料失去应有的价值；只强调研究而未经过周密的调查就下结论，势必犯主观主义的错误。

 精选案例

换位思考的魅力

拿破仑·希尔是世界著名的成功学专家。有一年，他需要聘请一位秘书，于是在几家报纸上登载了一则广告，结果应聘的信件如雪花般寄来。但这些信件大都如出一辙，比如他们的第一句话几乎是一样的："我看到您在报纸上刊登的招聘秘书的广告，我希望可以应聘这个职位，我今年多少岁，毕业于某学校，如果能有幸被您选中，我一定兢兢业业地工作。"拿破仑·希尔对此很失望，正琢磨着是否放弃这次招聘计划时，一封信件姗姗来迟，这封信件让他惊喜不已，认定秘书职位非她莫属。她的信是这样写的："敬启者：您所刊登的广告一定会引来成百乃至上千封求职信，而我相信您的工作一定特别繁忙，根本没有足够时间来认真阅读。因此，您只需拨打这个电话，我很乐意过来帮助您整理信件，以节省您宝贵的时间。您丝毫不必怀疑我的工作能力与质量，因为我已经有15年的秘书工作经验。"

后来拿破仑·希尔说："如果懂得换位思考，能真正站在他人的立场上看待问题、考虑问题，并能切实帮助他人解决问题，那么这个世界就是你的。"

二、影响公众心理的方法和技巧

正确认识公众心理是为了影响公众心理，总的来说，影响公众心理的方法有以下几种。

（一）劝导

劝导是鼓励引导、规劝开导。它是主动影响公众心理的最主要、最直接的方式。用劝导这种方式影响公众心理的方法称为劝导方法。劝导方法主要有流泻式、冲击式、浸润式和逆行式4种。这4种方法各有其长处和短处，所以在运用中应当注意扬长避短。

1. 流泻式劝导

流泻式劝导是一种以告知为主要形式，没有严格的对象范围，没有特别的针对性，没有精确的效果预测的普及性劝导方法。

2. 冲击式劝导

冲击式劝导是一种以说服为主要形式的专门性劝导方法。和流泻式劝导相比，它具有对象明确、意图明确、针对性强、冲击力大的特点。它就像灭火或冲洗船舱用的高压水龙头一样，以集中水力"灭火去污"，用于解决专门性的问题。

3. 浸润式劝导

浸润式劝导是以周围舆论影响公众的劝导方法。它的特点是行为缓和而持久，不易形成表面的对抗，在潜移默化中对公众的心理产生影响。它就像浸润某种固体物的液体一样，虽然不会马上改变固体物的形状和性质，但总会对固体物产生或多或少的作用。由于人具有合群的倾向，因而浸润式劝导具有一定的效用。

4. 逆行式劝导

逆行式劝导是少数人对多数人或下级对上级进行劝导的方法，是与浸润式劝导相对应的一种劝导方法。浸润式劝导是对被浸润的对象施加影响，而逆行式劝导则是被浸润的对象对周围的浸润者施加影响。逆行式劝导的形式和作用就像潮流中的逆流一样，虽然力量相对弱小，但有时也可以改变潮流行进的方向和路线。

（二）心理暗示

心理暗示是指人们接受外界或他人的愿望、观念、情绪、判断、态度影响的心理特点，是人们日常生活中最常见的心理现象。它是人或环境以非常自然的方式向个体发出信息，个体无意中接受这种信息,从而做出相应的反应的一种心理现象。心理学家巴甫洛夫认为：暗示是人类最简单、最典型的条件反射。从心理机制上讲，它是一种被主观意愿肯定的假设，不一定有根据，但由于主观上已肯定了它的存在，心理上便竭力趋向于这项内容。我们在生活中无时不在接受着外界的暗示。例如，电视广告对购物心理的暗示作用。在无意识中，广告信息会进入人们的潜意识。这些信息反复重播，在人们的潜意识中积累下来。当购物时，人们的意识就会受到潜意识中的这些广告信息的影响，它们会左右人们的购买倾向。

人们为了追求成功和逃避痛苦，会不自觉地使用各种暗示的方法，当困难临头时，人们会相互安慰"快过去了，快过去了"，从而减少忍耐的痛苦。人们在追求成功时，会设想目标实现时非常美好、激动人心的情景。这个情景就会对人们构成一种暗示，它为人们提供动力，提高挫折耐受能力，使人们保持积极向上的精神状态。

1. 心理暗示的种类

心理暗示可以分为他人暗示和自我暗示两类。他人暗示是指个体在与他人交往中产生的一种心理现象，即他人使个体的情绪和意志发生作用，如曹操巧妙地运用了"望梅止渴"的暗示来鼓舞士气。自我暗示是指个体自己接受了某种观念，然后对自己的心理施加某种影响，从而使情绪与意志发生作用。

例如，很多人早晨在出门上班或办事前会照镜子、整理衣服和头发。有的人从镜子里看到自己脸色不太好看，并且觉得上眼睑浮肿，恰巧昨晚睡眠又不好，这时马上会有不快的感觉，并且怀疑自己得病了，继而觉得自己全身无力、腰痛，于是觉得自己不能上班了，甚至要马上就医。这就是对健康不利的消极的自我暗示。而有的人则不是这样。当从镜子里看到自己脸色不好，由于睡眠不好精神有些不振、眼圈发黑时，他们会马上理智控制自己的紧张情绪，并且暗示自己：到户外活动，做操、练太极拳，呼吸一下新鲜空气就会好的。于是精神就振作起来了，然后高高兴兴地上班去了。这种积极的自我暗示有利于身心健康。

2. 心理暗示中要注意的问题

心理暗示的作用可以是积极的，也可以是消极的。积极的心理暗示可帮助被暗示者稳定情绪、树立自信心并赋予被暗示者战胜困难和挫折的勇气，消极心理的暗示会对被暗示者造成不良的影响，因此，公关人员应该注意有意识地给公众以积极的心理暗示，而避免消极的心理暗示。同时应该注意引导公众将消极的自我暗示变为积极的自我暗示。

例如，在组织公关活动时，如果需要调整公众的心态，就要引导其从"我心里没底，我恐怕要搞砸"的心理状态转变为"别人行，我也行"的心理状态。

在他人暗示中，暗示的效果很大程度上取决于暗示者在被暗示者心目中的威信。这就要求暗示的实施者具有较高的威望，具有令人信服的人格力量。另外，暗示越含蓄，效果越好。因此，在公关传播中要尽量不用命令的方式去提出要求，若能用含蓄巧妙的方法去引导，就会获得更好的效果。

（三）榜样影响

所谓榜样影响，是指组织在开展公关活动时，通过典型人物和事件来影响公众心理，争取公众与组织的良好合作，从而达成公关目标。榜样有其具体的形象特色，易于让公众接受和仿效，能够增强组织对公众的感召力并起到正面激励作用。

榜样影响的公众心理基础是模仿。在一些情景中，个体想要以某种方式行动，但感到内心有些束缚，阻止其这样做。接着，他看到群体中有人以他想要采取的方式行动了，于是他便跟着以这种方式行动。观察学习和模仿行动减少了阻止个体以某种方式行动的内心限制，解除了对个体的约束。模仿就是个体自觉或不自觉地模仿榜样的行为。模仿也是一种基本的人际影响方式。在社会生活中，从衣食住行到社会风俗、习惯、礼仪，个体从小到大都普遍存在着模仿行为。亚里士多德早就指出，模仿是人的一种本能。近代心理学家麦独孤认为，人类有一种天然的冲动去模仿其他人的行为。

榜样影响在公关实践中有着极为广泛的应用，将其运用到公关实践中会收到良好的效果。

首先，利用榜样影响，可以实现组织规范的不断自我更新。组织可通过模仿、发现，制定新的组织规范，并利用模仿的整合作用使之在组织内实行。当组织每实现一次规范的更新，它就朝着自我更新、自我完善的道路前进了一大步。于是，它对公众施加社会影响的潜在能力也就极大地增强了。

其次，利用榜样影响，可以塑造良好的组织形象。当组织的产品和服务良好，但外部形象不佳，不知怎么办时，就可以模仿别人树立良好的组织形象的做法。

最后，利用榜样影响，可以充分调动公众的积极性，同时可以有效地整合公众的态度、行为，从而促进组织与公众的关系发展。公众是千差万别、多种多样的，不同的公众有其自身的心理特点、兴趣爱好及行为方式。所以组织要善于针对不同类型公众的特点，积极树立榜样，通过榜样的带头作用来影响公众，努力发扬其积极因素，克服其消极因素，以达到"内求团结，外求发展"的目的。

 案例分析

小华盛顿栈的读心术

也许你永远都不知道，小华盛顿栈总是费尽心思地去猜透连顾客自己都未察觉的细微心情。

小华盛顿栈非常有名，著名的美食评论杂志《Zagat》曾把它评为全美第一。它的主厨欧康诺为了让顾客有一次毕生难忘的用餐体验，发明了一套独特的管理方法，叫作心情分数（Measure of Mood）。具体来说，就是小华盛顿栈的服务人员，在每一桌客人坐定准备点菜后，必须观察该桌的气氛，打一个1~10分的心情分数。这个分数会随着菜单一起被输入计算机，显示在餐厅中每一个工作站的屏幕上。小华盛顿栈的目标是让客人离开时的心情分数不低于9分。如果这一桌的气氛本来就比较活跃，那么服务人员也就不需要有特别的行动。但是如果某一桌客人的心情分数看起来只有3~4分，那么整个管理团队就得同心协力来扭转这个局面。

这些努力常常是细微事件。例如，如果顾客在两道菜中难以决定，厨房会把顾客没点的另一道菜做成小份，让顾客尝一下味道。在与顾客的互动中，服务人员会重新确定心情分数，输入新的分数。如果还是只有5分，则可能会加送一道菜；如果提升到7分，可能会加送一道甜点就够了；如果到了最后仍然无法辨别出顾客的心情分数是否升到了9分，主厨欧康诺就会使用最后一招：邀请顾客参观厨房，说明大概的工作流程和他对厨艺的一些看法。往往此时，很少再有顾客会有低于9分的心情分数了。为了提升心情分数，整个服务团队都必须随时准备"危机总动员"。

由本案例可见，小华盛顿栈极其重视对顾客消费心理的判断，他们并不是等到顾客离开时才要求顾客填写意见表，而是由服务人员利用专业的判断，去"创造"美好的顾客体验；他们不是去"衡量"顾客体验，而是由服务人员通过敏锐的观察来避免各种危机，这样自然大大提高了顾客的心情分数。未雨绸缪的准备，更能洞悉顾客心理，更能提升自身的竞争力，为自己赢得更好的评价和良好的信誉。

思考题

1. 简述公共关系公众心理及其特征。

2. 影响公众行为的个体心理特征有哪些？试述研究公众的个体心理特征对做好公共关系工作的意义。

3. 你认为对公关公众心理沟通障碍的认识有助于提高公关人员的沟通水平吗？试举例说明。

4. 简述心理定式在公共关系工作中的作用。

5. 认识公众心理的方法有哪些？

6. 试述影响公众心理的方法并分析其利弊。

第五章 公共关系的组织机构与从业人员

"你会坐吗？"
—— 一次公关部长聘任考试

一家公司准备聘用一名公关部长。经笔试筛选后，只剩下 8 名考生等待面试。面试规定每人在两分钟内，对主考官的提问作出回答。当每位考生进入考场时，主考官说的是同一句话："请您把大衣放好，然后在我面前坐下。"然而，在考试的房间中，除了主考官使用的一张桌子和一把椅子外，没有别的东西。有两名考生听到主考官的话以后，不知所措；另有两名急得直流泪；还有一名听到提问后，脱下自己的大衣，搁在主考官的桌子上，然后说了句："还有什么问题吗？"结果，这 5 名考生全部被淘汰了。在剩下的 3 名考生中，第一名听到主考官的话后，先是一愣，随即脱下大衣，往右手上一搭，躬身致礼，轻轻地说道："这里没有椅子，我可以站着回答您的问题吗？"公司给这个人的评语是："有一定的应变能力，但创新开拓能力不足。彬彬有礼，能适应严格的管理制度，可用于财务和秘书部门。"第二名考生听到要求后，马上回答道："既然没有椅子，就不用坐了。谢谢您的关心，我愿聆听下一个问题。"公司给此人的评语是："守中略有攻，可先培养用于对内，然后再对外。"第三名考生的反应是：他在听到主考官的话后，眼睛一眨，随即出门去，把候考时坐过的椅子搬进来，放在主考官面前约一米处，然后脱下自己的大衣，折好后放在椅子背后，而自己就端坐在椅子上。"时间到"的铃声一响，他马上站起来，欠身致礼，说了声"谢谢"，便退出考试房间，把门轻轻地关上。公司给此人的评语是："不着一词而巧妙地回答了问题，富有开拓精神，加上笔试成绩佳，可以录用为公关部长。"

从事公关实务工作的人可以是公关从业人员和非公关从业人员，但一般来说，前者的职业水准和活动能力要明显高于后者。引例中合格的公关从业人员正是具备了一般工作人员缺乏的素质和能力。组织要提高公关水平，使公共关系职业化，迫切需要培养大量的公共关系从业人员。本章将介绍公共关系组织机构、公共关系从业人员的作用及培养。

第一节 公共关系的组织机构

一、公共关系组织机构的概念

公共关系的组织机构就是专门执行公关任务、实现公关功能的行为主体，是公共关系工作的专业职能机构。

二、公共关系组织机构的分类

一般而言，公共关系的组织机构分为两大类：一类是组织内部的公共关系部；另一类是公共关系公司。

（一）公共关系部

1. 公共关系部的概念及其组织类型

公共关系部是组织内部设置的公共关系职能部门，又被叫作公共事务部、公共信息部、社会关系部等。公共关系部的组织机构没有固定的模式，可以有各种各样的类型。如果从公共关系部在组织中的地位来考虑，公共关系部的设置可分为以下 4 种类型，即总经理直接负责型、总经理间接负责型、部门所属型和公共关系委员会。从公共关系部的规模来考虑，公共关系部的设置可分为小、中、大 3 种类型。

2. 公共关系部的职能

公共关系部是组织为贯彻公共关系思想，聘任专业公共关系工作人员组成的用以开展公共关系活动的专门机构。它在组织中占有重要的地位，是组织的信息情报部、决策参谋部和宣传外交部。作为组织不可或缺的重要机构之一，公共关系部所行使的职能，主要包括以下 7 个方面的内容。

（1）积极组织和开展有关调查工作，监测舆论环境，分析各种信息，为组织发展战略和相关工作计划的制定提供依据。

（2）对组织形象的定位、设计等事关组织形象整体建设方面的问题进行统筹考虑，并向决策层提出切实可行的建议方案。

（3）作为组织的新闻发言人，或新闻发言人的支持部门，深入把握组织情况，及时向社会公众提供组织的各种信息。

（4）制订整体传播计划，通过策划和实施公共关系活动，有效地传播组织或品牌的良好形象。

（5）积极、主动地与那些和组织运营有关的社会公众进行沟通，并协调和拓展与这些公众之间的关系，为组织的发展营造一个良好的环境。

（6）协助组织决策层建立科学、务实的危机管理机制，并负责日常危机信息的收集以及危机预警（防范）方面的工作。

（7）具体应对并妥善处理组织随时有可能面临的各种突发性的危机事件，切实维护组织或品牌的社会声誉和良好形象。

上述 7 个方面构成了公共关系部的独特管理职能，使公共关系部既与组织的长远发展目标紧密联系在一起，又与组织的其他管理部门明确地区分开来。自然，公共关系部应该也可以支持组织其他部门的工作，但在职能定位上，公共关系部仍然有它自身的质的规定性，绝非其他部门所能囊括或替代。否则，公共关系部就失去了它存在的价值。

3. 公共关系部的特点

（1）专业性

专业性指公共关系部作为组织内从事公共关系工作的机构，不能成为"杂货店"，也不是临时班子，必须保证其队伍的专业性和工作内容的专业性。

（2）协同性

协同性指在实现公共关系计划所确定的目标时，组织不能只靠公共关系部单枪匹马，孤军作战，还应依靠组织中各部门的相互配合及全体成员的共同努力。

（3）自主性

自主性指公共关系部在组织中要有独立的地位，有一定的权限范围，可以自主地开展各项工作。

（4）服务性

公共关系部是一种具有服务性质的、层次较高的间接管理部门，但它不是直接的管理者，也不是领导者和生产者。

4. 公共关系部的设置原则

（1）正规化原则

组织的公共关系部是代表组织来进行工作的。它的每一项工作都关系到组织的形象和生产、经营业务的进展，所以，必须从组织上和工作内容上保证公共关系部的正规性。这就要求必须以公共关系专职人员为核心组成一个统一的、高效的工作班子，集中力量去做与实现组织公共关系目标有关的事情，参见图5-1。

（2）针对性原则

所谓针对性原则，就是要求组织根据组织工作的性质和面对的社会公众类型来设置公共关系部。如工厂要考虑产品的用户；商店要考虑顾客的类型。因此，组织在设置公共关系部时，要根据自身的性质，根据组织特定的公众对象来进行，而不能一味地照搬和仿效他人的做法，否则将影响公共关系工作的效果。

（3）权威性原则

所谓权威性原则，就是要求组织在设置公共关系部时，把它放在一个重要的位置。不仅要认识到公共关系部与组织的生产计划部门、经营部门、财务部门、人事部门同等重要，而且还应使公共关系部的领导处于组织最高决策层的地位，至少应有直接向决策层汇报、提建议以及参与决策层讨论的权利。在组织内部，公共关系部要有代表最高决策层发表意见、做出决定的权威；在组织外部，公共关系部要有代表组织发布信息、处理业务的职责。

（4）协调性原则

所谓协调性原则，就是要求组织在设置公共关系部时，要立足于公共关系工作的协调性、系统性。首先，在设置公共关系部时，要使它与组织内部的各个部门相互协调，并能起到协调各部门关系的作用。其次，公共关系部内部的层次结构和工作人员也应相互协调，以发挥其自身的整体效应。公共关系人员的分工一定要明确，每个人都应有"主攻目标"，同时还要注意互相配合、协同作战。最后，要发挥公共关系部对组织和社会各界的协调作用，既要建立一条稳定的信息传播和信息反馈的通道，也要建立一条收集信息和处理信息的"流水线"。

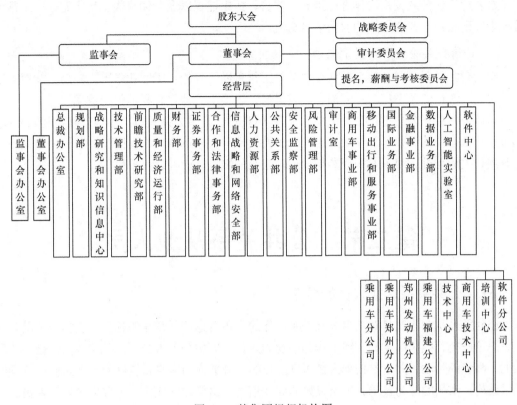

图 5-1　某集团组织机构图

5. 设置公共关系部的利与弊

在组织内部设置公共关系部，对于开展公共关系工作有以下好处：①熟悉组织情况；②能提供及时的公共关系服务；③有利于保持公共关系工作的连续性和稳定性；④有利于节约经费；⑤可从事相对私密的内部公关工作，而公共关系公司对于组织的内部公关少有涉足。

公共关系部设置不当也会有缺点，主要表现有：①职责不明，负担过重；②看问题有时不够客观，即所谓的"当事者迷"；③总费用可能比聘请公共关系公司的费用多。

（二）公共关系公司

1. 公共关系公司的概念及其组织类型

公共关系公司，简称公关公司，又被称作公共关系咨询公司、公共关系顾问公司、公共关系事务所、公共关系服务公司等，它是由各具专长的公共关系专家组成的，独立于社会组织之外提供公共关系服务的专职机构。公共关系公司有它存在的客观必然性和优势。有资料显示，形象好的组织，其发展过程大多与公共关系公司对他们的支持有着一定的联系，有些甚至是直接受益。

公共关系公司的组织类型多样，按规模大小划分，有中小型公共关系公司和大型公共关系公司；按业务范围划分，有单一型公共关系公司和综合型公共关系公司。

2. 公共关系公司的基本职能

公共关系公司的基本职能：一是为委托者（或客户）提供公共关系的全部或单项服务；二是对委托者的公共关系工作进行指导、监督，提出建议以及帮助或代替其实施；三是帮助委托者实现与社会公众之间的双向信息交流。

3. 聘请公共关系公司的利与弊

聘请公共关系公司，对于开展公共关系工作有以下好处：①职业水平比较高；②看问题比较客观；③社会关系广泛；④消息比较灵通；⑤提出的建议容易被组织重视。

聘请公共关系公司进行公关策划有优势，但是对于开展公共关系工作也有其不利的方面：①不太熟悉客户情况；②工作缺乏连续性，持久性差；③远离客户。因此，聘请公共关系公司开展公关活动时，组织要积极参与，通过自身的努力，弥补以上不足。

第二节　公共关系从业人员

一、公共关系从业人员的概念

公共关系从业人员是对从事公共关系工作的人员普遍而又常见的称呼，它指的是以公共关系理论研究、教学活动和实践工作为职业的人员，简称公关人员。公共关系工作是一项复杂的、高级的劳动，并不是任何人都可以胜任的。公关人员应具备较好的心理素质，合理的知识结构，实用的能力技巧，以及良好的职业道德，这样才能成为一个合格的公关人员。

二、公共关系从业人员的素质

现代社会对公关人员提出了新的要求。在此社会背景下，公关人员应当具备与之相应的素质，否则，就可能被淘汰。公关人员的素质是指从事公共关系工作的职业人员的气质、性格、兴趣、风度、学识和技能方面的综合品质。我们认为，公关人员的素质，是其本人个性特征的总和，是一种综合能力的概括。具体来说，它包括以下几个方面的内容，如图5-2所示。

图 5-2　公共关系从业人员的素质

（一）强烈的公关意识

公关意识是公关素质的核心。因为只有具备了公关意识，合理的知识结构和基本能力才可能转化为重要的公关素质。那么，什么是公关意识呢？公关意识是由公关原理和公关原则转化而成的公关人员内在的习惯和行为规范。也就是说，具有公关意识的公关人员，无论是在日常事务性公关工作中，还是在大型公关活动中，都不需要靠某种压力或模仿，而是充分发挥自身主观能动性，就能够自觉地使自己的行为体现出公关原理和公关原则。由此可见，公关意识一产生，便会成为一种制约公关人员行为的无形力量。公关意识是一种综合性的职业意识，它大致由以下几个方面的内容构成：形象意识、公众意识、沟通意识、长远意识、危机意识和审美意识等。

 精选案例

广州中国大酒店的创意策划

广州中国大酒店在庆祝酒店开业一周年时，安排全体员工共同拍摄"中"字的照片，然后将其制成明信片，这是一种美的活动，所以被广为传播。因为公关人员从中享受到了理想变为现实的美，员工从中体会到了作为酒店一员的自豪的美，客人从中感受到了酒店全心全意为客人服务的形象的美。

（二）过硬的心理素质

心理素质直接影响着公关人员的思维和行为。过硬的心理素质是公关人员正常开展工作的前提。缺乏良好的心理素质，只会导致公关活动失败。过硬的心理素质包括追求卓越，渴望成功；易于投入，热情工作；自信、开放和乐观等。自信是对公关人员心理素质的最基本的要求。一个人有了自信，才会产生自信力，进而激发出极大的勇气和毅力，最终创造出奇迹。同时，优秀的公关人员应该有热情、开放、外向等良好的心理素质。惟其如此，公关人员才能做好人际沟通和交流，才能应对各种复杂的环境与情况。

（三）理性的思想作风

思想作风决定了一个人的精神状态和工作态度。在公关活动中，公关人员应当具备理性的思想作风。要具备理性的思想作风，首先应具备良好的职业道德，良好的职业道德是成为一个优秀的公关人员的基本条件，国际化社会尤其强调职业道德的重要性，良好的职业道德是彼此沟通的前提；其次应具备敬业精神；再次应树立合作观念；最后还要有勇于担当的精神。对于问题，应该认真分析，积极总结经验和教训，为以后的工作提供参考。如果出了问题，对于自己的责任，不能逃避、推诿，要主动承担。

（四）合理的知识结构

知识是一个人开展活动的工具，每个人都是依托自己的知识结构开展活动的。现代社会对公关人员的知识结构有以下要求：一是娴熟的公共关系专业知识，这是做好公关工作的基本条件；二是与公共关系学关系较为密切的学科知识，包括传播学、新闻学、社会学、社会心理学、管理学、经济学等；三是广博的基础知识，公关人员面对的公关情况千变万化，需要与各种公众打交道，公关人员的知识面广，就会与相关公众有共同的兴趣、话题，彼此之间容易产生亲近感，以便于开展公关工作。

（五）较强的能力素质

公关活动的广泛性、复杂性、创造性和灵活性，要求公关人员具有较强的能力素质。

1. 较强的书面和口头表达能力

公关人员的工作离不开口头表达，比如公关人员要在展览会上介绍企业概况，与消费者公众接触时阐述自己的观点等。同时公关工作也离不开书面表达，需要公关人员编写宣传材料、策划活动等，所以公关人员必须有相当强的书面和口头表达能力。

2. 较强的思维能力

公关人员要有较强的思维能力。因为公关情况复杂多变，所以要求公关人员有较高的智慧，遇事冷静思考，有严密的逻辑思维能力和综合分析问题的能力，有丰富的想象力和创造思维能力，从而使组织在激烈的竞争中立于不败之地。

3. 良好的学习能力

学习能力是领悟能力的一种表现，也是公关人员必须具备的能力。知识是形成能力、提高素质的基础。公共关系活动是一种复杂的社会活动。一般来说，越复杂的社会活动越需要科学知识的指导。从公共关系的实现过程来看，其信息采集、活动策划、意见整理、效果评估等各个方面都涉及诸多的学科知识，对于专业公关人员来说，这些学科知识只是一种辅助型知识，但却是缺一不可的，故可谓"不求精而求其多"。公共关系是一门交叉、边缘性学科，其理论和方法有许多都来自相关学科，而且在实践中还要借助更多的学科知识和技术手段，去解决各种错综复杂的公关问题。只有广泛地学习、吸收和掌握多方面的知识和本领，公关人员才能很好地适应新情况、解决新问题。

4. 较强的策划创新能力

公关人员的工作就是开展各种公关活动，而每种公关活动都需要精心的策划和认真的组织，所以公关人员要具有较强的组织能力。公关活动的策划和咨询工作充满着智慧，公关人员要根据环境变化的不同形势以及组织的要求，设计出新颖独到、令人耳目一新的公关活动，从而引起公众对组织及其产品的关注。例如，下文所述"精选案例：偷走班克斯"中的公关策划活动就是澳大利亚 Art Series 酒店的公关专职人员策划和安排落实的，充分体现了公关人员较强的策划创新能力。

当公关人员发现或预见组织的公共关系问题时，为了解决这些问题或防患于未然，就需要其在创新意识的引导下，充分发挥自己的想象力和创造力来进行公共关系活动的全面策划和设计。公关人员要善于收集信息，在平凡之处找出奇特的东西，在危机中找出机会，要能够制造"公关新闻"。公关人员不仅要在公关活动中具有策划创新的能力，而且这种能力对公关人员的日常工作也具有同样的影响。因此，公关人员要在日常工作中自觉地培养自己的策划创新能力，这样才会使公关工作富有新奇感和挑战性。

5．信息采集与处理能力

衡量公关人员的最根本标准是善于发现问题和解决问题的能力。一个合格的公关人员要具备较强的分析策划能力和相应的工作经验。它要求公关人员面对各种信息时，要表现出察微知著的职业敏感性和由表及里、透过现象看本质的专业分析能力，能以较快的速度和较高的准确性，从中找出影响组织和公众的关系的各种问题及原因。

6．善于与他人交往的能力

公关人员的社交能力是指其进行人际交往，广泛联络公众的能力。公关人员应当发现自己的优势，自信地、大胆地融入公众，用人际交往的技巧和方法与公众轻松自如地交往，为组织广结良缘，广交朋友，在组织与公众之间架设沟通的"桥梁"，形成"人和"的氛围和环境，尽可能地在公众面前为自己和自己的组织树立良好的形象。

7．自控、自制和处理危机的应变能力

公关人员在公关工作中要和社会上的各种各样的人打交道，常常需要面对各种难题、矛盾和困境，而且公关活动中经常会出现一些突发事件和事先难以预料到的问题，这就需要公关人员有自我控制和应变的能力，能根据实际情况，灵活从容地解决问题。

8．正确掌握政策、理论的能力

公关人员的理论政策水平直接决定着其工作实务的质量。有人认为，公关人员只需能说会道、能写会编，只用口与手来掌握公共关系技术即可，但其实更重要的是用脑。公关人员较高的理论政策水平主要体现在 3 个方面：一是掌握国家的有关方针政策；二是熟练运用自己组织内部的相关方针政策；三是能适当地利用其他社会组织的有关政策和方针，使自己的工作尽可能顺利地开展下去。

（六）一定的经验阅历

经验阅历是尽快适应工作的基础，无论是直接的经验阅历，还是间接的经验阅历，都有利于开展工作。现代社会中的公关人员，应具有以下 4 个方面的经验阅历：一是一定的专业经验，专业公共关系公司特别看重这点，尤其对于有某些专业领域（如企业管理、新闻、金融、IT、法律和医学等）工作经验的人才比较青睐；二是较多的公关工作经历；三是良好的社会关系；四是熟悉我国悠久的历史文化，把握我国消费者的消费心理和消费趋向。

拓展案例

花旗银行员工的公关意识

我们对公关人员所提出的以上要求是针对一个组织机构公关人员的整体，而非个体。因为任何一个公关人员都不可能像我们所要求的那样完美无缺，整体最优是一个组织开展公共关系工作的必然要求。

三、公共关系从业人员的角色

公共关系工作需要一大批人去做，这些人由于其工作性质、范围、职能的不同，在公共关系工作中充当不同的角色，承担不同的义务，享受不同的权利。公共关系从业人员的角色大体上可以分为4种类型：专家型、领导型、技术型和事务型。

专家型角色是研究和解决公共关系理论与实践问题的权威，他们有渊博的知识、丰富的经验，有较高的理论水平与宣传推广能力，他们是公共关系队伍中的中坚力量和精英。专家型角色主要包括以下人员：公共关系顾问、公共关系学者和教育家。

领导型角色是指在各公共关系组织或相关单位中担任领导职务的人，包括经理、部长、主任等。

技术型角色是公共关系部中从事专项技术的业务工作人员，主要包括一般的记者、编辑、摄影师、广告人员、设计师及其他技术人员，他们以各自的技术专长充当公共关系工作中的某个角色。

事务型角色是组织中从事日常公共关系工作的人员，他们是最普通，也是最基层的公共关系人员，这些人员包括秘书、办事员、服务员、招待员、翻译、助理、导游、消费引导员等。

四、公共关系从业人员的选拔与培养

选拔与培养公共关系从业人员，是我国当前开展公共关系工作和发展公共关系事业的一项迫切任务，其重要意义在于：公共关系工作是一项社会工作，为了组织的发展，必须要求这项工作的从业人员有较高的业务技能和文化素养。

（一）选拔公共关系从业人员的原则

随着现代组织的发展，在用人的问题上，尤其在选用公共关系从业人员的问题上，应遵循以下原则。

1. 因人施任、任人唯贤的原则

社会组织在选择公关人员时，应该根据某人的特点、能力和条件来安排他做最合适的，并且是他最愿意做的工作，要向他提出高标准的要求，从而促使他尽力做好工作，发展自身。

2. 广泛选择、正视能力的原则

社会组织在选择公关人员时，眼界应该放宽一些，面向社会招聘公关人员，要把那些有志从事公关工作、德才兼备的人招收进来；同时，在组织内部现有的工作人员中，如果确有出类拔萃、能胜任公关工作的人，人事部门应该给他们提供施展才干的条件和机会，

使其充分发挥自己的才能。社会组织应该通过多种途径选择能人，优化组合，组成自己的公共关系部门。

3. 用人之长、容人之短的原则

用人之长，既符合人的特性，又符合公共关系工作的要求。重视人的长处，就是要一个人集中他的全部力量并将其用于某一项活动，要求人在自己的强项中做出成绩。用人不要求全责备，要从大处着眼，使被起用者得以发挥才能，这不是说对缺点视而不见，而是力争使其改正缺点，渐渐趋于"完人"。

（二）公共关系从业人员的培养目标

公共关系的人才培养应该朝两个方向努力：一是培养通才式的公共关系人才；二是培养专才式的公共关系人才。

通才式的公共关系人才，可视为领导型人才。这种人才需要具有企业家的头脑、宣传家的技能、外交家的风度。其定位是：懂管理、会策划、善传播。专才式的公共关系人才，可视为具体的公共关系工作人才。这种人才要精通新闻写作、广告设计、市场调查、美工摄影、编辑制作、绘画书法等某一方面的公共关系技能。

第三节　全员公关

一、全员公关的定义

全员公关是指组织的全体人员都应具有公关意识，都能按照公关工作的要求，把自己的日常工作与组织良好形象的树立相联系。只有动员和组织全体成员都参与公关工作，才会形成真正的、有实效的公共关系。现在，国外的公共关系学界普遍赞同全员公关的观点和方法，这是因为全员公关是组织树立良好形象的基础。组织公共关系的目标就是为自身树立良好的形象，而良好的形象正是通过组织中所有员工的集体行为体现出来的，是组织中每个员工各自形象的总和。本节主要以企业为例加以说明。

二、实施全员公关的必要性

在日趋激烈的市场竞争中，企业靠什么赢得竞争的胜利？许多成功企业的实践证明：优质服务是获胜的法宝。而搞好优质服务，必须走全员公关这一最佳途径，通过强化全员公关意识来提高服务水平。我们所说的"全员公关"，并不是指企业的全体员工都专门去做公关工作，而是指企业的每个员工都要有强烈的公关意识，都能自觉地、不断地提高自己的交际能力，在日常与公众的交往中为企业做宣传，为提高企业的知名度和美誉度作出贡献。

中国邮政青岛市分公司的全员公关

中国邮政青岛市分公司在提高服务水平，以全新的面貌服务大众方面发挥了全体员工的积极性。当用户走进邮政大厅时，礼仪小姐微笑着用"您好""欢迎"等礼貌用语与用户打招呼，迎接用户；导邮员身披印有导邮标志的绶带在营业厅内解答用户提出的问题，指导用户操作，疏导拥挤的人群，现场征求用户的意见，把其中有价值的意见和建议向上级反映，以改善服务；营业员统一着装，面带微笑，热情地迎接用户，并在不办理业务时起立回答用户的各种问题，处理邮件时坚持限时服务，不拖时间，当用户离开时向用户表示感谢，并欢迎其再次光临。此外，他们还为老弱病残孕等特殊用户提供全过程的特殊服务。用户从踏进邮政大厅大门的那一刻起，就被温情暖意所包围，深深地被"宾至如归"的服务水准所打动，对邮政公司的信任和赞许又增添了几分。这样好的服务效果，归功于邮政公司的每一位员工。他们诚恳待客，时刻把用户放在心上，这种为用户提供方便的做法就是在做公关工作，他们高水平的服务正是个人良好交际修养的体现。

公关工作需要全体员工的参与和合作，主要有以下几个方面的原因。

从静态上看，企业是由各个员工组成的有机整体，每个具体的员工都代表着企业，如果某位员工对用户的利益造成了损害或在为用户服务的过程中以"冷硬顶"的方式得罪了用户，那么用户就会把对这位员工的不满算到企业的头上。也就是说，公众与员工的关系会影响到公众与企业的关系。

从动态上看，企业与公众的联系和沟通，是在企业的活动和运行中得以实现的，而企业的活动和运行，就是全体员工的活动和运行。工作需要人来做，做得好，就会有好的公共关系；做得不好，就会有相反的结果。上例中中国邮政青岛市分公司的工作做得较好主要得益于全体员工的共同努力。在公共关系活动中，每个员工都是有重要影响力的一分子。

从公关成效上看，全员公关会使企业的公关活动获得较大的效益。员工在企业中从事专业活动，在实际工作中最容易对企业的公关状况产生深刻的体验。如果他们具有全员公关的意识，就会促使其个人的公关行为处在自觉化的状态，促使其主动为企业形象的塑造作出贡献，踊跃地为企业的公关活动献计献策。群众中蕴藏着极大的积极性和创造力，发挥出来后会为企业的公关工作注入生机和活力，使企业的公关活动更富有成效。

总之，全员公关的意识是指组织中所有员工都参与公共关系活动的意识。其真正意义在于增强组织全体员工的公共关系意识，促使他们多关心组织，做到着眼于组织的整体公共关系工作，从自己的本职工作入手，把公共关系意识贯穿于组织的各项活动的全过程之中，为树立良好的组织形象服务。因此，这种意识不仅起着协调人与人、组织与组织间关系的作用，而且还发挥着教育社会公众的作用。

拓展阅读

北京银地大厦的全员公关

三、实现全员公关的途径

全员公关指的是公共关系工作与社会组织的全体员工有关，为了实现全员公关，组织需要面向所有内部员工，在以下几方面多做工作。

（一）切实保障员工的主人翁地位

美国《幸福》杂志曾登载过这样一件事：日本本田技研工业公司的一个工人，每天在下班回家的路上，总是把他所见到的停在路边的每辆本田车上的挡风玻璃、雨刮器整理好，这并不是因为他"手痒"，而是他实在见不得本田技研工业公司的汽车有任何不顺眼的地方。这是一种强烈的主人翁精神，也是一种自觉的公关行为。企业要形成全员公关的良好局面，就必须切实保障员工的主人翁地位，做到正确处理企业与员工的关系，使员工能够真正享主人权、尽主人责、得主人益。只有员工的主人翁地位和权利在企业各项制度中得到了切实保障，员工的积极性、主动性、创造性和工作潜力才能全部发挥出来，员工才能与企业同舟共济、荣辱与共，自觉自愿地为塑造企业的良好形象而努力，这时企业全员公关才能转化为现实。

（二）培养员工对企业的认同感和归属感

要培养员工对企业的认同感和归属感，一方面要与员工分享信息。员工作为企业的一员，若对企业不了解，尤其是对与自身利益有关的动态毫无所知或知之甚少，那就必然缺乏主人翁意识，难以形成为企业塑造良好形象的主动性和自觉性。因此，企业应通过信息分享实现企业与员工之间的相互理解和合作；应通过各种传播媒介，如企业杂志、简报等，让员工及时、准确地了解企业的总体情况；与此同时，还应将员工的情绪、意见和建议加以归纳综合，及时地将这些信息反映给企业领导，作为其决策的依据。另一方面要让员工参与决策。员工能否把企业看成"自己的企业"取决于员工在企业决策过程中的参与程度。让员工参与决策的过程，会使他们一改过去置身于企业之外的态度，同时站在企业的立场上从企业的利益出发去考虑问题，这种心理上的换位，对员工形成"自己的企业"意识起着决定性作用。

（三）激发员工的自豪感

每一个人都希望得到别人的羡慕。企业如果能在每一位员工心目中塑造一种值得他们骄傲的形象，无疑会促进全员公关的实现。员工为企业感到自豪和骄傲的原因有很多，企业领导可以从多方面努力，使员工因企业而深感自豪。比如，当企业对社会有较大的影响和贡献时，它就会有较高的知名度，作为该企业的员工就会为此感到自豪，同时还会产生自己所服务的企业是工作的好地方的感觉，从而更加努力工作，无愧于优秀企业的一员；而当企业在社会上广泛受到赞扬和好评时，作为该企业的员工也会因此而产生荣誉感。此外，先进的办公设施、现代生产技术、比较好的福利待遇等，都会激发广大员工的自豪感和荣誉感，都会促使员工珍视企业、自觉宣传企业，并希望通过自身的努力展现企业的风采，帮助企业树立良好的形象。

（四）开展全员公关的教育和培训

企业要使全员公关活动全面展开，就必须把公共关系的经常性工作与全体员工的日常性工作结合起来，各部门在自己的工作中配合企业实现公共关系的目标，而要做到这一点，就要经常对广大员工进行全员公关的教育和培训。全员公关的教育和培训，一方面可以使广大员工了解公共关系基本知识并掌握公共关系的实际技能，如礼宾礼仪、交谈方式、文明礼貌用语、谈判技巧、顾客心理、产品状况、企业历史、企业规划乃至企业战略、方针等。这些都是员工开展公共关系活动所必须具备的基本知识和手段，员工只有掌握了这些基本知识和手段，才能在与外部公众的交往中游刃有余，在实际工作中寻找公关的良机，否则，员工就会心有余而力不足，全员公关也就无从谈起。另一方面，全员公关的教育和培训还可以强化全体员工的公共关系意识。公共关系意识作为一种深层次的思想，引导着一切公关行为，没有公共关系意识的人，纵使具备了开展公关活动的能力，也很难做好公关工作。反之，具有强烈公共关系意识的人则善于寻找一切可以为企业塑造良好形象的机会。

 精选案例

北京长城饭店的全员公关

北京长城饭店在 1984 年落成以后，为了提高知名度、树立良好形象，先后策划了几次公关活动。首先是在落成之初争取到了美国总统里根答谢宴会的举办权，通过各地新闻记者的采访报道，饭店很快就声名远播。随后是在圣诞节，又将各国驻华大使工作人员的子女请到长城饭店装饰圣诞树，自然也收到了非常好的效果，但是，最为公关界津津乐道的并不是饭店以上大费周章策划的活动，而是一名服务员在收拾房间时发现有位客人的书摊开放在床上，她在收拾好房间之后，顺便将一张小纸条夹在书摊开的地方作为记号，这件事令客人非常满意。美国学者欧文·史密斯·科恩曾说过："公共关系是推销员皮鞋上的闪光，脸上的微笑，握手时的力量；它是你参观企业办公室时笑盈盈走过来的员工；它是迅速为你接通电话的接线生；它是你收到的由总经理亲笔签名的热情洋溢的慰问信……任何在企业工作的人都是公共关系人员——上至企业总经理，下至新来的办事员，概莫能外。"科恩的这段话明确而形象地道出了全员公关的真谛。企业要积极引导全体员工建立全员公关意识，从大处着眼，小处着手，主动树立和维护企业形象，这样才是真正的全员公关。

四、全员公关的误区

关于全员公关，企业内部往往存在一些不正确的观念，可归纳为以下误区。

误区之一：公关主体模糊。长期以来，一提到公关活动，人们马上就会联想到企业公关部和专业公关人员，似乎只有这些专业人士才是公共关系的主体，企业只有借助于他们巧妙策划的公关活动，才能提高知名度、美誉度，塑造好形象。实际上这是对企业公关主体的片面认识和理解，它忽略了企业的另一重要公关主体——全体员工。诚然，专业公关人员是企业的重要公关主体，他们对内或对外开展的公关活动，对保持良好的公共关系状态，塑造良好的形象起着不可低估的作用。但是，企业良好形象的树立是一个相当复杂的过程，并非几次轰轰烈烈的公关宣传就可以奏效的，良好形象能否长久地存在于公众的心目中，还取决于企业是否具有优质的产品和服务。在这种情况下，企业只有以全体员工为公关主体，强化员工的全员公关意识，使之珍惜和爱护企业的形象和声誉，坚持"用户第一"和"信誉第一"的思想，向社会和广大公众提供优质的产品和服务，才能立足于社会，维持其在公众心目中的良好形象。否则，任何宣传不仅不能帮助企业树立良好的形象，反而会收到适得其反的效果，给公众一种华而不实的印象。

误区之二：只顾眼前的短期行为。有人认为，公关是包医百病的灵丹妙药，企业只要遇到危机，就请公关专家矫正形象，危机过后便鸣锣收兵。殊不知，形象是公众对企业的评估，是一个动态的概念，不可能一直不变。公关活动过后，公众可能淡忘企业，目标消费群体可能因时间推移而更迭，同行的公关攻势可能使企业相形见绌，所以，企业良好形象的塑造是企业长期的战略目标，塑造形象的过程需要全体员工通过长期、持久、艰苦的努力，有计划、有步骤、积极稳妥地开展。同时，要使企业的各项具体工作，都为了实现树立良好形象这个总目标而开展，并持之以恒地坚持下去。即使已经矫正或树立了形象，也需要全体员工继续努力，不断更新企业形象，树立和保持良好形象的过程任重而道远。

企业要走出公共关系的误区，必须着手开展两方面的工作。一方面要加强企业内部对公共关系理论的研究和探讨，另一方面要强化对企业全体员工的全员公关的教育与培训，将两方面有机结合起来，必将为企业公共关系开拓出一片新天地。

 案例分析

助力杭州 G20 峰会的中国元素传播策划

2016 年 9 月 4 日—5 日，杭州 G20 峰会隆重开幕，这场重要的国际会议选择在风景美如画的杭州举行，注定是一场经济与文化的交流盛会，那么，我们来看看杭州 G20 峰会上那些惊艳众生的中国元素。

杭州 G20 峰会是第十一次峰会，这次峰会的主题确定为创新、活力、联动、包容。峰会邀请了更多发展中国家与会，使本次峰会成为发展中国家代表性最强的一次。这也是中国首次举行 G20 峰会。

民以食为天，这一次的杭州 G20 峰会的餐具充满了中国元素。

国宴餐具使用的是玛戈隆特"西湖盛宴"，其设计者是主营文化艺术交流活动策划的丝绸之路文化发展（上海）有限公司以及被媒体誉为"中国宴会餐具第一品牌"的玛戈隆特团队，创作灵感来源于水和自然景观。整套餐具体现出"西湖元素、杭州特色、江南韵味、中国气派、世界大国"的国宴布置基调。

国宴餐具的图案，采用富有传统文化元素的"青绿山水"工笔带写意的笔触创造，布局含蓄严谨，意境清新，而且所有图案设计均取自西湖实景。

茶杯和咖啡杯系列的设计灵感来源于西湖的荷花、莲蓬，壶盖提拟酷似水滴。漫步西子湖畔，最让人难忘的是那些大大小小的桥。本次 G20 峰会会标图案用 20 根线条，描绘了一座桥的轮廓。桥不仅体现在这套国宴餐具的图案中，器具的造型也融入了桥的元素。

汤盅的外形设计灵感来源于海上丝绸之路的宝船，汤盅盖的提拟则是简约的桥孔造型。汤盅采用双层恒温方式，确保热汤能保持温度。本次国宴餐具均采用含 45% 天然骨粉的高级骨瓷所制。去年 5 月初"玛戈隆特国宴瓷"设计团队就开始设计研究。由于制作考究，这套国宴餐具的整个生产制作周期为 10 个月，研发和打样就耗时 4 个多月，并且设计师们前期做了 16 种设计预案。

公关人员是指专门从事公共关系工作的人员，是组织、实施公共关系活动的主体核心，担负着建立联系、沟通信息、咨询建议、组织策划、协调活动等职责。在本案例中，丝绸之路文化发展（上海）有限公司与玛戈隆特团队充分发挥主观能动性，设计了充满文化魅力、彰显国家文化"软实力"的餐具，充分体现了创新意识；通过独具中国特色的餐具设计（见图5-3），向全球传递中国文化，传播中国形象。如此重要的国事活动交付我国公关公司来策划实施，表明我国公关行业的地位在不断提升，行业价值得到国家的高度认可，证明我国公关人员具备了参与国事活动的能力。

图 5-3　杭州 G20 峰会国宴餐具

思 考 题

1. 组织内部公共关系部和独立的公共关系公司，其公关职能的异同点是什么？试比较分析。

2. 公共关系公司分为哪些类型？

3. 公共关系从业人员应具备的公关意识是什么？

4. 你认为公共关系从业人员应具备怎样的职业道德？

5. 如果你打算从事公共关系职业，根据公共关系从业人员的素质和技能要求，你准备怎样培训自己？

6. 如果你所在的单位新组建了公共关系部，你觉得这个部门要站稳脚跟，应该先开展哪些工作？

7. 如果公共关系工作人员在企业中发挥的作用并不大，你认为作为公关人员本身，应如何改变这种状况？

8. 全员公关的误区是什么？

第六章 公共关系运作的一般程序

来益，关机一小时

　　来益叶黄素"关机一小时"大型公益活动，自2015年以来已经连续5年在春节期间开展。上海维艾乐健康管理有限公司启动此项目是为了重新唤起广大群众对于春节的重视，呼吁人们减少对电子产品的依赖，从而远离蓝光、回归亲情。活动不仅使该公司获得了较高的品牌曝光率，还获得了高质量的受众反馈，并且通过公益活动的形象传播，获得了包括消费者、各媒体、业内其他公司的一致好评。2019年在中国公共关系网主办的"2019金旗奖颁奖盛典"上，来益的"关机一小时"公关策划一举拿下"内容营销金奖"和"2019金旗奖全场大奖"两项大奖，且之后又获得了第20届IAI国际广告奖的肯定。IAI国际广告奖是中国知名广告奖"IAI年鉴奖"全新改版的非营利性广告营销评选活动。

　　公关活动需要经历一个特定的操作过程，这个过程一般分为调查、策划、实施、评估4个步骤，又称"公共关系四步法"。调查是开展公关活动的基础，贯穿活动的全过程；策划是最为关键的一步，决定着公关活动的成败，体现了公关人员的策划艺术；实施是体现实际效果的实践活动；而评估是公关工作程序中的重要环节，也是开展后续公关工作的必要前提。本章将就上述4个步骤展开论述。

微课扫一扫

四步法

第一节　公共关系调查

　　调查是公共关系工作程序中的第一步，是做好公共关系工作的基础。公共关系调查的目的是考察组织自身、社会公众与社会环境的状况，探求公共关系事件的真相、原因及规律，为开展公共关系活动提供依据。

一、公共关系调查的定义

　　公共关系调查是社会调查的一种，它是运用一定的方法，有计划、有步骤地考察组织的公关状态，收集必要的资料，综合分析各种因素及相关关系，以掌握实际情况，解决组织面临的实际问题的一种社会实践活动。随着我国现代化建设步伐的加快以及社会主义市场经济的发展，公共关系已经渗透到社会各个领域，因而，公共关系调查日益受到重视。

二、公共关系调查的内容

公共关系调查的内容主要包括社会环境调查、公众调查和组织形象调查3个部分。其中组织形象可以通过知名度和美誉度这两个指标来评价。知名度是表示一个组织被公众知道、了解的程度，社会影响的广度和深度，即评价名气大小的客观尺度。知名度侧重于对组织形象"量"的评价，调查相对较易。美誉度是表示一个组织获得公众信任、赞美的程度，社会影响的好、坏，即社会评价好坏程度的指标。美誉度侧重于对组织形象"质"的评价，调查相对较难。美誉度的调查关键在于考虑问题是否周详，分类是否恰当，如果遗漏其中一项，这一项就会成为空白信息。

 精选案例

公共关系顾问关心的问题

一家宾馆新设了公共关系部，开办伊始，该部门就配备了豪华的办公室、现代化的通信设备等，但部长却无事可做。后来，这个部长请来了一位公共关系顾问，向他请教"怎么办"。于是这位顾问一连问了以下几个问题。

"本地共有多少家宾馆？总铺位有多少？"

"在旅游旺季，本地的外国游客每月有多少，国内游客有多少？"

"贵宾馆的'知名度'如何？在过去3年中，花在宣传上的经费共多少？"

"贵宾馆最大的竞争对手是谁？宾馆潜在的竞争对手是谁？"

"去年一年中因服务不周引起房客不满的事件有多少起？服务不周的症结何在？"对于这些极其普通而又极为重要的问题，这位部长竟张口结舌，无言以对。于是，那位被请来的公共关系顾问说道："先搞清这些问题，然后再开展你们的公共关系工作。"

三、公共关系调查的基本方法

公共关系调查的基本方法主要有以下几种。

（一）文献调查法

文献调查法也称为历史文献调查法，是一种调查人员通过查阅各种文献，对媒介所传播的有关组织形象或组织发展的信息进行调查、统计、分析的间接的调查方法。对文献进行收集、整理和分析是所有调查研究开展的前提，也是调查研究人员必备的素质。

文献调查法包括文献收集、摘录信息、文献分析3个环节。具体来说，选定调查的方向，或选定课题后，公关人员就要根据需要进行检索，确定查找文献的范围和深度。在文献调查法独立或主要担纲的调查研究中，以上所述3个环节缺一不可；而在以其他调查方法为主的调查研究中，文献调查法一般只包括前两个环节，文献资料的整理、分析是和通过其他调查方法所获得的资料的整理、分析一并进行的。

文献调查法的优点是适用范围广，现存的文献种类很多，节省时间和费用。但它也有缺点：只能被动收集现有资料，不能主动提出问题并解决在市场决策中遇到的问题。

（二）访谈法

访谈法是指公关人员通过与公众进行面对面的交流，加深对公众的了解以获取公关信息的一种工作分析方法。

由于访谈法主要是通过访谈者与被访者面对面直接交谈的方式实现的，具有较好的灵活性和适应性，而且调查方式简单易行，所即使被访者阅读困难或不善于文字表达，也可以顺利实施。访谈法被广泛运用于公关调查，它适用于调查的问题比较深入、调查的对象差别较大、调查的样本较小，或者调查的场所不易接近等情况。

（三）问卷法

问卷法是调查者运用统一设计的问卷，利用书面回答的方式，向被调查者了解情况并收集信息的方法。其做法是用事先设计好的问卷，以询问的方式收集资料。问卷可以邮寄，可以统一组织笔答，可以通过电话询问，还可以采用访谈的方法。这种调查方法的特点是有一套固定的问题，被调查者的答案简单，有的只有"是"和"否"之分，这样便于对答案进行系统分类，有利于计算机分析。问卷设计是使用问卷法的关键，比如抽样调查、民意测验、访问专家时常采用此法。

问卷法的优点是样本的代表性强、答案的可靠性高且更具真实感等；缺点是周期长、答案重复的概率大、投入的费用较高等。

（四）观察法

观察法是指调查者在理论指导下，根据一定的目的，用自身的感觉器官或借助某些观察仪器和观察技术，对社会生活中人们的行为进行观察来收集资料的一种方法。观察法要遵循全方位原则和求实原则。

采用观察法调查时，切记不能让被调查者感觉到自己的一举一动正受到别人的注意或"监视"。观察法最大的特点就是了解被调查者的自然反应、行为和感受。这层纸一旦被捅破，观察就失去了意义。例如，推销人员观察市场，一般会直接到市场、商店等现场，观察了解顾客对商品的质量、价格、商标等方面的态度及其选择行为，倾听顾客之间、顾客与售货员之间的谈话。有时推销人员自己会装扮成顾客，与其他顾客或售货员交流各自对商品的价格、质量等方面的看法。这样获得的第一手材料，是非常真实有效的。据说，美国有家玩具工厂的推销人员，为了收集孩子们最喜欢什么玩具的信息，特意请了一些孩子来工厂玩耍，他们把十多种玩具放在一间屋子里，每次放一个孩子进去玩，看这个孩子最喜欢哪个，然后用同样的方法进行多次试验，其过程全部用录像机记录下来，经过对上百个孩子的调查，推销人员掌握了情况，向厂方提出了生产建议。结果，这家工厂生产的布娃娃一投放到市场上，便立刻受到孩子们的喜爱。

观察法的优点在于，在收集非语言行为的资料方面优于其他方法，伸缩性较大，有较充裕的时间与被观察者接触。观察法也具有其局限性，诸如环境因素难以控制，大量的观察资料难以数量化，样本比较小，观察者难以进入观察环境等。

（五）电话调查法

电话调查法是通过电话收集信息的方式，一般用于调查内容简单的事项以及较为熟悉的顾客。其特点是经济、迅速、及时。要做好电话调查，必须对参与电话调查的有关人员、调查问卷、调查时间等方面的问题进行仔细研究。

电话调查法实际上是介于面访调查与信访调查之间的访问调查方法，兼有两者的优点和缺点。电话调查法的主要优势是成本低，调查范围可控制和可选择，代表性较强，回答率较高；主要劣势是影响回答的因素不好了解及判断，回答质量很不稳定，投入人力较多，调查时间较短，调查费用较高。被调查者不愿合作时，经常单方面挂断电话。对于这种情况，调查者常常毫无办法。

（六）网络调查法

随着互联网的迅速发展，一种崭新的调查方式——网络调查（Internet Survey，IS）随之产生。网络调查是通过互联网发布调查问卷来收集、记录、整理和分析市场信息的调查方式，一般针对那些对信息极为敏感、具备较强的信息收集和选择能力的网络用户群体。随着计算机、通信和互联网的快速发展和普及，网络调查已成为 21 世纪应用最广泛的主流调查方式之一。

网络作为信息沟通渠道，具有开放性、自由性、平等性、广泛性和直接性等特性，使得网络调查具备一些传统的调查手段和方法所不具备的特点和优势。与传统调查方式相比，网络调查在组织实施、信息采集、信息处理、调查效果等方面具有明显的优势。

首先是成本低。网络调查是无纸化调查，不需要派出调查人员，与传统统计调查相比，网络传输信息的费用大大低于传统的通信方式，调查成本大幅度降低。其次是效率高。网络调查不受天气和距离的限制，信息采集和信息录入在用户终端就能完成，而且信息检验和信息处理由计算机自动完成，彻底改变了传统调查方式耗费较长时间去记录和整理数据的状况，调查人员可得到更多实时信息，大大提高了统计数据的质量与时效性。最后是客观性强。网络调查是开放的，被调查者在任何时候和任何地点都能回答问题，被调查者是在完全自愿的情况下参与调查的，功利性弱，这样就能在很大程度上保证调查结果的客观性。同时被调查者在完全独立思考的环境下接受调查，不易受到调查人员及其他外在因素的误导和干扰，得出的结果具有客观性。

网络调查的缺陷主要表现在以下几个方面：一是调查结果的真实性较差，由于很难对被调查者进行有效约束和监督，用户的身份难以确定，一位被调查者重复作答的可能性很大，被调查者回答问题的随意性较大；二是样本代表性不高，由于网络调查的对象仅限于上网的用户，不同网站拥有特定的用户群体，从用户中随机抽样取得的调查结果可能与被调查者总体所持的观点之间有偏差；三是被调查者回答问题时缺乏足够的耐心，国外研究显示，网上回答问卷的人注意力集中时间较短，一般在回答 25 个左右的问题后便会失去兴趣，影响问卷的回收率；四是资料安全性低，网络调查在数据传输和检索中容易泄露被调查者所填写的个人隐私和企业秘密，而且可能会遭受黑客的恶意攻击，资料可能会被随意涂改，资料安全性低。

四、公共关系调查的一般程序

公共关系调查是一项程序性、技巧性很强的工作，了解公共关系调查的操作程序及其运作策略，是我们提高公共关系调查工作效率的保障。

所谓公共关系调查的程序，一般来讲，指的是对社会组织客观存在的公共关系现象进行科学调查的基本过程。公共关系调查的一般程序可以分为以下 5 个基本阶段，如图 6-1 所示。

图 6-1　公共关系调查的一般程序

（一）调查准备阶段

调查准备阶段的工作内容主要有 4 项：一是确定调查的目的、任务或选题；二是根据调查的任务选择调查对象，并让调查对象做好准备；三是调查对象的确定及有关知识的准备，包括了解调查对象的基本情况以及了解与课题有关的知识；四是制定调查研究方案，准备实施调查。

（二）资料收集阶段

资料收集阶段也称为具体调查阶段，是整个公共关系调查过程中最为重要的阶段。

（三）整理分析阶段

整理分析阶段也称为研究阶段。它是运用科学的方法，对资料收集阶段收集得来的各种调查资料进行提炼、整理，并加以分析、研究的信息处理过程。整理分析阶段是公共关系调查从感性认识到理性认识的飞跃阶段。它不仅能为解答社会组织的公共关系问题提供理论认识和客观依据，而且能为公共关系学理论的发展做出贡献。

（四）报告写作阶段

完成了调查资料的整理分析后，一般还要写调查报告。所谓调查报告，是指用以反映公共关系调查所获得的主要信息成果或初步认识成果的一种书面报告。它是公共关系调查成果的集中体现，也是公共关系调查成果的重要形式。通过调查报告的写作，调查者可以将调查过程中获得的信息成果和认识成果集中地表现出来，以使社会组织的领导者或公共关系部门的负责人参考使用，使他们免去全面查阅所有原始信息资料之累。这样有利于将公共关系调查成果尽快地应用于公共关系的科学运作过程之中，使公共关系的科学运作获得良好的效果。

（五）总结评估阶段

总结评估阶段是公共关系调查过程中不可缺少的重要步骤。通过总结评估，公共关系调查至少会有 3 个方面的收获：其一，可以了解到本项公共关系调查的完成情况如何；其二，可以了解到本项公共关系调查所取得的成果如何；其三，可以了解到本项公共关系调查的经验教训何在。

第二节 公共关系策划

一、公共关系策划的定义

公共关系工作千头万绪，至关重要的是做好公共关系策划。公共关系策划是指在公关活动中，公关人员有意识地根据组织整体的现状和目标要求，分析现有条件，谋划并设计最佳行动方案的过程。由此可见，公共关系策划包括以下几层意思。

（1）公共关系策划工作是公关人员的专职工作，应由公关人员来完成。

（2）公共关系策划是为组织目标服务的。

（3）公共关系策划需要先调查后筹划，不可凭主观意愿办事。

（4）公共关系策划是对整体公关战略、专门公关活动和具体公关操作 3 个层次的公关活动进行谋划统筹的工作。

公共关系策划是公共关系四步法的第二步，是理论在公共关系活动中的具体运用，体现了策划和公关学科的理论与艺术实践的精华。作为当前的智力行为，它是连接此岸的理想追求——现实形象，与彼岸的成功硕果——理想形象之间的桥梁。

二、公共关系策划的地位

公共关系策划活动可使组织形象不断完善和提高，而开展公共关系策划工作的前提是正确认识公共关系策划的地位。

（一）公共关系策划是公共关系活动中最高级的层次

公共关系活动可分为 3 个层次：初级公共关系活动，指召集会议、接待访客和进行日常联络等；中级公共关系活动，指问卷设计与分析、广告设计、员工刊物的审编、员工培训、信息的收集与整理等；高级公共关系活动，指公关策划，即凭借公关人员的创造意识和创造素质，构思并推出有影响、效果好的公共关系活动。

（二）公共关系策划是公共关系价值的集中体现

虽然组织的公共关系活动需要不间断进行，但必要时还需加大力度，通过公共关系策划大幅度地提高组织的公关形象，它的巨大成效表明：公共关系策划能够最集中、最明显地体现出公共关系的价值。

（三）公共关系策划是公共关系运作的飞跃

公共关系运作与公共关系策划的关系，是量变和质变的关系。没有前者，光靠一次两次公共关系策划就希望达到公关目的是绝对不可能的；而如果没有公共关系策划，只有日常运作，虽然也可以起到塑造形象的作用，但却不能使公关的作用得到充分发挥。

例如，麦当劳在 2018 年年末推出了"金拱门金桶"这一新品，与此同时，还发起了"买金桶，送金桶，收获 2019 第一桶金"的活动，该活动规定，凡是在 12 月 26 日带上身份证来麦当劳的消费者，只要证明自己的名字里有"金"或"金"字偏旁，就能享受买一送一的优惠。这一策划，不仅调动了消费者的积极性，也拉近了企业与消费者之间的距离，有助于在较大范围内宣传企业亲切温情、诚挚友善的良好形象，并产生较为深远的社会影响。

所以，公共关系运作与公共关系策划二者之间是相辅相成、互为补充的关系，前者是后者的准备与巩固，后者是前者的飞跃。

三、公共关系策划的原则和方法

公共关系策划是融入了公关思想的策划，它是公关活动客观规律的概括，也是公关实践经验的总结。

（一）公共关系策划的原则

公共关系策划的原则如图 6-2 所示。

图 6-2　公共关系策划的原则

1. 公众利益优先的原则

公共关系策划的原则是指组织在开展公共关系策划活动时必须遵循的基本要求。在开展公共关系策划活动时必须遵循公众利益优先的原则，这是公共关系策划的首要原则，它不仅是公关工作的指导思想，也是公关人员应遵守的职业道德。它是指组织在自身利益与公众利益产生矛盾时，始终把公众利益放在第一位。组织的各项活动要尽量符合各类公众的利益和需求，这样才能为组织发展创造良好的社会环境，加快其发展的速度，大力提高市场竞争力，使自身获得更大的、长远的发展利益。

2. 尊重客观现实的原则

实事求是是公共关系策划的一条基本原则。在策划过程中，要始终坚持以客观事实为依据，尊重客观现实。公共关系学认为，先有事实，后有公共关系。也就是说事实是公共关系的基础。尊重客观现实的原则要求公共关系策划首先要符合真实的社会生活，即充分考虑所处的具体社会环境，策划出的活动应符合当地当时的生活实际；其次要严格遵守各项法律，尤其是《中华人民共和国广告法》和《中华人民共和国反不正当竞争法》对真实性的要求。

当组织面临危机时，尊重客观现实的原则更为重要。组织应当把真实情况披露于世，以此来获得公众的信任。即使披露实情对组织不利，组织也应该调整自身的行为，而不是极力隐瞒真实情况，否则就不能获得社会各界的信任与合作。

3. 创造性原则

创造性原则指公共关系策划必须打破传统、刻意求新、别出心裁，使公关活动生动有趣，从而给公众留下深刻而美好的印象。由于各组织的自身条件和环境条件不同，即使是同一个组织，其自身条件和环境条件也是在不断变化的，公共关系策划若不能随着形势的发展而不断创新，就会丧失生命力，因此，公共关系策划贵在创新，只有具有独创性的公共关系策划才能给人留下深刻的印象。

公共关系策划的创新一方面体现在与自己以前的公共关系策划不同，另一方面体现在与其他组织，尤其是其他公共关系策划相比，自己在思路上有独到之处。具体来说，一是要设计出解决组织与公众的关系问题的最恰当、最有效、最独特的思路及具体方案；二是传播方式、传播内容及媒体的选择要新颖。

4. 可行性原则

并非所有富有创意的公共关系策划都可以付诸实践，因为它受多种因素的制约，这些因素包括本国政策、民俗、公众心理、消费者经济承受能力、主办单位的人力和财力、技术手段的可实际运作性、媒体或其他相关部门的合作意向等。因为策划过程中发生意想不到的事情的可能性很大，所以，策划方案所定下的目标和措施必须切实可行，只有在现有条件下具有可行性的公共关系策划才是有价值的。

5. 针对性原则

公共关系策划是针对特定的活动主体和目标要求进行的，例如，邮政企业属于社会服务型企业，用户是企业的首要公众，所以，一要努力在服务工作中反映出企业倡导的"用户第一、方便用户、让用户满意"的服务观念；二要坚持普遍服务，为大众提供多网点、使用平等、价格低廉的邮政服务，体现出员工高尚的职业道德；三要研究市场，细分用户，尤其要为大用户提供快速方便、周到细致的服务。因此，组织只有通过设计实施有针对性的公共关系策划方案，才能实现公共关系策划的目标。

6. 系统性原则

系统性原则指在公共关系策划中，应将公关活动作为一个系统工程来认识，按照系统的观点和方法予以谋划统筹。公共关系策划受制于整体战略，应当把公共关系策划看作组织整体战略的一部分或一方面，不能与组织整体战略相悖，否则行动方案再好，也只能放弃。这是因为，只有强化整体的系统控制，才能取得局部的成功。

坚持系统性原则，一是要求公关活动中各方面的细节设计与实施应与基本主题保持格调的统一；二是要求对组织与各类公众之间的复杂联系和相互影响进行系统分析；三是要求对公关活动所涉及的手段、战略、战术以及公关活动的推进程序等进行科学、系统的设计。

7. 效益性原则

要以较少的公关费用，取得更佳的公关效果，达到组织的公关目标。进行公共关系策划时应在兼顾社会利益的前提下，考虑如何加快组织发展、提高组织效益。公共关系策划既要考虑近期、局部的经济效益，又要顾及长远、整体、社会的经济效益，要对公关活动的效益进行整体、系统的考虑和协调。

8. 可调性原则

计划一经制订就具有权威性。但由于组织的主观条件与外部环境随时都在发生变化，公关活动涉及的不可控因素很多，有时某些因素会制约公关活动方案的实施。所以，对公关活动方案的策划设计应留有可调整的余地，表现为：一是有备用方案和应变应急措施；二是各项内容指标及程序步骤要具有适度的弹性，以适应可能的非常规变化。

例如，美国平等生活保险公司打算在全国范围内发行一种宣传共同性疾病预防的小册子，因为他们了解到中低收入人群存在对疾病预防漠不关心的问题。这群人受生活范围和文化素养水平所限，很难通过文字与外界沟通。于是，该公司决定改变原来的设想，将原先长篇的宣传文章改编成文风活泼、通俗易懂并附有详细图解的小册子。他们先印刷了 140 份，在一个居民区分发以了解目标公众的反应，发现多数公众表示没有能力读懂这一宣传手册。于是，他们又一次请专业的通俗文学作家将内容缩减到 3 000～5 000 字，使之更通俗易懂，这样终于使这次宣传策划活动获得了成功。

可见，一项公关活动方案经检验、调整后再实施才能获得预期效果。

 精选案例

冰雕融化给人的警示

2009 年 9 月 2 日，由巴西艺术家内莱·阿泽维多创作、放置在德国柏林一座音乐厅前的台阶上的 1 000 座人像冰雕被炎炎烈日晒化，如图 6-3 所示。

图 6-3　烈日下融化的冰雕

德国野生动物基金会举办这一活动的目的是想提醒人们关注与地球上所有生命都息息相关的气候变化，警示人们全球变暖的恶果。这一活动打破了以往口号宣传的模式，可见，别出心裁的公共关系策划更加吸引人，也更能给人们留下深刻的印象。

（二）公共关系策划的方法

面对不同的情形、不同的对象等条件，公关人员所采用的策划方法应当有所不同。下面简单介绍几种常见的方法。

1. 制造新闻法

所谓制造新闻法，是指经过事先策划，人为制造具有戏剧性或者轰动性的事件，从而引起媒介、舆论的关注与报道的方法（参见第三章）。它具有新、奇、特的特点。

2. 头脑风暴法

头脑风暴法来自"头脑风暴"一词。所谓头脑风暴，最早是精神病理学上的用语，是针对精神病患者的精神错乱状态而言的，现在转变为无限制的自由联想和讨论，其目的在于产生新观念或激发新设想。

头脑风暴法又称智力激励法、自由思考法，是由美国创造学家 A.F.奥斯本于 1939 年首次提出，1953 年正式发表的一种激发思维的方法。

头脑风暴法可分为直接头脑风暴法（通常简称为"头脑风暴法"）和质疑头脑风暴法（也称为"反头脑风暴法"）。前者是在专家群体决策中尽可能激发群体的创造性，产生尽可能多设想的方法，后者则是对通过前者提出的设想、方案逐一进行质疑，分析其现实可行性的方法。

3. 奇正相法

所谓奇正相法就是指在一定时期内，公共关系策划工作呈波浪式起伏，切忌呈一条直线。公共关系策划工作应求新，但有很多人将求新理解为出奇、出格，这是错误的想法。公共关系策划应致力于引起一定的公众效应，但有很多人将公众效应理解成策划规模越大越好，策划活动越轰动越好，这是不对的。正确的理解应当是，好的公共关系策划应包括两个方面，即日常公关工作和特定公关活动。只有兼顾到这两方面的公关工作才是成功的。

如果为一个组织策划公关战略时只考虑日常公关工作，这势必会影响这个组织知名度的迅速提高；反之，只考虑特定的公关活动又会使组织昙花一现，只有一时的知名度和美誉度。因此，正确的方法是在为特定组织进行公关策划活动时考虑以上两个方面，通盘筹划，使组织的公关活动呈现波浪式起伏，让人们时时看到、想到，又能不断地产生新感觉、新认识。

 精选案例

"您的宝宝"网站的创意策划

强生（中国）有限公司（以下简称"强生"）1992 年成立于上海，是强生集团在海外最大的个人护理消费品公司之一。经验告诉强生公司应该在网上开设具有特色的、别人难以模仿的新颖服务项目。于是，强生选择将婴儿护理品作为公司网站的形象产品，选择"您的宝宝"为站点主题，将年轻用户的"宝宝成长日记"变为站点内容的一部分，沿着这本日记展开所有的营销流程。

强生建成了一个"您的宝宝"网站（见图 6-4），这是一部"个性化的、记录孩子出生与成长历程的电子手册"，也是一个"受欢迎"且充满"育儿文化"气息的地方。强生就像一位絮絮叨叨的老保姆，不时地提醒着年轻父母们关注宝宝的睡眠、饮食、情绪、体温……随着孩子的日日成长，这位老保姆会时时递来"强生沐浴露""强生安全棉""强生尿片""强生围嘴""强生 2 合 1 爽身粉"等宝宝所需的产品。年轻父母们会突然发现，身边这位老保姆和育儿宝典的重要性。此外，网站还为年轻父母们提供了心理指导，比如"我的宝宝学得有多快？"栏目开导父母们不要将自己的宝宝与别人的宝宝进行比较，"将一个婴儿与其兄弟姐妹或其他婴儿进行比较是没有意义的，只能将他的现在和他的过去进行比较；而且你们的爱对婴儿来说是至关重要的。因此，无条件地接受他、爱他，就会培养出一个幸福、自信的孩子。"强生网站提供服务时将用户输入的数据也导入其网站服务器。用户登记及回答的信息到了公司营销专家、心理学家、市场分析家的手中，将成为一笔巨大的资产，可以形成一份份产品促销专案，至少对强生与用户保持联系来说起到了相当重要的作用。

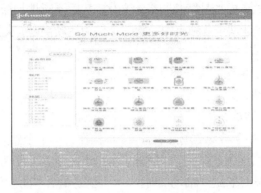

图 6-4　"您的宝宝"网站

四、公共关系策划的基本步骤

公共关系策划的基本步骤如图 6-5 所示。

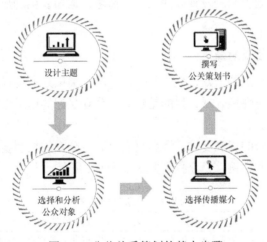

图 6-5　公共关系策划的基本步骤

（一）设计主题

公共关系策划的主题是对活动内容的高度概括，它提纲挈领，对整个公关活动起着指导作用。如果没有一个统一、鲜明的主题，那些历时较长、项目繁多的大型公关活动就不能成为一个有机统一的整体；主题设计得精彩、恰当与否，对公关活动的成效影响极大。

公共关系策划的主题表现形式多种多样。公共关系策划主题的设计应该做到"新颖、亲切、简明、中肯"，要达到以上目标，设计公关活动主题时一般要考虑 4 个因素。

首先，公共关系策划的主题必须与公关目标相一致，即公共关系策划的主题从属于公关目标。如 2000 年年底，由江苏移动通信有限责任公司南京分公司主办、《现代快报》社等单位协办的大型有奖征文活动，有奖征集生活中关于"沟通"的感人故事，活动主题是"沟通从心开始"。因为中国移动通信集团有限公司的企业精神用简练的语言表述出来就是"沟通从心开始"，此次活动致力于宣传企业文化中注重沟通、真诚服务的一面。

其次，公共关系策划的主题要独特新颖，有鲜明的个性，表述也要有新意，既区别于其他组织的活动，又突出本次活动与以往活动的不同。一个组织要塑造独特的形象，必须根据自己的总体特征与风格，形成独具特色的组织文化，然后不断地加深公众对它的印象。"沟通从心开始"征文活动，就是以企业独有的经营理念作为活动主题，突出自己企业文化的特点，使他人无法仿效。

再次，公共关系策划主题的设计要适应公众的心理需求，要富有激情、有人情味，既能让人产生奋发向上的情绪，又能让人觉得可亲可信。"沟通从心开始"征文活动，时间原定自2000年12月1日起，至2001年1月8日止。截至2001年1月8日，公司经营部共收到文章3 000多篇。《现代快报》连续选登了其中30篇佳作，一个个感人至深的故事、一段段牵动人心的感情在市民中引起强烈共鸣，一时间，南京市民争看《现代快报》。征文截止时间将近时，许多读者来电要求延长这一活动的时间，于是公司将活动延至2001年1月30日。此次征文活动的良好效果表明，在现代化的都市中，人们更加渴望真情实感，人与人之间的沟通显得更有必要、更有价值。征文活动的举办者把准了现代人的脉搏，适应了公众的心理需求，以极具号召力和亲和力的征文主题，为促进人与人之间的沟通做了有益之事，而且在无形中宣传了企业文化，让公众对中国移动富有人情味的整体形象好感倍增。

最后，公共关系策划主题的设计要注意审美情趣，词句要生动形象、优美动人、好听好记、易于传播。

（二）选择和分析公众对象

每个组织都有自己特定的公众，他们是具体某次公关策划所传播的相关信息的接收者。公共关系策划必须有针对性地开展，目的是建立受公众欢迎的组织形象。因此，组织要对公众对象进行深入的分析。

首先要鉴别目标公众的权利要求。互惠互利、满足公众的权利要求应当被作为公共关系策划的依据之一。以企业为例，公众权利要求如表6-1所示。

表6-1　公众权利要求

企业的公众对象	公众对象对企业的期望和要求
员工	就业安全和适当的工作条件；合理的工资和福利；培训和晋升的机会；了解企业的内情；社会地位、人格尊重和心理满足；不受上司专横对待；有能力的领导；和谐的人际关系；参与和表达的机会等
用户	产品质量保证；公平合理的价格；优良的服务态度；准确解决各种疑难或投诉；提供完善的售后服务；获取必要的产品技术资料及使消费者认可的各项服务；必要的消费教育和指导等
竞争者	由政府或本行业确立竞争活动准则；平等的竞争机会和条件；竞争中的相互协作；竞争中的现代企业家风度等
协作者	遵守合同；平等互利；提供技术和相关援助；为协作提供各种优惠和方便；共同承担风险；尊重各自的企业文化等
政府	遵守各项法律、政策；承担法律义务；保证缴纳各项税收；提供普遍服务；公平竞争；严守机密等
媒介	公平提供消息来源；尊重新闻界；有机会参加企业的重要社交活动；保证记者采访的独家新闻不被泄露；提供采访的便利条件等
社区	向当地提供就业机会；保护环境卫生；关心和支持当地政府开展的活动；支持文化和慈善事业；赞助地方公益活动；以财力、人力、技术扶助地方小企业的发展等

其次要了解公众的特殊要求。不同的目标公众总是从各自的特殊视角来评价组织的公共关系策划，所以要在确定组织的主要公关对象之后，进一步根据他们的特殊要求来制定公共关系策划的特定目标。例如，当前通信的用户结构发生了变化，大客户对电信业务收入有至关重要的影响，企业要在通信质量、价格、售后服务等方面为大客户提供一流的服务，以无可比拟的服务水准来获得经济效益。

（三）选择传播媒介

选择传播媒介时要考虑以下 4 种情况。

1. 根据公关工作的目标、要求来选择

因为组织公关策划的具体目标不同，所以可根据这一点来选择传播媒介，以发挥传播媒介的特殊功能。比如想宣传企业的服务形象和产品形象，可选择的媒介应有所区别。

2. 根据不同的公众对象来选择

不同的公众对象适用于不同的传播媒介，选择传播媒介时，要考虑的因素包括目标公众的经济状况、受教育程度、职业习惯、心理特点、生活方式以及通常接收信息的习惯等。例如，安徽省六安邮政局为开拓农村储蓄市场，在财力有限的条件下，统一在全市主要道路边上制作宣传牌，在《皖西电视报》和《六安晚报》上做业务专题宣传，并在各乡镇张贴宣传图片、设立宣传台、制作宣传车、悬挂条幅等，还组织人员向农村用户拜年问候，赠送新春对联，宣传邮储的优势。这种有针对性的宣传方式，使农村邮储余额大增。由于科技的快速发展，许多人都有了智能手机，自媒体视频受到大众的欢迎，针对它的爱好者，组织可选择快手、抖音等这些视频分享平台作为传播媒介。

3. 根据传播内容来选择

每种传播媒介都有鲜明的特点和一定的适用范围，选择媒介时要将信息内容的特点和各种传播媒介的优缺点结合起来考虑，如内容简单的快讯可选择广播，它的覆盖面广、传播速度快；内容较复杂、需反复思索的，选择报纸、杂志和图书等为好，可以让人从容研读；对于大型公关活动的盛况，采用电视转播和报纸新闻报道相结合的方式较好。

4. 根据经济条件来选择

俗话说"看菜吃饭，量体裁衣"，组织策划公关活动时要先做预算，尽量做到周密部署，以最少的开支办最多的事，获得最佳的效果。

需特别注意的是，并非传播媒介的级别越高传播效果就越好。只对本地区有意义的内容不要选用全国性的媒介，只对小部分的特定公众有意义的内容不要选用大众传播媒介，对于个别消费者的投诉，只需约请商谈或通过书信、电话交流，这样可以节省开支。

（四）撰写公关策划书

公关策划经过论证后，要形成书面报告——策划书。策划书要做到严谨科学、详略得当。公关策划书的结构包括封面、正文和附件。

封面包括标题、策划人、完成时间。正文的第一部分是前言，写情况分析，说明制定方案的宗旨、依据、背景等；第二部分是主体，写活动目标、活动方式与内容、媒体策略、进度表、所需物品、活动场地安排、有关人员责任分配表、经费预算、评估方法等；第三部分

是结尾，说明未尽事宜的处理方法，这部分是否呈现，可酌情而定。附件是与策划相关的背景材料或竞争对手情况等资料。

五、公关策划书的写作要点

一份符合要求的公关策划书应该具备完整性、合理性等特点。所谓完整性，就是必须把公关活动的各个要素所包含的内容规范地写出来，不能缺少一些要素，尤其是某些关键要素，如背景分析、活动经费预算等。合理性表现在活动内容的策划等方面，要根据活动的规模来设计安排内容，不能动辄设想邀请中央某部门作为活动主办单位，甚至计划请出某中央领导来造势，这样的安排并没有实际操作性和可行性。这一问题在活动经费预算中也同样存在。例如，将其中的大部分费用花在了支付应邀前来助兴的几位歌星的报酬上，或者电视广告上，如此的经费安排，并无合理性可言。

具体而言，公关策划书的写作，需要遵循以下要求。

（1）文案的简洁性

公关策划书的文字叙述，要力求简洁、明确，朴实无华。

（2）内容表述的写实性

内容表述一定要完整，即使是细节性内容，也应有专门项目加以表述。

（3）结构的条理性

借助数字序列分层次、分步骤安排写作结构，如先用"一、二、三"，之后每个条目下用"（一）、（二）、（三）"，再后用"1、2、3"之类的数字等，逐一标识出公关策划书的内容顺序。

（4）计划安排的周密性

公关策划书涉及多方面的操作性内容，一定要注意计划的周密、严谨，确保公关工作的顺利进行。

公关策划书的表达方式主要有两种，即条文形式和表格形式。条文形式就是按照条款的逻辑顺序，逐条陈述策划书的内容。表格形式就是借助图表来简洁明晰地表述策划书的内容。在一份策划书中，一般以条文形式为主要表达方式，少量运用表格形式。

公关策划书草案编写后，应及时组织有关人员如创意人员、策划人员、执行人员、组织负责人、文学工作者、财会人员、新闻公众等，对策划书进行综合评估。

第三节　公共关系实施

只有当公共关系付诸实践并经过验证，确实可以给组织带来收益时，策划的价值才能实现。因此，公共关系实施十分重要。

一、公共关系实施的意义

公共关系实施是将最后形成方案的策划书的内容变为现实的过程，它是一项创造性工作。成功的公关活动能持续提高品牌的知名度，提升组织的品牌形象，改变公众对组织的看法，积累无形资产，并能从不同程度上促进销售。它的意义在于以下几个方面。

（1）公共关系实施是公关工作中最困难也最复杂的关键环节。

（2）公共关系实施是投入人力、物力、财力，为实现公关任务目标而行动的实质性阶段。

（3）公共关系实施的程序、范围与效果直接关系到公关活动的成败。

二、公共关系实施的特点

公共关系实施是进行公共关系实际操作与管理的过程。这就需要公关人员在把握公共关系实施特点的基础上运用科学的方法开展工作，以达到最佳的公共关系效果。

（一）鲜明的目的性

公共关系实施的目的，应该是围绕整个组织机构的组织形象策略和近期的公关目标而确立的。假如一个组织机构的公关目标与社会需求发生矛盾，那么其应认识到一个组织只有与社会协调同步，才有可能在社会环境中树立起良好的形象，如果靠欺骗的手法，即使一时占领了销售市场，或者说提高了市场占有率，但最终还是会被这个市场淘汰的。

（二）严密的操作性

公关活动不同于拍电影、电视剧，每一次公关活动都是现场直播，一旦出现失误就无法弥补了。在公共关系实施过程中，组织一定要根据公关策划书的规划进行，不能偏离策划的目标和步骤，只有这样才能确保策划的目标得以实现。

（三）过程的动态性

因为公关计划的制订是经过充分调查研究的，实施的过程应当比较顺利，但是从实际的操作过程看，实施过程中所遇到的情况是千变万化的，所以要根据不断变化的情况修正、补充以及完善计划，这就是公共关系实施过程的动态性。

（四）实施的创造性

公共关系实施也是一门艺术，它是在公关科学性的基础上进行创新应变的谋略与技巧，具有艺术感染力。公共关系实施通过创意，可策划出"新巧奇特"的公关活动来吸引公众；也可策划出具有艺术美感的公关活动，给公众以美的享受；还可策划出具有文化特色的公关活动，以争取公众的认同和合作。总之，公共关系实施可增强公关活动的艺术性，或以独特的艺术魅力去感染、影响和争取公众，或以奇谋妙计去战胜竞争对手，使公关活动取得成功。

（五）影响的广泛性

公共关系实施会对传播效果产生影响，其目标在于对公众产生一定的影响和作用，这也称为公共关系实施的效果。但是效果并不都是一样的，它们有作用范围大小与作用程度深浅的区别。对于公共关系工作者来说，由于各类传播形式都要使用，更应该了解传播效果的不同层次。针对公共关系的目标和公关传播的目标评估，传播者对于接收者的影响可以达到 4 种程度，即具有 4 个层次的传播效果。

1. 信息层次

信息层次是指将所要传递的信息传到接收者处，使之完整、清晰地接收到信息，并且较少有歧义、含糊和缺漏，这是简单的信息传达并知晓层次，是任何传播行为首先应达到的传播效果的层次。

2. 情感层次

情感层次是指传播者传出的信息从接收者知晓进而触动接收者的情感，使接收者在感情上接近、认同传播内容，对这一传播活动感兴趣，从而与传播者接近，这是传播达到的较为理想的效果。但是需要注意的是，情感有正负之分，只有正面情感才是传播者所需要的，对于负面情感，如反感、厌恶等，应予以避免。受新冠肺炎疫情影响，由于成本上涨，餐饮行业的企业纷纷调高部分菜品价格，但国内餐饮连锁企业"老乡鸡"宣布，全国所有老乡鸡门店从2020年4月14日开始，每天中午11点免费送100万份鸡汤。董事长束从轩呼吁消费者"先洗手再用餐，干净卫生从饭前洗手开始"，并且老乡鸡全国800多家门店明确表示不接待不洗手的顾客。此法赢得了大众的支持和欢迎。

3. 态度层次

态度是人对事物或现象认识的程度、情感表达和行为倾向的总和。它已从感性层次进入了理性层次，是在感性认识的基础上经过分析判断、理性思维而产生的，一经形成就难以改变。传播如果能达到这一层次，对接收者的影响就非常深入了。态度除有正负、肯定与否定之外，也不一定与情感有必然的同方向联系。对于有些人和事，人们可能在感性上同情，而在理性上则不赞成。

4. 行为层次

行为层次是传播效果的最高层次。它是指接收者在感性、理性认识之后，行为发生改变，做出与传播者目标一致的行为，从而完成从知到行的认识，再到实践的全过程，使传播者的目标不仅有了同情、肯定者，而且有了具体的实施、执行者。实验研究证明，态度与行为的改变有着较密切的关系。

应该看到，随着效果层次的提高，接收者由于各种因素而逐渐减少；同时只有达到较高的效果层次，才能使初级效果得以较长时间的保持，否则接收者很快就会将其淡忘，传播行为也就以无效告终。几种传播效果的层次不是直线相连、必然上升的，它们之间的相互影响是复杂的，关系是辩证的。

三、公共关系实施的内容

公共关系实施的每个阶段都有其独特的内容。

（一）公共关系实施的传播阶段

公关工作是有准备的工作，所以，在执行前期就需要主动地设想。这个阶段的主要工作如下。

1. 严格地执行计划

公关计划从萌芽到成型，经历了一个周密思考的过程，一般来说，最后制订的计划是具有一定的科学性的。所以，在执行公关计划时，一定要坚决，不能情况稍有变化，就改变对计划的执行力度。人们常说"计划赶不上变化"，所以，有时候为了应对急剧变化的形势，要当机立断，临时改变计划，但具体细节的改变不能影响对原有计划框架的执行，这就是对计划执行过程的坚决性。只有这样才能保证前期大量的工作不会白做，也才能保证工作的顺利开展，并取得预期的效果。

2. 准备应对突然的变化

计划难免会面临变化，这时只要计划的执行者能够正常灵活应对，就不会从根本上影响计划的正确执行，从而取得预期的效果。对形势的变化缺乏准备，盲目应对，反而会给计划带来负面效果。例如，房展会中的演出，正常情况下只要计划中安排的节目精彩，就能受到客户的欢迎，实现预定的公关目标。但有些露天的房展会，往往会受到天气的影响，从而使演出效果大打折扣。这时其实只要应对得当，同样可以取得好的效果。例如，如果演出过程中下雨了，虽然可以中断演出，但如果调来一批雨伞，现场发放给客户，可能会取得意想不到的效果。这就要看当时的计划执行者能不能采取好的应对方式，从而给公关效果锦上添花。例如，2008年的春节，湖南电视台宣布将春节联欢晚会改为慈善晚会，因为他们身处雪灾第一线，所以更清楚什么样的支持才是大家当下最需要的，他们的做法受到了观众的欢迎。

（二）公共关系实施的反馈阶段

公共关系实施的反馈阶段就是检验传播效果的阶段。计划制订得好与坏，关键就看能不能得到客户的认可，这是实施过程中重要的一环，同时也是计划制订者非常关心的一个环节。在公共关系实施的反馈阶段，一是要注意反馈的沟通方式，要想办法得到客户真实的反馈信息；二是要注意反馈的及时性，公关工作有时可能只是处理小事情，但公关工作有时又关系着整个组织的形象，甚至组织的生死存亡。所以，对于客户的反馈一定要及时处理，不能耽搁。

（三）公共关系实施的修正阶段

公共关系实施的修正阶段，也是实施过程的扫尾阶段。公关人员在第一时间得到了客户的反馈，也就为计划的成功实施扫清了障碍。修正阶段的主要任务是及时收集反馈信息，总结公关实施效果，以及进行必要的改进和反馈。

1. 收集反馈信息

收集反馈信息的过程，也是一个自我检验的过程。任何一个计划都不可能百分之百地成功，会有成绩，也会有问题。所以，尽量完整地收集反馈信息，是修正阶段的第一要务。

收集反馈信息时不能有好恶观。如果只收集好消息，而忽视坏消息，那么计划的执行情况与公关活动的效果就会大打折扣，甚至会因此耽搁了下一阶段的任务。公关人员要客观地对待公关活动的各种反馈信息，从中总结经验教训，为下次公关活动做好准备。

2. 总结效果

只有收集到全面真实的第一手信息，组织才能保证对活动的效果有准确的认知，并且为下一阶段的实施奠定坚实的基础。如果负责人亲自上阵，以确保信息的真实性、可靠性，并及时总结效果，那么这样的做法会比较好。但负责人毕竟不能事必躬亲，所以，依靠合理的制度来做保障，才是长期有效收集信息的合理方法。有了正确的方法，总结的效果就会比较真实。

总结效果的一个重要的方法就是让计划制订者参与。只有这样，才能保证总结的效果是合理的，并且能够得到迅速的修正和再反馈。

3. 计划的改进和反馈

计划的改进和反馈，一旦得到完善的执行，那么，计划的实施过程就会很顺利。执行中的计划是一个变化的事物，要想公关计划得到完美实施，没有实施过程中的改进和反馈，肯定是不行的，也是经不起实践检验的。改进后的计划会更加贴近实际，更富有弹性，也更有利于执行。在这个过程中要以事实为基础，敢于打破原计划的约束，勇于实践，根据现实情况，采取改进后的方法，这样才能使计划更趋完美地被执行，并取得预期的成绩。计划的改进和反馈就变成了如何完美地执行计划的过程，是一个有助于取得比预期更好的结果的过程。

第四节　公共关系评估

公共关系评估是公关工作过程的最后一个阶段。组织可通过对公共关系的评估，总结成功的经验与失败的教训，为进一步开展公关活动提供依据。一般来说，公关评估的内容有两个方面：一是对公关工作成效的评估；二是对公关的具体手段、目的进行评估。要使评估结果符合实际，就必须按照公关评估的过程，选择适当的评估方法，将公关目标与一定时期取得的成果进行比较研究、肯定成绩、找出差距、提出对策，不断提高公关水平，使公关工作在科学的轨道上运行。

一、公共关系评估的概念和意义

所谓公共关系评估，就是指对公共关系计划的执行、实施情况进行检查、分析和总结，以便找出成功的经验和失败的教训，作为今后进一步开展公共关系实务活动的参考。公共关系评估是公关工作的最后一个阶段，是一个不可缺少的环节，具有以下几方面的意义。

（一）可以保证公关工作科学而顺利地进行

公关调查研究中所掌握的资料是否适应公关工作的需要，公关计划是否科学，目标是否合理，公关信息传播是否达到了预期目标，这些公关活动是否为树立良好的组织形象和信誉奠定了基础，都有待公关效果的评估予以检验。事实上，缺少公关效果评估的公关工作是不完整的，只有在科学的公关程序中，在调查研究、公关实施的基础上，重视并做好公关效果评估工作，公关工作才能科学而顺利地进行。

（二）可以为企业今后的经营管理决策提供参考

通过公共关系评估，企业可以评估出实施公关活动之后的企业形象状况，了解与企业形象相关的各因素（如员工素质、产品质量、服务等）与期望值的差距，发现企业存在的问题，为企业的经营管理决策提供参考。

（三）可以增强员工的公关意识，提高公关人员的工作信心

公共关系工作重在平时。日常的公共关系工作对良好的企业形象的树立起到潜移默化的

作用。只有通过公共关系评估，企业才能很好地将公共关系活动的这些效能体现出来，使全体员工看到公共关系活动的作用，体会到公共关系的重要性，从而增强全员公关意识。同时公关人员也能从中看到自己的工作为企业带来的效益，从而提高工作信心。

（四）可以激励全体员工的士气

公共关系活动成果，特别是新闻传播媒介对企业成就的宣传报道，具有一定的客观性和权威性。因此，掌握和整理这些新闻报道，不失时机地应用这些报道，对企业内部员工进行热爱企业的宣传教育，有助于鼓舞士气，增强员工的凝聚力。

（五）可以衡量公共关系活动的效益

企业对公共关系活动的评估，可以衡量经费预算，人力、物力的配备与开展公共关系活动之间的平衡性，以及公共关系活动的效益。

总之，企业在进行了公共关系活动之后，有必要对是否达到目标、目标的实现程度如何、开展传播是否有效、投入与收效是否平衡等进行认真评估。这是企业公共关系实务工作不可忽视的一个重要环节。

二、公共关系评估的过程

要对公共关系实务效果进行评估，必须按照一定的程序，这样才能保证公共关系实务效果的评估不偏离标准方向，做到又快又好。

（一）建立合理的评估目标

开展评估，首先要建立合理的评估目标。这一评估目标主要是企业的公关目标，要以这一目标来衡量公共关系实务效果。评估目标的确定，有利于保证评估工作顺利进行，提高评估效率，还可以保证在公关调查中掌握有用的资料，避免无效劳动。

（二）拟订评估提纲

建立了合理的评估目标后，就可以拟订评估提纲。所谓评估提纲就是指评估者打算怎样开展评估活动，这也是最后撰写评估报告的内容要点。评估提纲的撰写要点是：目的要求，主要指评估的基本目的和要求，评估要说明的主要问题；论点，即从哪些方面进行论证，有什么初步打算、看法；论据，即为了论证和说明问题应收集哪些资料。

（三）收集、反馈信息

有了目标和提纲后，接着就是收集、反馈信息。信息是评估效果的基本材料，因此应该把公关活动中的信息，尤其是重要的信息以最快的速度、最准的手段、最佳的方法反馈到公共关系部门。公共关系部门平时就应做好信息反馈、收集工作。在评估时，公关人员还应围绕评估提纲的要求，继续做好信息反馈工作。

（四）做好综合分析

把所需要的信息收集齐全后，就要加以整理，进行综合分析，这是整个评估过程的重要一环。面对大量的数据、实例，评估者要认识它、理解它、分析它，并做出取舍，从中得出自己的观点。

进行综合分析要注意以下问题：一是整理材料，并对材料进行鉴别，分辨真伪；二是纵观全局，即要把经济发展过程中各个环节的内在联系结合起来观察，以求比较全面地揭示事物的本质；三是正确撰写评估结果报告，即将公共关系的成效以文字形式报告给企业领导者，以取得企业的重视和支持。撰写评估结果报告时要注意"五忌"：一忌数字不准确，情况失实；二忌数字文字化，观点不鲜明，或者满纸陈述，没有数据、实例；三忌观点和材料不统一；四忌报喜不报忧；五忌"穿靴戴帽"，套话连篇。

三、公共关系评估的方法

公共关系评估本身是一项研究工作，需要根据具体情况采用最恰当的方法。可选用的主要方法如下。

（一）个人观察反馈法

个人观察反馈法是指企业负责人或公关人员在开展公关活动时，到现场了解进展情况，感受现场的气氛并评估其效果的方法。评估人员把实际情况与计划目标进行比较，提出评价结果和改进建议，这是最简单、最常见、最直观的方法。其优点是评价反馈迅速，改进意见具体，易于落实；缺点是很难评估公共关系活动的长期效果。

（二）目标管理法

目标管理法是指在企业公关工作中建立目标体系，每个环节、每个部门、每个人都有自己的目标和措施，在计划实施之中和之后进行评估的一种评估方法。采用这种方法，应在制订计划时就考虑到效果评估，即用量值方法对目标进行分析，判定方案实施之后是全部达到目标，还是部分达到目标。这里对目标评定多采用列表法，可通过列表把目标分解成一些具体项目，每个项目还可以分成若干个子项目，再按项目在目标实现过程中的重要程度，确定一定的比例。在活动实施后，根据目标达标情况打分，确定目标达标程度，从而衡量并评价公共关系活动的效果。

（三）内外部监察法

内部监察法是指由企业内部人员对公共关系部门的工作和活动进行检查和评价的方法。如企业领导层和管理人员可以从企业经营管理中观察出特定时期内，公共关系目标的完成情况。内部监察范围有：所进行的工作和取得的成果、目前存在的问题、将来的计划安排。外部监察法是聘请企业外部的专家对本企业公共关系活动进行检查和评价的方法。外部专家可以通过调查、访问和分析，对企业公共关系活动及其效果做出较为客观的衡量和评价，并就企业未来发展提出建议。

（四）企业形象地位评估法

企业形象地位评估法是指评估人员以企业知名度、美誉度作为两个基本变量，评估企业形象的方法。企业形象在社会中的好与不好，取决于企业知名度和美誉度的高低。

进行企业形象定位具有可操作性。首先，调查知晓企业的公众的百分比和在这部分公众中赞誉企业的公众的百分比；其次，以企业知名度和美誉度作为两个变量，组成二维坐标，根据企业在公众中的知名度和美誉度确定企业形象定位。

（五）企业形象要素分析法

企业形象不是抽象的，而是具体的。任何企业的知名度、美誉度都包含许多实际因素，对这些因素进行分析，还可以了解企业的实际社会形象与自我期望形象的差距，确认公共关系活动存在的问题。

公共关系活动评估方法较多，在实际工作中要根据各项公共关系活动的目的和要求，遵循"准、简、省"的原则，采用适当的方法，也可综合运用这些评估方法。要真正做到客观、公正、全面评估，公关人员必须站在企业立场之外，排除主观因素的干扰，以科学、负责的精神进行检测和评估。

微课扫一扫

公共关系评估
的八个标准

 案例分析

宇通"为冠军而来"海外传播公共关系策划

项目背景

2018 年，为进一步提升自身的国际化品牌形象，郑州宇通客车股份有限公司（以下简称"宇通客车"）借势世界杯进行"为冠军而来"海外传播公共关系策划，项目执行时间：2018 年 6 月 13 日—7 月 15 日。宇通客车借势世界杯整合传播活动，力图吸引中国中央广播电视总台、俄通社—塔斯社等重点媒体对其进行头条或深度报道，传播范围覆盖海外及国内证券公司等重点人群，以期深刻影响大众。

项目调查

世界杯前期，宇通客车向 BBUS、KLavto 等客户交付了 300 多辆车，而在整个俄罗斯，3 000 多辆宇通客车正持续为其服务。自波罗的海沿岸至远东地区，随处可以看到宇通客车。亮相世界杯，是一个不可多得的推广机遇，也是远东地区战略规划的新开始。

项目策划

项目的第一阶段（2018 年 6 月 11 日—7 月 2 日）：宇通客车和 BBUS 公司的交车仪式。活动在俄罗斯圣彼得堡举行。活动主题为：宇通，为冠军而来！项目的第二阶段（2018 年 7 月 3 日—7 月 9 日）：莫斯科之"宇通时间"及媒体见证。活动在莫斯科红场与 GUM 会议中心举行，此次活动系世界杯期间中俄级别最高的经贸交流活动。项目的第三阶段（2018 年 7 月 10 日—7 月 15 日）：在上海（或北京、郑州）的俄罗斯风情酒吧或餐厅举行。活动内容为定向邀请宇通客车 VIP 客户、地方媒体代表和部分看球的球迷参与城市看球活动，目的为借助用户的社交关系链传播，为宇通客车的世界杯公关活动画上完美句号。

项目实施

项目的第一阶段为主题的宣传与热烈的活动氛围的营造进行了铺垫。在第二阶段 7 天的活动时间内，15 家核心媒体参与，100 篇原创核心稿件维持传播话题的热度。媒体团现场采访宇通客车的客户，使宇通客车持续成为相关报道的内容。项目的第三阶段在上海（或北京、郑州）主办，在公关媒体的选择上结合各大线上线下平台，多种传播渠道融合使用，包括新浪网、搜狐网、新华网、央视体育、映客直播等。

主要实施内容及形式如下：建立世界杯与宇通客车的强关联认知——圣彼得堡交车暨授牌仪式；建立政府关系背书，向上拉升品牌高度——莫斯科红场"宇通时间"；深度挖掘客户素材，向下夯实传播基础——媒体团走进俄罗斯深度访谈；强化客户感知，提升区域品牌传播力——世界杯观赛夜及世界杯形象展示；视频呈现，扩大大众人群传播面——"行驶在俄罗斯的冠军之路"纪录片。

项目评估

世界杯前期，通过交车仪式这一新闻事实，以及向宇通客车授奖这一行为，强化了世界杯与宇通客车的品牌关联认知，从而提升了品牌高度。在中俄最高级别合作论坛会议上设置"宇通时间"，除了中国中车，只有宇通客车作为中国品牌亮相，驻俄罗斯联邦大使李辉先生同宇通客车代表进行深度交流，对"宇通模式"表示认可和赞同。为宇通客车在政府层面建立信任背书，再次拔高宇通客车的国际形象。特别摄制组前往俄罗斯，采访客户、华人代表、运输联盟、宇通员工等多位人员，通过典型案例来展现中国品牌在海外市场的打拼之路，以激发民族自豪感，加强大众层面的传播力度。

宇通"为冠军而来"海外传播项目是一次精心策划的公关活动，不仅具有较高的艺术性，而且具有较强的科学性，公关人员按照"公共关系四步法"设计了多个具体项目，并运用科学的理论和有效的方法使得项目成功实施，这对提升宇通客车的品牌价值，宣传我国企业的良好形象，以及传播我国企业"走出去"的观念具有重要意义。

 思 考 题

1. 简述公共关系调查的内容与方法。
2. 简述公共关系策划的原则。
3. 公共关系实施的内容是什么？
4. 公共关系效果评估的意义和方法是什么？
5. 某市有一家豪华宾馆，该宾馆周围景色迷人、服务优质、价钱合理，但是因为交通不便，公众担心住进去以后购物不便，还担心缺乏娱乐设施而太清静寂寞，所以开业以来，入住率不高，降价后仍没起色。这家宾馆决定通过公关活动来拉动销售。假如你是公关部经理，你将如何开展公关活动？请撰写出公共关系策划方案。

第七章 公共关系传播

 引例

潘婷网络公关广告

潘婷在泰国发布了一则公关广告（*You Can Shine*）。该广告讲述的是一个聋哑的小提琴手破茧成蝶的励志故事：一个聋哑的小女孩，怀揣音乐梦想，却遭到姐姐无情的嘲笑与打击，受到流浪艺人的鼓励后，小女孩重新找回了勇气和信心。她在比赛现场，用残破的小提琴演奏出动人心弦的《卡农》，震撼了在场的所有人，此时飞扬的秀发也在空中美丽地飘舞着。这则广告从头到尾没有出现过任何宣传产品的画面，只在最后一幕画龙点睛——出现了潘婷的Logo，然而却让受众在感动之余深刻地记住了该系列洗发水。

该广告4分钟的长度并不适合在电视上播放，它以完美的故事情节和励志主题在网络上流传。全球网络用户中，年轻人是主力军。而其中的年轻女性，特别是职业女性，正是潘婷的目标受众，所以网络公关传播形式一方面有利于广告的完整传播，可以为观众展示完整的故事情节，另一方面也可以较大范围地接触到品牌的潜在消费者。广告以励志为主题，即宣扬只要在困境中仍旧保持积极乐观的人，就是真正的强者；隐喻了购买潘婷该系列产品的消费者都是充满能量、焕发自信光彩和热爱生活的人，广告为产品添加了这一附加概念，成功提升了潘婷品牌的魅力指数。此外，这则公关广告也让受众联想到，宝洁公司同样是在逆境中始终坚持不懈、勇往直前，一路走到今天的。这不但增加了企业的美誉度，提高了企业形象，也为企业赢得了更好的口碑，使潘婷的品牌形象更具魅力和影响力。

第一节 公共关系传播概述

传播是信息沟通交流的过程，也是社会组织开展公共关系工作的重要手段。离开了传播，公众和组织就无法了解彼此。如果我们把社会组织看作公共关系工作的主体，把公众看作公共关系工作的客体，传播就是二者之间相互联系的纽带和桥梁。社会组织与公众的有效沟通，在很大程度上是因为信息传播顺畅，而社会组织与公众之间的误解，也往往是因信息传播不畅造成的。因此，一个社会组织不仅要有明确的目标、符合公众利益的政策和措施，还要充分利用传播手段开展公关活动，赢得公众的好感和舆论的支持，获得良好的经济效益和社会效益。

一、公共关系传播简介

自人类诞生以来，就产生了传播行为。现代意义上的传播学产生于 20 世纪 30 年代的美国，20 世纪 40 年代从美国传至欧洲，后来传到日本，20 世纪 70 年代末传入中国。传播一词译自英文"Communication"。目前关于传播的定义有 200 多种。从公共关系的角度来说，公共关系传播有其特定的载体和途径，是一种有计划地与公众进行信息交流和沟通的活动。对公共关系传播的理解，要把握以下几个要点。

（一）公共关系传播的基本内涵

公共关系传播是组织通过报纸、广播、电视和网络等大众传播媒介，辅以人际传播的手段，向其内部及外部公众传递有关组织各方面信息的过程。

这个定义包括 3 个方面的内容：第一，公共关系传播的主体是组织，不是专门的信息传播机构；第二，公共关系传播的客体由两部分组成，一部分是组织内部公众，另一部分是组织外部公众；第三，公共关系传播以大众传播媒介作为主要手段，以人际传播作为辅助手段。

（二）公共关系传播的基本要素

1948 年，美国著名的政治学家哈罗德·拉斯韦尔提出了关于传播过程的 5 个要素的公式："是谁？说什么？通过什么渠道？对谁说？产生了什么效果？"这个公式描述的虽然是单向传播现象，却为我们提供了一个分析传播过程的简易模式，因为其中包含了构成传播的基本要素：传播者、传播内容、传播渠道、目标公众和传播效果。

公共关系传播是组织运用传播手段向目标公众传递信息的过程，它包括信息由传播者到目标公众的全过程，因此，也应当包含传播过程的 5 个要素，如图 7-1 所示。

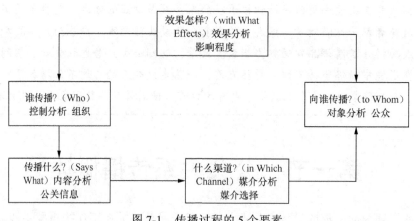

图 7-1　传播过程的 5 个要素

1. 公共关系传播者

公共关系传播者是组织信息的采集、发布者，是代表组织行使传播职能的人。在政治组织中，该角色一般由党和国家的新闻发布机构、新闻发言人以及各级新闻、宣传部门担任。在各种非营利性组织和营利性组织中，该角色由组织内部的宣传部门、公共关系部门或宣传人员、公共关系人员担任。公共关系传播者是公共关系的主体，因为它是构成传播过程的主导因素。在协调公众关系、改善周围环境的过程中，在树立自身形象、提高信誉的过程中，在沟通内外部、谋求支持与合作的过程中，公共关系传播者均居于主动地位，是公共关系传播的控制者与组织者。它的任务是将外部的信息传达给组织内部公众，并将有关组织的信息发布出去，传递给目标公众。

2. 公共关系传播内容

公共关系传播内容是指传播者发出的有关组织的所有信息，它大体上可以分为以下两类。一类是告知性内容，即向公众介绍有关组织的情况，包括组织的目标、宗旨、方针、经营思想、产品和服务质量等。在信息传播过程中，告知性内容往往以动态消息或者专题报道的形式出现。动态消息是关于组织新近发生的某一事件的基本事实的描述，通常包括传播过程的5个要素，例如，关于商店开业、展览会闭幕、新产品问世、超额完成产值等情况的报道。专题报道是对事件全貌或某一侧面进行的放大式描述，它不但包含传播过程的5个要素，而且包括对基本事实具体情节的描写。例如，介绍新产品的设计过程、制作工艺、用途、专家鉴定情况等。另一类是劝导性内容，即号召公众响应一项决议，呼吁公众参与一项社会公益活动，或者劝说公众购买某品牌的商品。在利用大众传媒进行宣传的过程中，党和政府及其他非营利性组织发布的劝导性内容，往往以社论、评论、倡议书的形式出现，而营利性组织发布的此类内容，则多以商业广告的形式出现。

3. 公共关系传播渠道

所谓公共关系传播渠道，是指信息流通的载体，也称媒介或工具。人们通常把用于传播的工具统称为传播媒介，而把在公共关系活动中使用的传播媒介称为公共关系媒介。可供公关人员利用的传播媒介有两种：一种是大众传播媒介，另一种是人际传播媒介。具体来说，公共关系传播媒介是各种各样、丰富多彩的。常见的有语言媒介，像报纸与杂志、书籍、海报与传单、组织名片与函件等；有电子媒介，如广播、电视、录音、录像、幻灯片和电影等；有标识媒介，如摄影与图片、商标与徽记、门面与包装、代表色等；此外还有非语言传播媒介，如表情、体态、目光等。我们也可以把公共关系媒介分为基本媒介和综合媒介两种。所谓基本媒介，主要包括口头传播、广播、电视、印刷品、摄影作品、电影等；综合媒介则包括新闻、特别节目、展览、会议等。显然，所谓综合媒介是各种基本媒介的集合。

4. 公共关系目标公众

公共关系目标公众即组织外部公众，是指那些与组织有着某种利益关系的特定公众。它们是大众传播受传者中的一部分，是组织意欲影响的重点对象。这类公众的特点如下。

第一，目标公众是有一定范围的，是具体的、可知的，也是相对稳定的，即每个组织都有自己的特定公众。

第二，目标公众是复杂的。尽管某些个体由于某种共同性成了某一组织的公众，但他们之间还是存在着明显的差异。

第三，目标公众是变化的。组织与目标公众之间的利益关系结束了，这一类公众就不复为该组织的目标公众了。组织要想有效地开展公关工作，就要分辨自己面对的公众是否重要。

一般来说，辨认公众可分为几个步骤，层层深入。例如，首先把组织面对的公众罗列出来，然后按需要对他们进行分类。根据组织内外有别的原则，可以把公众分为内部公众和外部公众；根据公众发展过程的不同阶段，可以把他们分为非公众、潜在公众、知晓公众和行动公众；根据公众对组织的重要性的不同，可以把他们分为主要公众和次要公众。当组织开展一项具体活动时，还可以对公众进行进一步分类，以便确定具体活动针对的目标公众。

第四，目标公众趋向集中。组织与目标公众之间的利益关系变得突出时，原来松散的目标公众就会趋于集中，显示出它特有的集体力量。

5. 公共关系传播效果

公共关系传播效果是指目标公众对信息传播的反应，也是公共关系人员对目标公众的影响程度。人们对传播效果的研究经历了半个多世纪，先是提出"传播万能论"，继而提出"有限效果论"（以"两级传播"为主要内容），后来又由"两级传播模式"发展为"多级传播模式"。传播效果理论的演变告诉我们，大众传播媒介固然能够改变目标公众原有的观念，但其效果不是无限的。在实际工作中，公共关系人员不能把大众传播媒介作为唯一的手段，而应当将其与其他传播方式（如人际传播）结合起来以便收到更好的效果。同时，目标公众的被动地位是相对的，他们对信息的注意、理解和记忆都是有选择的。公共关系人员可以通过各种调查手段（如观察、访问、文献分析、抽样调查等）了解目标公众对信息的接受程度，"知己知彼，百战不殆"。此外，在信息传播过程中，还要重视专家、学者、社会名流等意见领袖的作用，设法通过他们影响公众。

（三）公共关系传播的特征

公共关系传播的特征具体体现在 3 个方面。

1. 影响对象广泛

一般而言，狭义的促销工具在使用过程中所针对的目标，往往是既定的消费群体或者目标受众。而相对于广告以及促销等形式，公关的对象则要宽泛得多，不仅有一般促销所针对的受众，而且还包括目标受众之外的其他关联群体。例如，企业与政府或者社会调节部门的关系，这些机构虽然并不是企业产品的目标受众，但是它们却对企业的目标受众具有一定的影响；企业与其内部员工的关系，员工虽然并不会对企业构成直接影响，但是会对企业形象等方面产生影响进而间接地影响产品和品牌；企业与媒体的关系，更是会直接影响大众传播手段的效果等。

2. 影响途径隐蔽

通常作为商业手段的各种营销沟通形式，在运作过程中往往表现得比较直接，可以看作利益和目标都十分明确的促销手段。相对而言，公共关系则比较隐蔽，它通常利用人际关系或者媒体宣传达到影响效果。很多受众对于纯粹的广告和促销往往抱有一种抵触和怀疑情绪，大多数情况下都会采取毫不理会和干脆回避的态度。相对而言，公共关系策划实施之后，商业气氛被掩盖了，以至于很多受众认为这些信息来自媒体而不是来自某一家公司，所以他们更愿意相信这些信息。

3. 投资成本较低

公共关系传播的相对成本和绝对成本都远远低于广告和其他促销形式，如果再将投资效益加以比较则更是如此。而商业促销模式则明确地建立在媒体购买和促销投资形式之上，不论是什么样的商业促销形式，都包含着明确的投资倾向。正因为这种投资形式的不同，一种广告可以根据需要不断重复，但是公共关系传播则无法多次重复，因此在传达率上就很难得到保证。这也决定了广告以及其他促销形式在促销信息的传达方面，往往比公共关系传播更加精确，也更加及时。

二、公共关系传播的模式

20世纪20年代以来，西方传播学研究中出现了反映不同观点和采用不同研究方法的多种公共关系传播模式，但没有一个被普遍接受。早期多为单向线性模式，20世纪50年代以后普遍强调传播是双向循环的过程。具有代表性的单向传播模式是香农-韦弗模式和哈罗德·拉斯韦尔提出的"5W"模式。

1. 香农-韦弗模式

香农-韦弗模式又称传播的数学模式，如图7-2所示，1948年由美国数学家 C.E.香农和 W. 韦弗提出。其特点是将公共关系传播过程看作单向的机械传播过程。西方学者认为，此模式开拓了传播研究的视野，模式中的"噪声"表明了传播过程的复杂性，但是"噪声"不仅仅来自"渠道"。

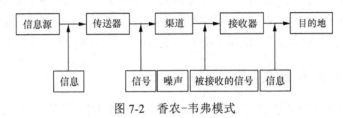

图7-2　香农-韦弗模式

2. "5W"模式

"5W"模式又称传播的政治模式。"5W"指的是：谁（Who）、说什么（Says What）、通过什么渠道（in Which Channel）、对谁说（to Whom）、产生什么效果（with What Effects），如图7-3所示。它于1948年由美国政治学家哈罗德·拉斯韦尔提出，之后被广泛引用。西方学者认为"5W"模式概括性强，对研究公共关系传播起了很大的推动作用，但它忽略了"反馈"传播因素，有一定的局限性。

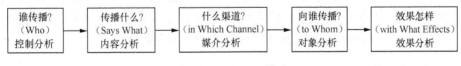

图7-3　"5W"模式

20世纪50年代，由美国传播学者 W.施拉姆提出的施拉姆模式，是较为流行的公共关系传播模式。此模式强调传播者和受传者的同一性及处理信息的过程，揭示了符号互动在传播中的作用。图7-4表明传播是一个双向循环的过程。

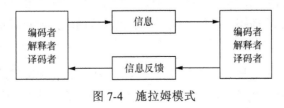

图7-4　施拉姆模式

20 世纪 50 年代后期，美国社会学家 M.L.德弗勒提出德弗勒模式，如图 7-5 所示，此模式突出了传播的双向性，被认为是描绘公共关系传播过程的比较完整的模式。

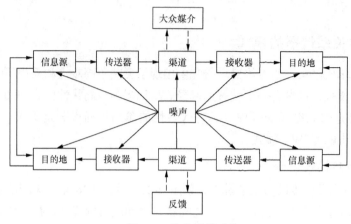

图 7-5　德弗勒模式

公共关系传播具备双向性特征，单向传播模式并不适用于公共关系传播，公共关系传播模式应是双向传播模式。双向传播模式即在传播中，不仅要给接收者传递信息，而且要把接收者的反馈信息传递给传播者，使得传播者能够及时调整传播行为。

三、公共关系传播的工具

传播工具是传递以新闻为主的信息的载体，是报纸、通讯社、广播、电视、新闻纪录影片、新闻性期刊和互联网等的总称。西方称为新闻媒介（News Media）或大众传播媒介（Mass Media）。

人类信息传播活动经历了 4 种方式：原始传播方式、手抄传播方式、印刷传播方式、电子传播方式。在书写工具问世以前，信息的传递是通过语言手势、标记、烟火等方式进行的，这些都会受到时间和空间的限制。传播工具出现后，传播才成为有广泛的社会影响的活动，传播工具是人类社会物质生产和精神交往的产物。随着社会生产力的发展、科学技术的进步，传播方式不断变化，传播速度越来越快，传播范围越来越广，传播效果也越来越好。

公共关系活动的过程，主要是组织与公众交流、沟通的过程。如果不重视现代沟通传播，不能对最常用的公众传播媒介与沟通管理有系统的认识及熟练的掌握，就很难开展公共关系活动。下面就公共关系活动中最常运用的传播工具进行系统的介绍。

（一）报纸与杂志

文字传播媒介是指借助可视的语言文字符号传递社会信息的各种载体，具有优于语言交流的记录性、扩散性、渗透性、准确性等特征。

报刊，即报纸与杂志。报纸是以刊登新闻为主的面向公众发行的定期出版物，杂志是定期或不定期成册连续出版的印刷品。报刊可以分为组织报刊和社会报刊两种。组织报刊是组织内部的受组织控制的传播媒介；社会报刊属于大众传播媒介，具有受众广泛的优点。

1. 报纸

最早出现的传播工具是报纸，它在漫长的传播史中一直是新闻传播工具的主要形态。活字印刷术的发明，特别是金属活字的应用，为近代报纸的产生创造了技术条件。17 世纪是近代报纸的开创时期。由于近代报纸发展的需要，法国人 C.L.哈瓦斯于 1835 年首创为报纸提供新闻的通讯社。

（1）报纸传播信息的优势

各种形态的信息传播工具都有其优势和劣势。广播、电视利用现代化的电子技术传播信息，突破了时间和空间的局限，传播迅速、范围广泛。广播、电视问世之后，其发展速度和规模超过了报纸。但是，在信息传播工具的激烈竞争中，报纸并没有被淘汰，因为报纸传播信息具有其自身的优势。

一是传播面广。报纸发行量大，触及面广。

二是传播迅速。报纸一般都有自己的发行网和发行对象，因而投递迅速、准确。

三是具有新闻性，阅读率较高。报纸能较充分地处理信息资料，使报道的内容更为深入细致。

四是传播费用较低。

五是文字表现力强。报纸版面由文字构成，文字表现形式多种多样，可大可小，可简可繁，图文并茂，又可套色，引人注目。

六是便于保存和查找。报纸是文字的载体，读者可以慢读细看，有思考的时间。

（2）报纸传播信息的劣势

报纸传播信息也有劣势。

一是时效短。报纸的时效性极强，因而隔日的报纸容易被人弃置一旁，传播效果会大打折扣。

二是信息易被读者忽略。报纸的幅面大、版面多、内容杂，读者经常随意挑选自己感兴趣的内容进行阅读，因此报纸对读者阅读的强制性较小，所传播的信息易受读者文化水平和理解能力的限制。

三是缺乏美感。报纸因为纸质和印刷受限，大多颜色单调，插图不如杂志精美，更不能与视听结合的电视相比了。

2. 杂志

（1）杂志传播信息的优势

杂志传播信息的优势如下。

一是时效性长。杂志的阅读有效时间较长，可重复阅读，它在相当长一段时间内具有保留价值，因而在某种程度上扩大和深化了传播效果。

二是针对性强。每种杂志都有自己的特定读者群，传播者可以针对目标公众制定传播策略。

三是印刷精美，表现力强。

（2）杂志传播信息的劣势

杂志传播信息的劣势如下。第一，出版周期长。杂志的出版周期大多较长，少则一周，多则数月，因而时效性强的广告信息不宜在杂志上刊登。杂志无法像报纸和电视那样形成铺天盖地般的宣传效果。第二，杂志所传播的信息受读者的理解能力限制。第三，像报纸一样，杂志不如广播和电视那么形象、生动、直观和口语化，特别是在文化水平较低的读者群中，传播的效果会受到影响。

（二）广播与电视

广播与电视同属于电子媒介。电子媒介是指运用电子技术及其产品进行信息传播的媒介，包括广播、电视、录音、录像、光碟（CD、LD、VCD、DVD）等。电视、广播同属主要的电子媒介，在信息传播中，广播、电视与文字传播媒介相比，所具有的特征如下。

一是时效性。电子媒介的时效性强，对信息的传播更迅速、更及时，能够做到同步，具有同时性。

二是传播性。通过电波进行远距离的传播，不受空间的局限，具有同位性。

三是生动性。通过声音、色彩、文字的组合，现场感比较强，更富有感染力。

1．广播传播信息的优势

广播传播信息的优势如下。

（1）广播是"绿色媒体"

从受众的接受途径这个角度来看，广播称得上是"绿色媒体"。广播能提供丰富、及时、有效的新闻信息和音乐资讯，给受众带来美的享受，使受众拥有愉悦的心情；广播追求的是听觉上的感受，不会给受众的眼睛带来伤害，广播一般"只闻其声，不见其人"，受众有一个可以毫不顾忌地释放心情的空间。

（2）功能多种，适应不同层次受众的需要

现在大多数家长都重视保护孩子的视力。因此，广播的受众欢迎程度提高了。听广播不须用眼睛，身心疲劳时，可以闭着眼睛听、躺着听；心情不好时，可以听音乐台，让音乐抚慰你的心灵。此外，听广播还可以知晓天下事，可以陶冶情操、增长知识等。从某种意义上来说，广播对青少年的教育和引导起着很重要的作用。

与青少年学生相比，老年人读书看报比较费劲，而且也不可能整天待在家里看电视，广播也是他们生活中不可缺少的，很多老人晨练时都带着收音机。

随着人民生活水平的日益提高，私家车进入越来越多的家庭，对于"有车族"来说，广播更是他们的好伙伴。一边驾驶一边听节目，可以随时了解路况以及其他信息。随着汽车保有量的快速上升、车载收听设备的普及及场景式伴随收听互动体验的加强，加之广播媒体天生具有的直播性和互动性，广播实现了内容的精准推送和广播广告对高价值群体的精准投放。据尼尔森网联发布的《中国广播及音频应用发展报告（2017）》揭示，不同收听通路对广播听众的聚拢能力出现明显分化，车载收听终端（车载收音系统）的使用率已达到55.1%，成为广播媒体内容消费的最大和最主要通路，是广播听众和广播媒体的最大价值资源。尼尔森网联发布的《中国广播及音频应用发展报告（2019）》显示，2018年中国广播听众规模近4.2亿。广播媒体的听众主体为"享受生活，注重品质，理性消费"的中等收入群体，庞大的听众规模为广播市场价值的形成提供了条件。

（3）有制作简便、传播迅速

报纸、杂志需要编排、制版、印刷后才能传递信息，其传播速度比广播要慢许多；由于从摄制成像到传输回电视台，再到传输给观众是一个比较复杂的过程，而且电视是一种对环境、设备、资金投入等依赖性较强的传播媒介，所以其远不如广播这样便捷。与报纸相比，广播的优势不言而喻；与电视相比，广播可以在最短的时间内插播或直播新闻事件，尤其是突发性新闻事件；与网络相比，广播对接收工具的限制较少。

2. 广播传播信息的劣势

广播传播信息的劣势有传播效果稍纵即逝，信息的储存性差，难以查询和记录等。广播传播信息是线性的传播方式，即广播内容按时间顺序依次排列，听众受节目顺序限制，只能被动接受既定的内容，选择性差。广播只有声音，没有文字和图像，听众的注意力容易分散。

3. 电视传播信息的优势

电视是用电子技术传送活动图像的通信方式。它应用电子技术对静止或运动的景物的影像进行光电转换，将电信号传送出去，然后再使远方即时重现影像。

电视传播信息的优势如下。

一是视听结合传达效果好。它用图像和声音表达思想，这比报刊只靠文字符号和广播只靠声音来表达要直观得多。

二是纪实性强、有现场感。电视能让观众直接看到事物所处的情境，能使观众产生亲临其境的现场感和参与感，具有时间上的同时性、空间上的同位性。

三是传播迅速、影响面大。它同广播一样，用电波传送信号，向四面八方发射，把信号直接送到观众家里。

四是适应面广。电视是直接用图像和声音来传播信息的，因此观众完全不受文化程度的限制，适应面广。

4. 电视传播信息的劣势

电视与广播一样，传播效果稍纵即逝，信息的储存性差，记录不便也难以查询；电视广告同样受时间顺序的限制，加上受场地、设备条件的限制，信息的传送和接收都不如报刊、广播那样灵活；电视广告的制作、传送、接收和保存的成本较高。

（三）互联网

互联网是指全球最大的、开放的、由众多网络互联而成的、主要采用 TCP/IP 的计算机网络，以及这个网络包含的全世界范围内的信息资源。从信息资源的角度来讲，互联网包含全球范围内最多的信息资源。近年来，我国的计算机网络发展迅速，互联网用户人数也不断增加。互联网的运用在公关发展史上也是一个重大的转折点。

1. 互联网的服务功能

互联网含有极丰富的信息资源，并且能使处于异地的计算机方便地进行信息交流与资源共享。人们可以利用互联网进行科学研究、文档查询、联机交谈、网络购物等。

2. 互联网的传播特点

互联网拥有与传统媒体完全不同的特点：交互性、海量性、多媒体、即时性、个人化、超文本等。

（1）交互性

传统媒体将信息单向传递给受众，互联网则提供了一种双向的信息传输渠道。如果用拓扑结构（它是用来描述不同网络系统中信息传输逻辑过程的方法）分析，那么传统媒体的拓扑结构是星型结构，即中心制作，四面传输；其特点是中心节点，指报社、电台、电视台是传播中唯一的信息源；单向流动，指信息由信息源向终端点——受众流动；终端点彼此孤立，没有联系；中心节点批量复制信息，单向传到终端点。这种结构使得传统媒体基本上只根据自己的判定来决定传输什么样的信息，受众只能"照单全收"，形成了"我传你受"的传播定式。互联网是一个完全不同的平等交流的信息平台，所以网络媒体的拓扑结构是环型结构，其特点为拓扑结构中无中心节点，每个节点都可向其他节点发送信息并成为信息源。双向流动，指任何节点都可以向发送信息的节点传回反馈信息；网络各节点之间不是孤立的，任意两点都可以通过网络进行双向信息交流；任意两点间的交流路径不只一条。采用这种拓扑结构的网络媒体本身就具有双向交流的特点，这使得较传统媒体而言，传受双方之间的双向交流更为经常也更为深入。

（2）海量性

互联网将全世界的计算机连接起来，从而形成了一个巨大无比的数据库。世界上在任一时间、任一地点发生的任一事件，都有可能成为网络中的信息而被广泛传播。与传统媒体相比，由于互联网得天独厚的技术优势，所以它可以摆脱报刊的固定版面、广播和电视的固定时段、节目容量等诸多限制。运用技术创造的计算机网络时空，几乎可以包揽全世界的新闻信息；此外，由于传播主体的多元化，人人皆可成为信息源，这使得网络信息能够最大限度地、持续不断地传播；再者，由于数据库的存在，人们得以纵向保存历史新闻信息，正是信息的广度与深度形成了网络传播的海量性特点。

（3）多媒体

报刊通过纸质媒介利用文字和图片传递新闻，广播以声音发送信息，电视借助声音和图像传播内容。互联网则可使用文字、图表（片）、声音、动画、影像等多种形式保存信息、表现信息、发送信息。互联网的多媒体特点最大限度地实现了各种传播形式的"兼容并包"，丰富了新闻传播的手段。受众也有了众多的选择，他们可以根据自己的喜好选择有字无声、有声有像、图文并茂等多种传播形式，使各种感官得以充分调动。

（4）即时性

报刊使用纸质媒介传递信息，传递速度受制于印刷、运输和零售环节；广播和电视采用无线电磁信号传递信息，由于受到信号传输覆盖面的限制，传输范围之外的地方还需要使用其他手段来获得信号，增加环节会大大影响传播速度；网络传播的载体是光纤通信线路，光纤传递数字信号的速度极快，瞬间可达世界上任何地方，从而在技术环节上保证了网络新闻传播的即时性特点；此外，传统媒介需要制作周期，有时间上的限制。而互联网则不受此限，新闻稿件可以随到随发，24小时不间断发稿，受众可以在第一时间知道所发生的一切。

（5）个人化

尼葛洛庞帝（Negroponte）为美国麻省理工学院的教授及媒体实验室的创办人，同时也是《连线》杂志的专栏作家，他在《数字化生存》中曾指出：大众传媒应该被重新定义为"发送和接收个人化信息和娱乐的系统"。网络传播的个人化特点非常明显，技术带来的优势使得受众可以从容地利用各种检索工具在各类数据库中"各取所需"；受众还可以自由地选择信息接收的时间、地点以及信息的表现形式；与此同时，处于互联网另一端的传播者也可使用一种"信息推送技术"，根据用户的需求为其推送专门化的信息。信息的传播在网络中显得个性张扬、特色鲜明。

（6）超文本

与传统媒体不同，网络传播是建构在超文本、超链接之上的全新传播模式。超文本的处理方式与用字符串来表达、以线性形式进行组织的传统文本信息的处理方式有很大不同。它不是以字符，而是以节点为单位组织各种信息，一个节点是一个"信息块"，节点内的信息可以是文本、图像、图形、动画、声音或其组合；它的信息在组织上采用网状结构，节点间通过关系链加以链接，从而构成表达特定内容的信息网络。它对信息的存储可以按照交叉联想的方式，从一处迅速跳到另一处，打破了原文本系统只能按顺序、线性存取的限制，用户可以方便灵活地检索。超文本赋予网络传播许多优势，比如，形成网状的复杂信息结构，系统能按不同查询条件链接不同信息，从而使网络传播拥有强大的检索功能；此外，它有良好的编辑功能，可以进行多窗口编辑，使得网络可以方便地容纳更多元素。

3．互联网传播信息的优势

互联网传播信息的优势有以下几点。

（1）信息汇聚多元化

互联网具有汇聚大量信息的能力。各个网站信息量庞大的数据库以及新闻文献库为受众寻找全面翔实的资料提供了很大的帮助，具有重要的现实意义。并且，网络中功能强大的超链接将无限丰富的相关资料向受众立体式地发布。单单这一点就让传统媒体难以望其项背。

（2）表现立体化

多媒体的传播手段是网络媒体的一大表现特点。网络媒体不仅能显示文本信息，而且能显示图形、图像和声音等多媒体信息，从而使得网络媒体的表现形态立体化。

（3）传播超越时空

传播的范围常常受限于地域，这是传统媒体的一大劣势。而网络媒体的出现，则彻底改变了这一切。网络媒体传播不受地域限制，受众遍及世界各地。而在时效性上，网络媒体是全天候报道，这一点也优于传播时段固定的传统媒体。

（4）互动化

相对于传统媒体的"一言堂"，网络媒体能够实现传播者与受众之间的互动。它使话语权不再是某个机构或个人的特权，而是将其使用范围扩大到了大众。任何一个网络受众都可以成为信息发布者。这改变了传统媒体"你说我听"的传播方式，受众在网络上有言论自由，不仅可以参与讨论，还可以自己发布信息。信息传播在传播者和受众之间呈现交替互动的形式。

（5）服务个性化

众所周知，传统媒体有受众定位。它不是针对某个人的，而是针对某个特定的群体。报刊有它确定的读者群，广播划分出了为不同群体服务的不同波段。因此，传统媒体很难在所有时间、所有节目中满足所有人的需求。而网络媒体在这方面就有它的优势了。由于网站多如牛毛，网上信息浩如烟海，强大的网络搜索功能，使网民可随时上网查找所需的信息，享受网络提供的个性化服务。

4．互联网传播信息的劣势

互联网传播信息的劣势有以下几点。

（1）网络信息良莠不齐

《全国人民代表大会常务委员会关于维护互联网安全的决定》和《互联网站禁止传播淫秽、色情等不良信息自律规范》等相关法律法规对网络信息行为的"可为模式"和"不可为模式"

做出了相应的说明。然而，网络传播和传统媒体传播的主要不同之处在于，网络传播具有很大的隐蔽性，即传播者处于极其隐蔽的位置，仅靠个人手段无法在庞大的网络世界中找到恶意传播信息的人，这就在很大程度上刺激了某些人在网上恶意传播虚假信息的欲望，还有部分网民网络素养较差，发布信息的态度不严谨。从这一点上看，网络信息良莠不齐，这也就使网络传播的效果大打折扣，而且更为严重的是，网络上还夹杂着色情、暴力的信息，这在很大程度上不利于网络传播在人们心目中树立良好的形象。网络传播失范现象屡有发生，诸如网络诈骗、网络谣言、人肉搜索等行为扰乱了社会正常的秩序，因此，2016 年 11 月 7 日，第十二届全国人大常委会第二十四次会议表决通过了《中华人民共和国网络安全法》，其明确要求网民上网必须确认自己的身份信息，否则无法上网。网络实名制又称"网络身份证制度"，是指法律意义上的网络行为人在从事网络活动时应当提供真实有效的个人信息和接受身份认证的制度。网络实名制一方面可以有效提升网络安全指数；另一方面也有利于提升网民道德水平，增强网民的责任意识，在维护网络秩序的同时，保护网民的言论自由，从而推进我国的法治建设。目前相关法规仍在完善中。

（2）对现实生活中的面对面交际造成负面影响

网上各个即时通信工具，都有"群分"功能，人们围绕共同的话题来展开讨论，这无疑为专业研究提供了一个很好的平台。这种地方虽然可以满足一个人的爱好需求及其对交往的需求，但是沉溺于网络交际却不利于他在真实生活中的交际。

（3）引起版权争议

在知识产权时代，作者的劳动成果必须受到尊重和保护，应依法支付作者稿费。然而有的网站为了吸引网民眼球，大量转载报纸和杂志等媒体的报道，用以丰富网站的内容，提高点击率，进而增加收益，它们不仅不给作者稿费，而且还想继续得到"免费的午餐"。这种态度是不正确的。《中华人民共和国著作权法》明确规定："作品刊登后，除著作权人声明不得转载、摘编的外，其他报刊可以转载或者作为文摘、资料刊登，但应当按照规定向著作权人支付报酬。" 2006 年 12 月 7 日，最高人民法院公布了再次修订后的《最高人民法院关于审理涉及计算机网络著作权纠纷案件适用法律若干问题的解释》，从而使网站保护版权的责任更重了，即网站要转载报刊和网络上的文章都需要先获得作者的同意。如今，有关侵权的相关规定比过去更为严格。随着法律的健全和完善，网站随意转载作品的行为是不被允许的。

（4）成本高

网络媒体的浏览成本太高，必须有计算机或者手机而且需要联网，整体费用要比传统媒体高，而传统媒体的浏览成本较低。

传统媒体与网络媒体各有优势，二者之间应加强合作，如新闻网站有偿使用传统媒体提供的新闻信息。在公关传播方面，社会组织应各取所长，充分发挥其作用，这是未来的发展趋势。

第二节　网络公关

网络的迅速普及与应用，为组织形象的塑造创造了便利条件，组织通过网络公关抓住了形象塑造的主动权。人们越来越认识到增强网络公关意识，采取多种网络公关方式，充分发挥网络的作用，是进一步提升组织知名度和美誉度的有效途径，也是获得良好经济效益的重要前提。

一、网络公关的定义

网络公关（Public Relation on Line）又叫线上公关或 e 公关，是指社会组织借助互联网，通过收集信息和传播沟通，在电子空间中与公众互动交流、协调关系，以达到塑造良好的组织形象的目的。

随着互联网的飞速发展，公共关系也从现实世界步入了网络空间。许多国际知名企业、跨国公司对网络公关进行了不少的探索和实践。我国社会组织自身的公关网络更是如雨后春笋般成长起来，1998 年创办的"中国公关网"，承担着我国公共关系行业的资讯发布、专业普及、职业教育、学术交流和资源整合等公共事业职能。公关行业和社会组织有了自己的门户网站和宣传平台，可以用最快的速度进行国内外信息的交流。网络公关利用互联网的高科技手段塑造组织形象，为现代公共关系提供了新的策划思路和传播媒介。

二、网络公关的作用

网络公关是数字时代背景下传统公关在传播途径上的扩展，其主要有以下几个方面的作用。

（1）在信息搜索方面，网络公关一方面可以使组织通过公共论坛等渠道及时了解各界人士对其看法和态度，并且通过互联网新闻和论坛，发现新的利益群体；另一方面，公众可以在线了解组织的有关情况，对组织的形象进行评价。

（2）在信息发布方面，互联网克服了信息的空间传播障碍，加大了信息容载量。组织可以不需要记者或编辑的介入，直接面向公众发布新闻和信息，还能避免信息的失真。

（3）在管理公众资料方面，组织可以通过网络公关建立公众档案，经常更新资料，及时了解公众的需求状况和发展动态。

（4）在传播交流方面，组织通过互联网传播的多媒体表现方式，营造氛围，展示形象，与公众进行交流互动。

三、网络公关的传播手段分类

网络公关的传播工具包括万维网（WWW）、电子邮件（E-mail）、聊天系统、虚拟论坛、电子公告板等，它们在信息传播过程中的属性各有不同，在组织网络公关中的功能也不同。目前主要的网络公关传播手段有以下几类。

（一）信息获取类

信息获取类主要的传播手段有以下几种。

1. 网络新闻

网络新闻是以网络为载体的新闻，它在视、听、感方面给受众全新的体验。新闻具有快速、多面化、多渠道、多媒体、互动性强等特点。网络新闻将无序化的新闻进行有序的整合，大大压缩了信息的厚度，让受众在最短的时间内获得最有效的新闻信息。网络新闻的发布途径主要有以下几个。

（1）通过新闻网站进行日常内容推送。

（2）设置网络新闻发言人，召开网络新闻发布会。

（3）开通新浪官方微博，以实名认证的方式保证信息发布的及时性与权威性。

（4）借助微信公众平台，以订阅号和服务号的方式发布信息。

2. 网站建设

网站建设是指使用标识语言（Markup Language），通过一系列的设计、建模和执行，将电子格式的信息通过互联网传输，最终以图形用户界面（GUI）的形式被用户浏览。

（1）网页设计

网页设计是指企业根据希望向浏览者传递的信息（包括产品、服务、理念、文化）进行网站功能策划，再进行页面美化工作。精美的网页设计对于提升企业的互联网品牌形象来说至关重要。

网页设计一般分为3个大类：功能型网页设计（服务网站和B/S软件用户端）、形象型网页设计（品牌形象站）、信息型网页设计（门户站）。网页设计的工作目标是通过使用合理的颜色、字体、图片进行页面美化，在功能限定的情况下，尽可能给予用户完美的视觉体验。高级的网页设计甚至会考虑通过声光、交互等给用户带来更好的视听感受。

（2）网站推广

网站推广就是以互联网为基础，借助平台和网络媒体的交互性来辅助实现营销目标的一种新型的市场营销方式。当前常见的推广方式主要是在各大网站推广服务商中买广告。免费网站推广包括SEO优化网站内容或构架以提升网站在搜索引擎的排名，在论坛、微博、博客、微信、QQ空间等平台发布信息，在其他热门平台发布网站外部链接等。

网站推广具有交互性、个性化、成长性、整合性、超前性、高效性、经济性、技术性、时效性、持久性、聚点性、扩散性等特点。

（3）搜索引擎

搜索引擎（Search Engine）是指运用特定的计算机程序在互联网上搜集信息，在对信息进行组织和处理后，为用户提供检索服务，并将用户检索到的相关信息展示给用户的系统。

搜索引擎最佳化（Search Engine Optimization），又称为搜索引擎优化，是近年来较为流行的网络公关传播方式，主要目的是提高特定关键字的曝光率以提高网站的曝光度，增强传播效果。

搜索引擎是网站建设中针对"用户使用网站的便利性"所提供的必要功能，同时也是"研究网站用户行为的一个有效工具"。高效的站内检索可以让用户快速、准确地找到目标信息，促进产品和服务的销售。对网站访问者搜索行为的深度分析，对于组织制定更为有效的网络公共关系传播策略也具有重要的价值。

（二）交流沟通类

交流沟通类传播手段有以下几种。

1. 电子邮件

电子邮件是一种用电子手段进行信息交换的通信方式，是应用最广的互联网服务。通过网络的电子邮件系统，用户可以用非常低廉的价格（不管发送到哪里，都只需支付网络费用）、非常快速的方式（几秒之内可以发送到世界上任何指定的目的地），与世界上任何一个角落的网络用户联系。

电子邮件的内容可以用文字、图像、声音等多种形式表现。同时，用户可以得到大量免费的新闻、专题邮件，并且可以轻松实现信息搜索。电子邮件的存在，极大地方便了人与人之间的沟通与交流，促进了社会的发展。

基于电子邮件功能的邮件公关是在用户事先许可的前提下（绝大多数情况下），通过发送电子邮件的方式向目标用户传递组织的相关信息，以达到塑造良好的组织形象的一种网络公关手段。公关实施的过程就是传播信息的过程，公关实施过程中的信息传递就是沟通，电子邮件在公关方面的应用具有很强的吸引力，是组织必不可少的一种沟通手段。

 精选案例

群发邮件助力企业危机公关

2017 年 4 月，一家电商企业旗下公司的一位员工离职，由于不满公司薪酬待遇，该员工在网上发布了一些莫须有的消息，指证公司一款广受幼儿喜欢的零食产品含有过量添加剂。该消息传播范围广，影响恶劣，导致一些不明真相的消费者前来公司问责。公司在充分准备之后，给自己的客户群发邮件，并在邮件中做到了以下几点。

1. 释疑解难：把一些典型问题和消费者最关心的焦点收集起来，坦然直面质疑，进行解答。

2. 加强对比：有对比才有分别，公司将产品与国内外同行的产品进行比较，可以看出无论是在品质还是在价格方面，公司的产品都毫不逊色。

3. 权威论证：列举数字和案例，用具体的检测结果说明公司所使用的添加剂的量绝对安全，展示由质检部门、政府机构、行业协会颁发的一系列荣誉证书，表明权威机构对公司品质的认可。

4. 悠久历史：公司表示自己的产品生产历史悠久，畅销这么多年，从未出过一起食品安全事故，适时向消费者展示自己的食品生产线和内部质检流程，进一步增强消费者信心。

在邮件群发完后，公司根据 U-Mail 邮件群发平台反馈的统计数据，对于那些没有打开邮件阅读的消费者，打电话及时跟进处理，同时公司还根据消费者对不同栏目的点击率，确定了消费者最关心哪一方面和最在乎哪个问题，以便进一步说明。

此次危机公关工作做得相当到位，消费者疑虑顿解，甚至还有一些消费者主动站出来，为公司驳斥那些别有用心的造谣者的言论。

2. 微博

微博（Micro-Blog）又称微型博客，是一种允许用户及时更新简短文本（通常少 140 字）并公开发布的微型博客。作为新媒体，微博具备全民参与、内容精短、即时性和互动性强等优势，成为近年来一种全新的公关渠道，很多公关活动的开展都离不开微博。且我国的微博还有聚焦度高的特点，一旦微博出现了刺激性或者与人们关联度很高的话题，这个话题就很容易在整个微博平台上"引爆"，以"病毒式扩散"的速度传播，迅速成为公共话题。微博在提升组织的知名度，塑造品牌形象方面有着特殊的作用。

3. 网络社区

网络社区是指包括 BBS/论坛、贴吧、公告栏、群组、个人空间等形式在内的网上交流空间，同一主题的网络社区聚集了具有共同兴趣的访问者。

网络社区有多种分类方法。学术界将网络社区分为 4 类：交易社区、兴趣社区、关系社区、幻想社区。也有人将网络社区分为横向型网络社区和垂直型网络社区。横向型网络社区指就某一个话题在网上交谈形成一个访问者有共同兴趣的网络社区；垂直型网络社区指企业利用业务关系和新闻组、论坛等形成的以企业站点为中心的网络商业社区。此外，根据沟通的实时性，网络社区也可以分为同步和异步两类：同步网络社区如网络联机游戏等，异步网络社区如 BBS 等。

4. 虚拟论坛

虚拟论坛又叫讨论组，是网上供人们就某一共同主题或感兴趣的问题展开讨论的公共场所，它已成为公关信息交流中一个很重要的渠道，最新的公关动态常常最先在讨论组中反映出来。

网络上影响力最大的传播手段之一就是虚拟论坛，通过它，企业不仅可以利用文字、图片、视频等方式发布企业的产品和服务信息，进行公共关系传播，从而让目标客户更加深入地了解企业及其品牌；还可以利用论坛的超高人气，发挥信息监测功能，以实现对市场动向、企业形象、产品形象等信息的监测以及危机预防、控制等。如骊威连连看是一款借鉴了在白领中非常流行的连连看游戏形式，辅以骊威车的部件为元素的互动游戏。这款游戏的公关人员在搜狐论坛置顶了《连连看菜鸟终极解决方案》，发帖人介绍了玩连连看时需要注意的几点技巧。除了在论坛页面有链接，此帖还成为社区主页"合作专区"的推荐帖，同时也被推荐为论坛置顶帖，通过这种多入口的推广，此帖在半个月的时间里获得了十几万的高点击量，最终点击量超过了 21 万，收到了很好的公共关系传播效果。

（三）传播活动类

以下几种是常用的传播活动类手段。

1. 网络广告

网络广告是通过网络发布广告并将其传递给互联网用户的一种广告运作方式。与传统的四大传播媒体（报纸、杂志、电视、广播）广告以及户外广告相比，网络广告具有广泛性和开放性、实时性和可控性、直接性和针对性、双向性和交互性、易统计性和可评估性、传播信息的非强迫性、广告受众数量的可统计性、网络信息传播的感官性等特点，具有得天独厚的优势，是实施现代公共关系传播时采取的重要手段。

网络广告的主要形式有：①展示性广告；②赞助式广告；③分类广告；④引导广告；⑤电子邮件广告；⑥富媒体广告；⑦搜索引擎广告；⑧数字视频广告；⑨手机广告。事实上多种网络营销方法也都可以理解为网络广告的具体表现形式，并不仅仅限于放置在网页上的各种规格的横幅（Banner）广告，如电子邮件广告、搜索引擎关键词广告、搜索固定排名等都可以理解为网络广告的表现形式。

2. 网络直播

网络直播即利用视讯方式进行网上现场直播，将产品展示、相关会议、背景介绍、方案测评、网上调查、对话访谈、在线培训等内容在现场发布到互联网上，利用互联网交互性强、地域不受限制、受众可划分等特点，加强活动现场的推广效果。现场直播完成后，还可以为观众提供重播、点播等服务，有效地延长了直播的时间，发挥了直播内容的最大价值。

网络直播作为一种新的网络公关传播形式被社会组织及网络用户所接受。视频是故事的好载体，网络直播这一内容载体，能在更大的范围内，从表达方式到表达内容、传播和接收人群，对现有内容生产机制产生冲击。在一大批富有经验的电视人转战网络直播平台，组成专业化的"正规军"之后，直播平台会吸引更多的公众。当前，许多公关人员和观察者正十分关注网络直播对传播环境改造的意义。

综上所述，目前网络公关可以选择的传播手段已经越来越多元化，同时不同的传播手段之间也在交互发展、彼此渗透，不再像过去一样独立发展。一些新的网络公共关系传播手段也会不断出现，建议读者积极关注本节未能详细介绍的其他新型传播形式。

第三节　公共关系广告

组织形象是组织精神文化的一种外在表现形式，是社会公众与组织接触交往过程中所感受到的组织的总体印象，现已成为组织的一种无形资产，合理有效地运用公关广告可以帮助组织塑造良好的形象，强化品牌形象，达到"润物细无声""滴水穿石"的宣传效果，可使组织赢得独特的竞争优势。因此，公关广告必不可少。

一、公共关系广告的定义及其特征

"广告"一词源于拉丁语，从字面意思看，广告就是"广而告之"，即向广大公众告知某件事，有广泛劝告之意。广告是一种宣传方式，指广告客户有计划地利用各种媒体传递各类信息，从而对商品、服务或观念进行的非个体的传播活动。公共关系广告是公共关系与广告整合后诞生的新的广告形式，是以广告的形式开展公共关系工作的一种方法。其定义和特征如下。

（一）公共关系广告的定义

公共关系广告，是由组织通过各种传播媒介，向特定公众发布的，以提高自身知名度、树立自身信誉以及协调自身与各类公众的关系为目的的广告。

（二）公共关系广告的特征

公共关系广告是为提高组织的知名度和信誉度、树立良好的组织形象，以求社会公众对组织的理解与支持而进行的广告宣传性工作。公共关系广告具有公共关系活动和广告活动的双重性质，它不同于一般的广告。其特征表现在以下几个方面。

1. 功利目的的隐含性

公共关系广告是公共关系实务的一部分，其功利目的与公共关系的总体目标和从事公关工作的组织发展目标紧密相连。因此，它的主要目标是唤起人们对组织的注意、兴趣、信赖、好感，创造有利于组织发展的良好的社会环境和气氛，而不是直接刺激公众的消费欲望，从而达到提高商品销售额、拓展服务面或增加服务收入的目的。此广告目标功利决定了公共关系广告功利目的的显露程度，多表现为"藏而不露"，通过相对客观、冷静的介绍，逐渐在公众中树立良好的组织形象。

例如，百雀羚公共关系广告《韩梅梅快跑》一经推出便受到了人们的一致好评以及疯狂转载。这则广告，没有任何植入广告的镜头，也没有狗皮膏药般扎眼的品牌 Logo 满屏乱晃，只是在结束之后安静地出现了全场唯一的品牌标识。在这一则"不是广告的广告"中，主角是"80 后""90 后"的共同记忆——韩梅梅，广告寻找的正是共同记忆中那些能真正触动"我"的点，"愿你出走半生，归来仍是少女"，转发评论中这句话成为出现频率最高的金句。这句话巧妙地告诉所有的女性，颜值和心灵的呵护同样很重要。女孩子就是要活出自己，变得强大。这则广告也得到了"共青团中央"官方微博的赞许，如图 7-6 所示。

不止是泰国，其实中国的广告，也可以很走心，2分钟的短视频，送给每一位彷徨中的女孩！

图 7-6　"共青团中央"官方微博评论《韩梅梅快跑》

2. 主题思想的利他性

公共关系的行为规范要求公共关系广告在"利己性"这一广告规则的大前提下，尽可能体现利他性，以服务公众为宗旨，体现一种类似"社会福利事业"的精神，而商业广告则在"求实"的行为规范要求下，带有比较强烈的"利己性"倾向。行为规范的差异，导致了公共关系广告和商品广告主题的不同，前者，虽然其终极目的是"利己"的，但体现在广告中的主题思想却是"利他"的；而后者，其最终目的与广告主旨是完全一致的，传播文案主题的确立无须回避"利己性"。

3. 结构要素的新闻性

有些公共关系广告是以新闻的形式直接出现的，例如，向社会宣传企业取得重大成就、受到表彰的公共关系广告，企业参与社会福利事业捐助活动的公共关系广告，介绍企业实施新战略、企业法人代表参加最新重大活动的公共关系广告，以及以广告形式出现的企业法人代表访问等，其结构要素都具有明显的新闻性。如《益菌衡，唤启肠健康——中国食品科学技术学会携手养乐多普及科学健肠理念》（正文略）、《"米其林大厨"走进卖场烹饪教学》（正文略），以上两例均选自 2020 年 8 月 28 日《南京日报》商情纵深版，从标题到实际内容，基本上都是以经济通讯的形式出现的，是典型的具有新闻性的公共关系广告。

拓展阅读

南京公关广告

二、公共关系广告的目标

公共关系广告着重宣传企业形象和信誉，其目标如下。

1．谋求赞许

公共关系广告主要传播组织的观念、实力、善意、声誉和整体形象，以增进社会公众对组织的整体性了解，从而获得社会公众的信任和赞许。

2．消除误会

组织遇到质量问题等的原因很多，有时是他人的责任，使公众对组织产生了误会，从而形成负面的舆论影响。开展致歉型公共关系广告活动，欲进先退、欲扬先抑，可以消除误会、增进信任。

3．争取信任

公共关系广告的目标还包括向投资者报告股息情况，向员工报告组织的方针、政策、计划和业绩，为顾客提供商品信息，让社区公众了解组织对社区福利事业的贡献，争取股东、员工、消费者、社区公众的信任、理解和合作等。

三、公共关系广告与商业广告的区别

公共关系广告作为广告大家族中的一员，与商业广告有共同的特点，即同样需要支付一定的费用，以及借助大众传播媒介来传播信息。但公共关系广告又与一般的商业广告不同，两者的区别主要表现在以下几个方面。

（一）目的、内容不同

商业广告的直接目的就是推销商品，促进产品的销售。其内容主要是介绍产品的特点，如设计上有什么独到之处，与同类产品相比有什么优点，售后服务如何完善等，从而使公众产生购买欲望。商业广告要千方百计地增强其感召力，力求给广告受众以紧迫感，促使广告行为的尽快发生，有时甚至出现"喝××，中大奖""××（品牌）百万元大赠送""存货不多，购者从速"等极富诱惑力的字眼，这种情况在公共关系广告中极少见到。公共关系广告并不直接劝说公众购买某种特定商品，它的主要目的在于引起公众对组织的注意，赢得公众的信赖与好感，求得公众的理解、支持、合作与帮助。其内容主要是介绍组织整体性的特点，如经营原则和方针、组织精神、人员或设备、现代化水平等。正如有人概括的那样，公共关系广告"不是要大家买我，而是要大家爱我""不是为推销产品，而是为推销形象"。

（二）表达方式不同

商业广告的宣传方式一般较为直截了当，总是列举商品的种种优点，力图说服人们去购买，商业味道十分浓厚。而公共关系广告则一般较为含蓄，尽量避免商业性。如下面两则广告："味道好极了"——雀巢咖啡广告；"尊重人——四通成功的首要因素"——四通集团公司广告。对比这两则广告不难发现它们的显著差别，前者是商业广告，带着浓重的劝说色彩，后者是公共关系广告，比较超脱和恬淡。

（三）传播效果不同

商业广告的传播效果一般是直接的、可测量的，可以通过产品销售额的增减来衡量其效果。公共关系广告的传播效果是战略性和全局性的，成功的公共关系广告获得的效益涵盖各个方面，难以通过销售额和利润指标直接测量。有学者从多方面总结商业广告和公共关系广告的区别，如表 7-1 所示。

表 7-1　商业广告与公共关系广告的区别

项目	公共关系广告	商业广告
传播内容	与组织形象有关的信息	产品及相关技术
传播对象	公众与舆论	顾客及潜在消费者
传播目的	"爱我"：交朋友、树形象	"买我"：卖产品、做生意
营销功能	间接促销	直接促销
传播色彩	公众色彩较浓	商业色彩较浓
影响模式	公众→企业→产品	公众→产品→企业
表现方式	客观性强	主观性强

四、公共关系广告的类型

一般来说，公共关系广告可分为以下几种类型。

（一）祝贺广告

在节日或其他组织庆典之际，用广告形式向公众贺喜，向其他组织表示祝贺。如"世界上最伟大、最无私、最淳朴的爱莫过于母爱，飞龙公司愿所有的母亲在自己的节日——母亲节快乐如意！"这种祝贺广告使公众感到亲切、友好，并由此对该组织产生好感。

（二）谢意广告

谢意广告也是向有关公众表情达意的一种手段，主要表达感谢之情。目前，这种形式的公关广告也常被采用，如《奥迪 C3V6 感谢政府 "98 打私行动"》就是一则面向政府公众的谢意广告。它在正文用不少的篇幅说明，高档车走私猖獗之时，有"国产极品车"美誉的奥迪 C3V6 受到了极大的冲击。1998 年政府痛下决心，开展了"严打走私"行动，奥迪 C3V6 的销量开始直线上升，并从公务车市场拓展至商务车、私家车市场，受到了越来越多的消费群体的认可。这番说明，一方面让公众觉得该组织得到了"同盟军"的支持，另一方面也让广告受众感觉贺得有理、谢得自然，致敬者与受礼者之间不是生拉硬扯的关系，因而较乐于接受广告内容。

无论是祝贺广告还是谢意广告，都有借船出海、借鸡生蛋，借他人的风光和气势推出自己之意，但制作时要做到广告内容本着真诚的情感；因自身在相关公众的事业发展中有一定的地位和作用，出于责任心和任务感而发布广告；或以一颗友善、感恩之心，向对方表达真诚的感谢。

（三）实力广告

实力广告是向公众展示组织在技术、装备、工艺流程、人才等方面的实力的广告。如美国一家航空公司在"我们公司的骄傲"标题下，用报纸的一个版面刊登该公司高级科技人员的姓名、专业职称、重大科研项目，以显示公司的实力，提高公司的声誉。有时也可以介绍组织的技术装备，产品的制造工艺、生产流程、质量检验方式等，这些介绍可使公众对组织的技术力量产生信任，从而达到引导公众对组织的产品产生信任、促使购买行动发生的目的。

（四）观念广告

观念广告是向公众宣传组织的经营目的、价值观念、文化精神和方针政策等。如长春市爱达电器行的广告："至精至诚，以精制胜，以诚治本"，体现了企业的经营目的和价值观念，树立了良好的企业形象。

（五）信誉广告

信誉广告是向社会公众传播组织获奖情况及社会各界对该组织的好评和赞誉。如洛阳春都投资股份有限公司曾在《经济日报》上刊登了"荣登榜首，再创辉煌"的广告，详细列出"全国市场产品竞争力排行榜"，并用红字突出本公司荣获的 3 个第一，这就属于信誉广告。

（六）公益广告

公益广告既不宣传产品，也不直接宣传组织，而是以公益性、慈善性、服务性的主题制作广告，以引起广大公众的注意，赢得公众的好感，推动某一问题的解决进程。具体来说，公益广告的目的是利用公益广告加强产品广告的效果，改善产品形象、组织形象以及提高组织与产品的知名度。

例如，由于四川箭竹开花，珍贵动物大熊猫面临食物危机，中国野生动物保护协会为此发起"救救熊猫"活动。以生产"熊猫"电子产品而闻名全国的南京无线电厂率先发起了"熊猫厂倍爱熊猫，救'国宝'更应尽力"的号召，呼吁全国所有以"熊猫"为商标的厂家为救熊猫出力。广告刊登后，得到数家企业的响应，掀起了一股"救熊猫"热。

近年来，我国公益广告日益增多，内容涉及防火防盗、保护森林、保护古迹、保护环境、维护社会秩序等方面。

（七）致歉广告

致歉广告就是当公众对组织的正当行为产生误解或对组织的某些不当行为产生意见时，组织为向公众表示歉意而制作的广告。致歉广告的主要特点是"以退为进"，即以公开承认自己的不当之处并向公众赔礼之"退"，谋求公众的谅解乃至新的信任和合作之"进"。

常见的致歉广告有以下 3 种：一是当组织本身经营出现差错并给有关公众造成损失时所做的致歉广告；二是当组织被公众误解时所做的致歉广告；三是当组织取得重大成就时所做的"致歉广告"。

（八）声势广告

声势广告旨在向公众传递组织成立、开业庆典等大型活动信息，并创造声势。如吉林省春谊贵宾楼开业，在《长春日报》用整版的篇幅刊登声势广告，题目是《春谊宾馆贵宾楼欢迎您》，广告详细介绍了宾馆开业日期、总经理致辞、宾馆简介等内容，并配有照片。

拓展阅读

公关广告策划
的原则

五、公共关系广告的写作技巧

在进行公共关系广告的写作时，要注重以下几个方面。

1. 选准时机

要做好公关广告，抓准和把握时机是非常重要的，时过境迁将徒劳无功；提早做广告，不仅会耗费较多的财力，还会因时机不成熟而导致效果不显著。何时做公关广告，选择何种公关广告类型，应视公共关系的目标和具体内容要求来确定。

例如，作为当时某运动品牌公司的代言人的刘翔，在 2012 年的伦敦奥运会上摔倒退赛，从此告别奥运赛场，退赛 10 分钟后，该运动品牌公司就在官方微博发布了一则题为《活出你的伟大》的图片广告，其文案表达了对刘翔敢拼敢闯的敬佩。在事情发生后的黄金时机，该运动品牌公司就播出了完美的公关广告，将危机转化为品牌传播时机，发挥了公关广告的价值。

2. 淡化商业味

公共关系广告一定要避免与商业广告雷同或商业痕迹太重的情况发生，否则会引起公众的反感，从而失去公共关系广告的实际意义。公共关系广告的效果，不能以卖出了多少产品、增加了多少利润来衡量，而是要看它是否维护和提高了组织的良好形象。有的纪实性公共关系广告，通过结合某些社会性问题，把组织的有关情况编辑成特辑，在杂志上以多页篇幅刊登。其笔调是纪实性的，而在娓娓道来的叙述中，实际上就是在为组织做广告。

3. 富于创新

在始终如一地坚持组织基本宗旨的同时，公共关系广告的内容、角度、手法等应不断创新，要让公众感到组织充满生机和活力，总是有新的成就和发展。

例如，某运动品牌公司在 2017 年与周××合作，推出了一款名为《心再野一点》的 VR 全景广告，以明星周××的视角向观众叙述她的拼搏人生，结合新兴的 VR 全景技术，让观众觉得自己就在周××的身边听她叙述，这样的创新手段展现了该运动品牌年轻、拼搏、不妥协的形象，让公众感受到该公司充满了蓬勃的生命力。

4. 自信而不自夸

自信是成功推销自己的前提，很难想象一个不自信的人能够说服别人信赖自己。公共关系广告文案的行文要有气势，文字要简洁有力、充满自信，切忌语意含混、模棱两可、拖泥带水。当然，行文语言的自信并不是自吹自擂、自高自大。

例如，一些企业在宣传自己时总是侧重历史悠久、工艺一流、誉满全球、高技术、高起点，甚至开口就以"最"字当头，唯恐公众不看重自己，结果却适得其反，给公众留下了吹牛的坏印象。在美国出租车市场排行第二的艾维斯汽车租赁公司多年来一直高声呐喊"永远争第一"的口号，而且总希望能以第一自居，但一直竞争不过真正的"老大"赫兹汽车租赁公司。后来，他们收敛了锐气，推出了耳目一新的广告词"我们排行第二，自当全力以赴"。正是这样一句自信而不自吹的广告词将一个顽强拼搏、自强不息的勤勉奋斗者的形象展现在公众面前，从而引起了公众的极大兴趣和同情，租车者频频光顾。艾维斯汽车租赁公司终于得以与"老大"赫兹汽车租赁公司相提并论。

再如，日本新日君电器公司的广告词："本公司成立时间不算很长，产品难免有不少缺点。

为了维护消费者的利益，只要找到一台不合国际质量标准规定或给用户带来麻烦的本公司产品，本公司将以加倍于产品价格的高额奖金予以重赏。"此广告同样是在真诚的承诺中充分展示了自信，这样充满自信而又敢于承担责任的公司令人放心。

5. 生动具体

广告很忌讳形式呆板、语言生硬、内容空洞。同样的信息用不同的方式表达出来，效果可能迥然不同。

例如，德国大众汽车公司曾做过这样一个广告，画面上有一辆小汽车，以醒目的大字标明"次品"，下方有文字说明"大众车的检验员因仪表板上的小贮藏柜里有一道划痕而拒绝给予通过"。该公司对公众认真负责的态度以及对产品极其严格的要求就在这样一个"次品"和一句看似不经意的说明中展露无遗。它在公众心目中树立起良好公司的形象也是水到渠成的。其效果自然是那些"美观""大方""优质"等空洞而生硬的描述所不能比拟的。

又如，广西桂林梅高广告公司的广告词："在没有金字塔之前，只有一些普普通通的石头罢了……看似很平常的东西，一块石头或一堆火、一个符号或一段文字，通过广告人的重新组合，会产生神奇的效果，成就一个伟大的创意……"这则广告文案巧妙而生动地展示了该广告公司非凡的智慧和创意。

6. 亲切热情

组织如果要在公众心目中树立良好的形象，从心底打动公众，就应在公共关系广告中融入亲切的情感。

例如，海南航空公司的一则报纸广告的画面中有一位和蔼可亲的空姐，正躬身与一位幼儿亲切交谈。这位幼儿仰望着空姐，右手的中指天真地放在唇边，目光中流露出稚气和淘气。画面右下角是"海航"的司标和"天涯咫尺情系海航"的广告口号。在"阿姨，妈妈让我自己回家"的广告标题下面有这样的文字："像 5 岁的黄火这样只身乘机的小旅客，我们每年都要接待很多。用亲切、友好和真诚的心情去关照旅客，不仅是孩子，这就是我们的服务宗旨。我们认为喷气客机使世界已不再遥远，需要接近的也许是我们的心灵。我们所能做到的是营造温馨的氛围，换得旅客的一份好心情。珍重情谊的海南航空。"此广告意在向公众描述海南航空公司的优质服务，但它避开了常见的方式，而是选择了年幼的只身乘机的小旅客作为广告诉求的切入点，文字热情四溢。5 岁的幼童都可以单独交给这个公司，足见它的服务质量让人放心。又如利民装饰装修公司的广告语"搬家找利民，送您三颗心——称心、放心、省心"，将企业精神凝聚在"三颗心"上，也会让公众感到无比亲切，从而打动公众的心。

7. "利他"先于"利己"

公共关系广告也如同一般商品广告一样具有很强的"利己"性，最终目的都是宣传自己、推销自己。但是，如果一则公共关系广告给人的感觉是一切"为己"，那就难逃失败的命运。公共关系广告应尽可能体现"利他"主义，以服务公众为宗旨，让公众获得一种"体贴"的感受。虽然其终极目的是"利己"的，或者是"利己""利他"并存的，但于广告文案中体现的主题思想却应该是"利他"的，也就是要尽可能做到彰"利他"而隐"利己"，"利他"先于"利己"。

例如，美国奥尔巴林广告公司有"百万"的资产，但它只赚取"毫厘"，这不仅反映了为顾客服务，让利给顾客的经营宗旨，而且还展示了它规模宏大、资金雄厚的现代企业的高大形象。再如"把您的难题给摩林控制公司"，摩林控制公司计算机报警与监视系统这一广告通过自荐的方式，强调了该公司专门为人排忧解难，敢于解决一切难题的服务精神。美国个人金融公司更是在广告中将这种"利他"性发挥到了极致："我们是只说'是的'的公司"这样一句简短的广告词充分地表明了该公司顾客至上、全心全意为顾客效劳的经营宗旨。

 精选案例

无私的帮助

在一个伸手不见五指的黑夜，一个女孩忙着回家，独自骑着自行车在街道上行驶。经过一个路口时，她看见有一位年纪很大的卖夜宵的老人点着一盏幽黄的灯，正在收拾小摊，准备打烊了。看到远处的女孩，两人打了个招呼。老人提着那一盏灯，为女孩照亮前面的路。那盏幽黄的灯并不能照亮多远的路，但体现了人与人之间美好的关怀。广告只在最后出现了中国平安的标志，其意图通过广告诠释人性对美好情感的需求和人们期望相互关爱的愿望，说明我们需要互相帮助才能平安，才能走得更远。

第四节　企业新闻发言人

我国企业的新闻发言人制度是在政府新闻发言人制度的带动下建立的，目前，各类企业纷纷设立新闻发言人。但有的企业对企业新闻发言人的认识不到位，甚至认识错误，直接影响了企业新闻发言人作用的发挥。因此，只有准确认识企业新闻发言人的角色定位及其功能，才能在现代企业经营管理中更好地发挥企业新闻发言人的重要作用。

一、企业新闻发言人的定义

据《辞海》所述：新闻发言人指由国家机关、政党或社会团体任命或指定的新闻发布人员。其职责是定期或不定期地约见记者或举行新闻发布会、记者招待会，向新闻界发表有关信息或发表意见，并回答记者的提问。企业新闻发言人，顾名思义，就是在企业中负责发布新闻和信息、接受采访、解疑释惑、澄清事实、维护企业形象等事务的专职人员。

二、企业新闻发言人的产生

企业需要新闻发言人，这是因为世界一体化、经济全球化是每一个企业参与市场竞争的宏大背景，即使是偏于一隅的小企业也不例外。企业的经营与其他行业、广大的公众有着千丝万缕的联系，企业的生产甚至关乎大洋彼岸人们的生活。因此，有关企业的信息传播就显得至关重要。在西方发达国家，企业一般都有专人从事信息的发布工作，这些人被称为企业新闻发言人。稍有规模的企业都会设立专职的新闻发言人，即使是只有十来个人的小企业，也会有兼职的新闻发言人。

新闻发言人制度作为当今世界上许多大企业推行的一种基本的信息发布制度，其公开性和透明性在促进企业由传统封闭型经营方式向现代开放式经营方式转变方面具有重要意义。有专家认为，企业新闻发言人是企业与新闻媒体及公众的中介人，是企业公关部门的核心人物，也是企业的高级管理人才，他们受企业委托，向公众表达企业对某些事情的意见与主张，通过新闻发言人可以及时地向公众和媒体发布有关企业发展的各种信息，吸引媒体关注，维护企业声誉。

我国的新闻发言人制度起始于 1983 年，最早是政府设立了新闻发言人。随着我国市场经济体系的逐步完善，政府的新闻发言人制度开始渗透到企业。早在 2001 年，联想等知名企业开始设立新闻发言人。2004 年 8 月，国务院国有资产监督管理委员会（简称"国资委"）、中华人民共和国国务院新闻办公室首次对中央大型企业新闻发言人进行培训。随后几年中，各级各类企业开始纷纷设立新闻发言人。企业已认识到，要树立良好的外部形象，打造优良的市场品牌，训练有素的新闻发言人不可或缺。

三、企业新闻发言人的定位

企业新闻发言人是现代企业管理的新角色，在企业需要新闻发言人共识的背后，是对企业新闻发言人角色定位的认识的混乱和不到位。

我们认为，在现代企业的经营管理中，新闻发言人扮演着举足轻重的角色，起着不可替代的作用，他们是企业形象的传播者和维护者，或者说是企业对内对外信息传播的管家。这就是企业新闻发言人在现代企业经营管理中的定位。企业在公众中的形象，取决于公众对该企业的认知。大众传播理论揭示，现代社会中公众不可能对任何事都有亲身体验，在很大程度上，公众是通过媒介来认识世界的，媒介通过发布信息制造出"拟态环境"，公众以"拟态环境"为中介来认识和感知世界。企业在"拟态环境"中是什么形象，就会在公众心中形成什么样的形象。作为企业新闻发言人，要经常性地就本企业某一重大决策或举措举行新闻发布会，或约见个别记者，全面、准确地发布有关新闻或阐述企业的信息，让"拟态环境"中流动着对企业有利的信息和新闻。企业也应由以前信息的多头发布和随意发布，变为经由企业新闻发言人这一通道集中发布，保证企业的信息口径统一、内容准确且清晰。

以企业在危机事件中的信息管理为例，在企业正常的生产和经营中，某种事故、意外和灾难往往不期而至。企业在危机事件中如果不及时输出准确信息，"拟态环境"中就会充斥着流言蜚语，给企业的形象带来负面影响。此刻，企业新闻发言人是企业危机公关团队的重要人物，他应当及时出面澄清事实，传播真实的信息，积极主动应对，做好与新闻媒体的联系工作，使其及时准确报道事实，以影响公众、引导舆论，将企业所受的负面影响降到最低程度。

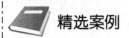 **精选案例**

新闻发布会发言稿

背景介绍：某市质量技术监督局（以下简称"市质监局"）通报了厨房家具产品质量监督抽查结果。抽查发现本市A家具有限公司（以下简称"A公司"）生产的一款厨房家具的甲醛释放量不合格。A公司的第一次回应声称市质监局所检测的产品不是来自现在的生产线，而是从往年不合格的库存样品中抽检的，并不是直接给客户的产品。随后某市质监局发表对外声明：A公司的回应与事实不符。此时A公司经过研究，立即召开新闻发布会进行了第二次回应，发言稿内容如下。

尊敬的各位领导、各位来宾、女士们、先生们：

大家下午好！

首先感谢市质监局在执法过程中严肃认真地指出了我公司的不足，让我公司能够借此契机提高自己，这对公司的发展有很大的帮助。由于本人言语不慎给有关人士和部门带来了不良影响，对此，我深表歉意。

在质检报告公布后，我公司认真反省、承认错误，决定以保证金制度为消费者提供保障，并主动要求消费者将在我公司购买的产品送检以消除消费者对我们产品的疑虑，让消费者用着放心。在此，对广大的消费者表示衷心的感谢。本次抽检不合格给我们敲了一次警钟，错了就是错了，错了就改！我们会通过整改做好工作，在短时间内购置一整套检测设备，杜绝类似事件再次发生，把我公司打造成一家真正对消费者负责任的家居公司。

同时也感谢新闻媒体的宣传，舆论给我们带来了压力，但也给我们带来了动力。我们愿意接受广大媒体的监督，提高公司的经营能力，不辜负关心、支持我公司的广大客户与朋友。我们有信心把这个品牌经营好。通过这次检测，我们坚定了公司"不满意，就退货"的经营理念，我们一定会本着"要么不做，做就做好"的公司精神，保证提供优良的产品与服务，请大家继续监督我们。

谢谢大家！

四、企业新闻发言人的主要任务

企业新闻发言人要成功地把企业的想法、方案和战略向公众说明，顺利地完成企业形象传播者和维护者的角色定位，就要完成相应的任务，做到守土有责。具体来说，企业新闻发言人要完成以下十大任务。

一是要实时跟踪企业的相关新闻动态；二是要向企业相关部门通报重大新闻；三是要评估媒体的报道与反应；四是要建议企业做出何种反应；五是要安排企业高管的公开活动日程；六是要起草企业高管的公开发言和演讲稿；七是要策划和举行企业高管的新闻发布会；八是要以企业新闻发言人的身份接受媒体的采访；九是要策划企业高管接受媒体采访并在采访前彩排；十是要出席企业相关的重要会议。

上述十大任务可归结为两大方面。

一方面是"媒体是怎样看我们的"。十大任务中的一、二、三项涉及这一问题。其重点是监控企业生存的舆论环境，作为企业新闻发言人，应及时掌握各类媒体对企业信息的传播，洞悉"拟态环境"中有哪些关于企业的信息，哪些信息有利，哪些信息有害，要及时反馈给公众相关信息。

另一方面是"我们要让媒体知道些什么"。上述四到九项是关于要让媒体知道些什么的方面。传播学中有"议程设置"理论假说，即大众传媒对某些命题的着重强调与这些命题在受众中受重视的程度构成强烈的正比关系。通俗地说，就是大众传媒报道什么，受众就关注什么；大众传媒越重视什么，受众就越关注什么。作为企业新闻发言人，要合理地设置媒体议程，策划新闻"卖点"，引导企业的公众舆论，塑造企业的良好形象。

五、企业新闻发言人的基本素质

新闻发言人要具备 6 种基本素质：一是要知晓全局，充分认识全局的形势，善于站在较高的高度上与公众对话，对国家的政治经济等政策了如指掌；二是要详知实情，要知道新闻事件本身的实际情况，针对此事件的社情民意、舆情动态以及可能面临的媒体的下一步追踪情况，或有关危机的信息传播情况，要对这些事情做到心中有数，能够随机应变；三是要善于应对，要把握分寸，讲究艺术，因势利导，努力把希望报道的消息传播出去；四是要恪守纪律，要把握正确的舆论导向，注意维护国家、集体、企业的利益，并注意塑造在公众心目中的良好形象；五是要阅历丰富，精通业务，技巧熟练，反应敏捷；六是要心理素质好，冷静、理性、坦诚、包容，特别是在镜头前要注重自身的形象，注意细节和肢体语言，要做到语言简洁、幽默。企业新闻发言人要全面、理性地认知媒体和记者，认识到他们具有正面报道企业相关情况的作用和功能。

 案例分析

联手《创造营 2019》，吉利汽车成为大赢家

2019 年第 1 季度，汽车缤系家族中的缤瑞和缤越双车销量合计超过 6 万辆，其中缤越销量为 35 422 辆，超越了本田缤智、大众探歌等合资车型；缤瑞也取得 26 519 辆的成绩，月均销量接近 9 000 辆。这样不俗的成绩与冠名《创造营 2019》的公关策划密不可分。在这场"年度爆款"的综艺营销中，吉利旗下两款主打年轻化的车型不仅成为节目的官方用车，还担任"动力加速补给官"的角色，在节目中继续深化形象，如环球天幕灯光秀、曹操专车 App 开屏、青岛 MAX 巨幕 LED 屏等应援资源，还借助线下 4S 店，为"粉丝"提供了给学员点赞助力的加油站以及签名照等丰富的"补给"，实现了品牌和年轻人之间的高频互动，频频刷新了品牌曝光量，获得了大多数年轻人对品牌的好感。

案例启示：由缤瑞和缤越组成的吉利汽车缤系家族系列相继问世之后，吉利日益认识到我国的用户群体呈现年轻化的趋势，吸引更多年轻用户是吉利与《创造营 2019》开展深度合作的重要原因。在众多跨界营销合作中，吉利联合《创造营 2019》进行了跨界 IP 深度捆绑，随着节目完美收官，吉利的年轻形象更加深入年轻人的内心，使得此次跨界合作成为车企年轻化转型的范本。此外，在以往的营销中，很多品牌只是借助综艺本身的热度，用反复广告

的形式来获得最大程度的曝光，这种生硬又突兀的方式，不仅干扰了观众对综艺节目的观赏，而且随着综艺的结束，品牌影响力还会出现"断崖式"下滑，收不到延续的效果。吉利品牌营销以与综艺内容相"契合"为前提，通过高频次的视频互动和角色扮演这种不寻常的玩法，既开创了吉利品牌全新的互动方式，颠覆了传统营销模式，又提高了该系列汽车的销量，提升了其知名度和美誉度。

 思 考 题

1. 简述公共关系传播模式。
2. 公关传播工具主要有哪些？
3. 网络公关的特性是什么？
4. 你还知道哪些新型网络公关传播手段？
5. 什么是公共关系广告？公共关系广告的作用是什么？
6. 简述公共关系广告与商业广告的区别。
7. 你认为企业新闻发言人需要具备哪些素质？

第八章　公关交际修养

 引例

怎样说话才受人欢迎

在语言交际中，结合具体的交流对象和谈话的时间、地点，选择合适的话题至关重要。例如在一个人伤心时，我们要避免提及他的伤心事，避免谈及敏感性话题或者对方不愿意提及的问题；在一个人开心时，我们可以选择有关这份喜悦的话题，分享对方的喜悦，这种沟通方式很受欢迎。再如，你的朋友家里突然发生了变故，一位亲人意外去世，这时候你跑过来鲁莽地问："怎么回事呀，你和出事的这位什么关系呀，能给我们讲讲吗？"这无疑是在别人的伤口上撒盐。其实，这时候最好的做法就是"此时无声胜有声"，简单的陪伴胜过千言万语。

第一节　公关交际修养概述

形象是自我内在素质的综合体现，树立良好的组织形象需要加强自我素质的培养。本节分析了培养公关交际修养的重要性，阐述了公共交际的基本准则并就如何提高公关交际修养提出了几点方法和建议。

一、公关交际修养的定义

所谓公关交际修养，是指人们按照一定的交际原则和规范要求，在交际意识、交际要求和方法等方面所进行的自我改造、自我提高等行为活动，以及经过这些行为活动后所形成的相应的交际素养和能力。

二、公关交际修养的意义

组织面对的公众一般较为广泛，尤其是企业这样的营利性组织。公共关系对于组织而言，有其重要而独特的功能：它既是促销的重要手段，又具有交往沟通、协调关系等作用。通过创造和谐的内外部环境，公共关系能帮助组织取得显著的经济效益和社会效益。改善组织的公共关系离不开提高员工的交际修养，这是因为公共关系离不开人际交

往，而人际交往的好坏又取决于交际双方的交际修养如何，尤其要看作为交际主体的公关人员是否具有良好的交际修养。提高员工的综合素质成为组织员工教育的重中之重，是社会发展的必然要求，也是员工自我发展的必然要求。面对激烈的竞争，员工更应该重视自身公关交际修养的提高，尊重同事，培养自己的团队合作精神，营造良好的工作氛围，在实际工作中努力促进自我素质的提高，把自己塑造成能团结同事、解决实际问题、满足社会需求的高素质人才。公关交际修养能增强员工的公关意识，培养员工的公关技能，提高员工的综合素质，促使员工适应社会。

此外，共青团中央学校部、北京大学公共政策研究所曾发布的"中国大学生就业状况调查报告"显示，24.14% 的学生表示，个人能力不足成为制约成功择业的首要问题，另有19.86% 的学生认为，求职技巧的缺失是求职过程中最令人头痛的问题。近几年来，用人单位对应聘者的能力要求依次为环境适应能力、人际交往能力、自我表达能力、专业能力和外语能力，这些是众多企业对人才的基本要求，也是大学生关心的热门话题。由此可见，大学生公关交际修养的提高也是值得重视的问题。

 精选案例

新闻竞争进入资源比拼时代

2013 年 3 月，十二届全国人大一次会议召开，最重大的热点事件莫过于国务院大部制改革方案出台。铁道部并入交通运输部迅速成为公众关注的焦点。

组建新交通运输部的大部制改革复杂，涉及面广，历时漫长，最近 10 年几乎年年都是两会焦点新闻，那么深度报道如何能出彩？于宛尼记者与两会报道组达成共识：采访与这场改革有直接关系的两会委员代表。深度报道《一项等了 25 年的改革》采访了全国人大财经委主任委员、交通运输部原副部长高宏峰等部委领导；同时，还采访了会上有关的基层代表、委员；以及会外见证并参与改革历程的利益相关者。由于国务院大部制改革方案还没有最终敲定等，这些部委领导集体自我"封口"。但如果等大部制改革方案出台后再进行采访，"黄花菜都凉了"，深度报道更难及时刊发。于宛尼记者多年积累的采访资源发挥了巨大作用：《一项等了 25 年的改革》选取高宏峰作为采访对象，作为上一次大部制改革中国民用航空局并入交通运输部的微观个体，他对上一次改革的成效、改革对行业及个人影响的体会具有代表性、故事性，符合深度报道的采访要求；作为跑口记者，于宛尼与其有着较为愉快的合作关系。此次报道还采访了交通运输部水运局副局长解曼莹，于宛尼记者这些年通过稿件采写与其建立了深厚友谊，解曼莹的热心引荐使于宛尼得以提前采访，并获得了鲜活的素材。

三、公关修养与公关交际

一般来说，公关交际活动有两种类型：一种是人际交往，另一种是组织交际。前者往往以个人的交际形式出现，如组织的领导人与公众的交际活动，组织的公关人员与公众的交际活动，组织的普通员工与公众的交际活动。这样的公关交际，称为人际交往的公关交际。后者是以组织自身的交际形式出现的，如组织与公众举行联欢、联谊活动等。公关交往的特点如下。

（一）公关交际与一般私人交往追求的目的不同

公关交际谋求的是组织内部以及组织与相关联的外部公众间的沟通、联系和协作。在交际过程中，即使是以个人形式进行的交际，其言行举止也代表着组织的态度和情感，其交际的效果直接影响着公众对组织的评价。所以代表组织进行交际的人员要十分注意时刻维护组织的整体利益，保持组织的良好形象，树立组织的信誉，赢得公众对组织的信任和好感。而一般的私人交往，注重的是满足个人的需求，谋求的是个人的具体利益。

（二）在公关交际中要正确处理好私人感情和组织感情

在公关交际中，交际的主要方式是人与人之间的交往。由于长期的接触交往、合作沟通，公关人员与公众由纯粹的工作关系发展到亲密的朋友关系也是合情合理的，这种私人感情的培养对于做好组织的公关工作大有好处。所以组织在选择公关人员时，常把"有良好的社会关系""人缘好"作为选用的条件。然而私人感情应以维护组织的利益为前提，绝不可为了不伤私人感情而以牺牲组织利益为代价。

员工工作时毕竟是代表组织与公众打交道，因此在任何情况下都不能忘记自己的身份和职责，要把组织的利益放在首位。当组织与公众利益不协调时，公关人员应能够以自己的真诚友善和交际技巧来化解矛盾、平息纠纷，争取对方的谅解，恢复他们对组织的友善、依赖之情。在公关交际中，私人感情要让步于组织的利益，而且经过公关人员的努力，两者也可以是步调一致、并行不悖的。

（三）公关交际活动较为正式

公关交际既然代表组织，追求组织的目标和利益，就应以较为正式的活动形式开展交际活动，如举办联谊活动、参观组织等，即使是一些看似非正式的活动，如跳舞、谈话等，代表组织的公关人员在头脑中也要有较为清醒明确的认识，清楚自己的言行仪态代表着组织的形象，要在交往中获得友谊，让公众"爱屋及乌"，对组织产生好感。而一般的私人交往则具有相当大的随意性和偶然性，讲究合脾气、投缘分，目的性较弱，合则留，不合则去。

（四）公关交际可运用的手段较多

私人交往主要通过直接的、面对面的交往方式来交流，而公关交际除了采用这种人际沟通的交流方式之外，还可利用大众传播方式，有时还可以交替使用这两种方式。其中，大众传播方式主要有发布新闻、编写和分发组织刊物、开记者招待会等。公关交际进行大众传播时非常注意对电视、广播、报纸、杂志等大众传播媒介的使用，甚至还可利用组织报等内部传播媒介来作为公关交际的手段。

第二节　公关交际的基本准则

公关交际是一种极为复杂的社会交往，尤其在现代社会中，由于交际目的多种多样、交际方式丰富多变，因而交际过程和结果呈现出纷繁复杂的特性。获得好人缘确实要讲究技巧和方法，然而过分强调技巧和方法而忽略了公共交际的基本准则，不仅会使公关交际庸俗化，而且会将公关交际引入歧途。遵守公关交际的基本准则是使交往关系健康、持久发展的有效保证。公关交际的原则，如图 8-1 所示。

图 8-1　公关交际的原则

一、真诚原则

美国心理学家安德森曾设计了一种表格，列举出 550 个描写人的形容词，较积极的有真诚、信得过、有思想、体贴、热情、开朗等；比较中性的有易激动、好斗、腼腆、容易动感情、孤独等；较消极的有作风不正、眼光短浅、贪婪、冷酷、虚伪、信不过等。他请来一群大学生，让他们选择和评价这些形容词。结果大学生们评价最高的品质是真诚。在 8 个评价最高的形容词中，有 5 个与真诚有关：诚实、忠实、真实、信得过、可靠。而评价最低的是说谎和假装。可见在人际交往中，对朋友的最高评价是真诚。

2011 年 7 月 10 日，某家具企业被指造假，但该企业在公关活动中始终不回应最核心的"产地门"问题，对于消费者的退货以及赔偿问题，更是只字未提，甚至在几天后将致歉微博删除，并开始起诉媒体。该企业在公关策略上违背了真诚原则，使得公众对其失去信心，企业完全陷于被动境地，以至于事后整个"洋家具"行业都受到重创。

二、宽容原则

被誉为"经营之神"的松下幸之助说过："在社会上，沟通人与人之间情感的，无疑是一颗体谅的心，互相体谅对方的心是荒漠里的甘泉。""互相体谅"更进一步的表现是"互相宽容"。交际双方在生活经历、文化程度、修养水平等方面存在着差异，因为误会、不理解而产生矛盾是不可避免的，只要不违背原则，不损害人格，大度容人是十分必要的。古人云"大肚能容，容天下难容之事"，也是教我们"钝化"非原则性的矛盾，宽宏大量、以德报怨，切莫给人留下气量小、不可深交的坏印象。

三、尊重原则

尊重包括自尊和尊重他人。自尊就是自重自爱，维护自己的人格；尊重他人就是重视他人的人格、价值观念、意见和生活习惯，承认交往双方的平等地位。一位哲学家说过，世界上没有两片完全相同的叶子。由于主客观因素的影响，人与人之间在能力、性格等方面有着差异，对于这种差异，需要加以包容，这是协调人际关系的重要条件。心理学的研究一再证明：人人都有受人尊敬、被人肯定的心理需求。满足这一需求、顺应这一心理特征，别人才会以与你交往为乐。此外，"理解能博万人心"，理解是建立在相互尊重的基础上的，缺乏尊重就谈不上理解，只会产生曲解，从而使人际交往处处碰壁。

四、互酬原则

所谓互酬原则是指要求人们在交往时考虑双方的共同利益，满足共同的心理需要，彼此都能从交往中得到利益。人们的活动一般都带有某种利益和目的，并非只有喜欢与吸引等情感因素。"投之以桃李，报之以琼浆"，他人在付出的同时，也在期待回报。如果你一味地索取，而从不付出，你的交往就难免陷于困境。李嘉诚说过："如果一单生意只有自己赚，而对方一点儿不赚，这样的生意绝对不能干。"有钱大家赚，利润大家分享，这样才有人愿意与你合作。但互酬原则又不等于等价交换原则。对待互酬，有人自私，也有人无私。前一种人表面上很热情，实际上他帮助别人的目的，是企图"用虾子钓鲤鱼"，想从别人那里捞到更多的好处，这样的人极难有患难与共的知己。而后一种人刚好相反，他默默地帮助别人，并不期望别人回报，对待别人给他的帮助，总觉得"受人滴水之恩，应当涌泉相报"，必欲报答而后安。对互酬持不同态度的人，其人际关系也大相径庭。

五、自我袒露原则

心理学家通过实验发现，人们更喜欢袒露自我较多的人。诚然，人们应该保护自己的隐私，但必要的自我袒露，是人际沟通的需要，也是对他人表示信任的一种信号。有些人平时话也不少，但与别人交谈的内容无非是天气、时事等，一旦话题涉及自己和公司的事情时，总是闪烁其词，别人会觉得他们十分"见外"，把自己裹得严严实实，让人琢磨不透。那些性格过于内向、从不与人交心的人，也很难交到好朋友。人与人之间的相处，难能可贵的就是适当的自我袒露。

六、弹性原则

弹性原则也称伸缩性原则。俗话说"计划赶不上变化"，当事物的发展并不像预想的那样，情况更多变、问题更复杂时，就必须灵活变通，既要讲原则性，也要讲灵活性，即弹性。当然，这是说在不违反政策或有损人格的前提下所可能实施的弹性，是对语言、措施等在情感上可以接受的范围内做些必要的调整。在生活中，我们常常会发现，有的人能够在交际圈内游刃有余、进退自如，而有的人却不知所措、进退维谷。后者交际失败的原因往往与他们不善于应用弹性原则有关。在人际交往中推行"弹性外交"，使自己、对方都能获得更大的回旋空间，可减少或避免一些不必要的摩擦或伤害。在交际中，恰当地运用弹性原则，会为交际活动的形象增加润滑剂，使人际关系顺畅无阻地发展下去。

七、相似性原则

相似性所指的范围很宽泛，它可能是民族、国籍的相似，性别、年龄的相似，社会条件、社会身份的相似，也可能是思想观念、文化水平的相似，还有可能是志向、性格、兴趣爱好等的相似。所谓"物以类聚，人以群分"，相似性是人际交往中吸引和喜欢对方的重要原因。与人相处，尤其是与不认识或刚相识的人相处，要努力寻找双方的共同点、相似点，架起一座在情感上和语言表达上的桥梁。有一句格言："爱读同样书籍的人结交最快，友谊也最巩固。"交际双方越相似，共同语言就越多，彼此"谈得来"的人比彼此之间"话不投机半句多"的人交际成功的可能性自然大得多。

八、互补性原则

既然相似性越多，彼此之间就会越喜欢，那么不相似，是不是彼此之间就一定不投机呢？这不是绝对的，因为在人际交往中还有互补性原则。一个性格温和、内向多思的人自然不会喜欢吵吵嚷嚷、行为粗野轻浮的人，但在选择和自己有相似点的朋友的同时，也有可能选择开朗活泼、直爽大方的与自己互补的人。乍一看，互补性和相似性似乎相悖，其实不然，它们可以在另外一个层面上统一起来，因为互补性原则适用于双方的需要以及对另一方的期望正好成为互补关系的情况，此时，交际双方会产生强烈的吸引力，从而促进人际关系的良好发展。"尺有所短，寸有所长"，互补性原则使得人们在相处时取长补短，为了共同的交际目的，渐渐走到一起，共同筑起友谊的大厦。

 精选案例

景泰蓝食筷

在一家涉外宾馆的中餐厅里，正是中午时分，用餐的客人很多，服务员忙碌地在餐桌间穿梭着。

有一桌客人中有几位外宾，其中一位外宾在用完餐后，顺手将自己用过的一双精美的景泰蓝食筷放入了随身带的皮包里。服务员在一旁将此景看在眼里，不动声色地转入后堂，不一会儿，她捧着一只绣有精致花纹的绸面小匣，走到这位外宾身边说："先生，您好，我们发现您在用餐时，对我国传统的工艺品——景泰蓝食筷表现出极大的兴趣，简直爱不释手。为了表达我们对您如此欣赏我国工艺品的感谢，餐厅经理决定将您用过的这双景泰蓝食筷赠送给您，这是与之配套的锦盒，请收下。"

这位外宾见此状，听此言，自然明白自己刚才的举动已被服务员尽收眼底，颇为惭愧。他只好解释说，自己多喝了一点，无意间误将食筷放入了包中，感激之余，更执意表示希望能出钱购下这双景泰蓝食筷，作为此行的纪念。餐厅经理亦顺水推舟，按最优惠的价格，计入了账单。

聪明的服务员既没有让餐厅受损，也没有令客人难堪，圆满地处理了此事，并收到了良好的交际效果。

公共关系学：理论、方法与案例（微课版 第 3 版）

第三节 提高公关交际修养的方法

交际魅力不是凭美好的外貌或吃喝玩乐就可以获得的，它依托的是积极严肃的生活态度、诚恳平等的待人态度、受欢迎的性格特征、文雅幽默的谈吐、洒脱得体的仪表礼节；它更是一种经长期实践而形成的好习惯。相关专家认为，无论智商是高还是低、现在的交际水平如何，只要端正交际态度，学习有关理论，并且勤于实践，通过不懈的努力，人人都可以成为组织中的公关交际人才。

在正确的公关交际基本准则的指导下，如果我们能够在具体的社会生活中有意识地采用行之有效的、既相对稳定又灵活的交际方式，那么我们的工作和生活就会因无人际关系的困扰、因我们对美好人际关系的情感体验而变得丰富多彩、充满欢乐。若要提高公关交际修养，应从以下 3 个方面努力。

一、端正交际心态

交际心态指人们在交际时的心理准备状态，正是这种准备状态在很大程度上决定了人们的交际行为。正常而正确的交际心态可帮助我们顺利地达到交际的目的；而不正常的、不正确的交际心态则会阻碍我们实现有效的交际。有时我们虽然可以靠意志的力量调整我们的心态，矫正我们的行为，以取得令人满意的成果，然而这毕竟只是暂时的成功。心理学研究表明，交际动机和行为若不能统一，在交际者的内心会不可避免地产生痛苦的挣扎，造成自身的压抑和挫折感。需要强调的是，并非某些因素，如相貌差、身份地位低微或缺少交际技能而严重妨碍交际走向成功，恰恰是不正常的交际心态成了有效交际的最大障碍。我们不难发现，在交际场合中，以开朗、乐观、生气勃勃的精神面貌出现的人往往会受到大家的注目和欢迎，而萎靡不振、紧张畏缩或自高自大、出言不逊的人常让大家避之不及。在交际活动中，为了克服会对交际产生消极影响的心态，我们要做到以下几点。

（一）克服卑怯和自大心理

有人遇到交际的场合能躲就躲，实在躲不过了，现场表现也多为心慌意乱、手足无措，不是说不出完整的句子就是说错话，事后老是责怪自己，怨恨老天没有赋予自己交际的才能。实际上，出现上述交际窘境，乃是卑怯心理在作祟，它大大限制了自身能力的发挥，阻碍了和谐融洽的交际气氛的形成。

与卑怯心理殊途同归的是自大心理，它同样是影响交际效果的不良心态。怀有这种心理的人常过高地评价自己，表现为自高自大，夸夸其谈，随意否定别人的观点、打断别人的谈话，往往在无意之中伤害了交际对象的自尊心，引人反感，成为别人不愿多接近的人。社交场上任何自大情绪的流露都会成为交际障碍，切不可因帮助过他人而自我夸耀，特别是对方或对方的至亲好友在场时；不要因自己比别人多懂一点知识或多一技之长而津津乐道、自吹自擂。吹嘘得越厉害，给人的印象越糟糕；自认为比别人强而盛气凌人、目空一切，会使有一面之交的人"逃之夭夭"，使原本想与之结交的人退避三舍。

在交际时，避开卑怯和自大这两种心理是十分必要的。要正确认识和把

拓展阅读

卑怯心理的表现及克服

握自己，恰当地评价自己，提高自身的修养，不卑不亢，以最佳的精神状态出现在大家面前。

（二）克服猜疑和嫉妒心理

猜疑是人际关系的一种腐蚀剂，许多人因猜疑不欢而散，以前培育的良好的人际关系也因此毁于一旦。无端地猜疑别人是因为心中缺少对别人的信任。信任是交往的基石，有了信任，交际才不会成为游戏，才有交往的价值。若把社会上的人消极的一面过分放大，缺少了交往的诚意，就会失去交往的真正乐趣。此外，"疑"是建立在"猜"的基础上的，许多原本认为有根据的猜疑最终都可能被证明是误会，只要加强沟通，经过周密调查、认真分析，就不难发现猜疑是多么没有道理且破绽百出。此时，突破封闭性思路就是一个很重要的环节。

 拓展阅读

"疑人偷斧"的启示

《列子·说符》中有"疑人偷斧"的寓言故事，说一个农夫丢了斧头，怀疑是其邻居的儿子偷了，于是在观察邻居的儿子时，觉得他走路、神色、言语和其他各种行动，没有哪一样不像小偷。但不久后，农夫在山谷里找到了自己的斧头，再看那个邻居的儿子，竟然觉得其言谈举止、音容笑貌，甚至其他任何一点都不像偷斧者了。其实，数日之隔，邻居的儿子还是老样子，变了的只是失斧的农夫失去了他的假想目标罢了。猜疑往往以某一假想目标开始，然后又回到假想目标上，越想越像，越像越疑，猜疑心得到自我证实，这样，毫无事实根据的判断竟然在自我感觉中有了"铁证"。突破封闭性思路的循环圈，理智就可能及时得到召唤。"疑人偷斧"中的农夫，如果能冷静地想一想，会不会是自己砍柴或挑柴时弄丢了斧头，再沿途去找一找，那些险些弄僵他和邻居关系的猜疑，或许根本就不会产生了。那么是不是说，人际关系中的一切怀疑都不应该存在呢？当然不是。人与人相处难免会发生矛盾，对别人的行为动机产生某种怀疑，也不能说绝对没有道理，但这种怀疑至少要受3个方面的约束：首先是力求有事实根据；其次是在得到证实之前，应予以"冻结"，不使其成为彼此相处的一个障碍；最后是不以怀疑为基础进行"合理推论"。有了这3个方面的约束，怀疑就不会成为瞎猜疑，也不会造成人际交往中不必要的误会；即使后来事实证明了你的怀疑是对的，到那时再分清是非、使矛盾得到妥善的解决也不是难事。

所谓嫉妒，就是面对拥有比自己优越的地位的人，或者是自己所宝贵的东西被别人夺取或将被夺取时所产生的情感。嫉妒是一种普遍的社会心理现象，正如奥地利作家赫·舍克在他的名著《嫉妒论》中指出的那样："人是一种嫉妒的生物……在一起相处的人，总可能是一个嫉妒者，而且关系处得越近，产生嫉妒的可能性就越大。这种情况是处在各种文化发展水平的人们在生活当中最令人感到惊心动魄的，有时会隐藏得很巧妙但又十分重要的基本事实。"

舍克的观点告诉我们，有时人们会意识到嫉妒的存在，有时并没有觉察到，只是程度上有不同。人人都免不了有嫉妒心，我们应承认嫉妒心的存在，并抑制它的不断膨胀，以免造成人际关系的恶性发展。理想的消除法是什么呢？首先，不是希望别人失去优势或利益，而是加倍努力去获得自己羡慕的东西。如果被嫉妒所困，不妨积极地设法使自己忙于工作，以打消心中的怪念头，专注于生活中更有价值的事情。其次，"达观法"也可消除嫉妒。当你处在激动、愤怒、自暴自弃等情感状态下时，要平静客观地审视对方的所得和自己的心理反应强度，对于已失去的或未能得到的事物的价值要漠然视之。嫉妒对当事人来说是件很痛苦的事，通常这种痛苦为时并不久，只要我们具备信心并积极地去克服，就会尽快治愈心灵的创伤，变得达观。达观法要求我们勿固执，所谓固执就是对某种事物产生强烈的兴趣，一心一意要得到它。只要心存执念，妒火就不会熄灭。知道自己的局限，认识到自己有力有不逮者，就会坦然得多。

猜疑和嫉妒对自己、对他人有百害而无一利。通过自省、调适，自己只有拥有一颗平常心，才能拉近与他人之间的距离，才能维持良好的人际关系。

（三）克服社会知觉的错觉

社会知觉指人们对社会环境中有关个人或团体特征的知觉。与人交往的基础往往是社会知觉，因为人的心理活动和行为过程复杂多变，所以对人的知觉要比对物的知觉更容易产生错觉。我们可能会曲解别人的意思、错误地看待别人，甚至"不识好人心"，把别人的好意当成恶意。所以，我们要在对人的看法上端正态度，以免被心理定式束缚，常见的心理定式有首次效应、晕轮效应、经验效应和移情效应（参见第四章第二节）。

二、掌握语言交流的方法

过去，人们对能言善辩的人评价不高，而推崇"讷于言，敏于行"。然而在当今社会，具备出色的口才是现代人的基本素质。交谈能力不光指能准确传递信息、表达内心情感的能力，还指能准确接收信息、理解别人的话中之意的能力。若想取得理想的谈话效果，可借鉴以下语言交流的方法。

（一）适合语境

人们的交流总是在特定的环境中进行的，并受环境的制约。关于语境，学者们也有不同的界定。依据何兆熊先生的观点，语境包括语言知识和语言外知识两大部分。语言知识包括所使用的语言和对上下文的理解。语言外知识包括情景知识和背景知识。情景知识包括交际活动发生的时间、地点，交际的话题，交际场合的正式程度，参与者的相互关系，他们在交际活动中的相对地位，各人所起的作用等。背景知识包括特定文化的特定社会规范和习俗，有关客观世界的一般知识，参与者的相互了解程度等。国外学者斯佩贝尔和维尔逊从认知的角度将语境定义为"一个心智结构"，它是听话者头脑中关于世界的一系列假设，不仅包括交际的具体环境和上下文的信息，还包括对未来的期待、科学假设、宗教信仰、长期或短期的记忆、总体文化概念以及听话者对说话人心智状态的判断等。尽管他们的论述角度不同，但基本观点是一致的，即语境指的是在交际过程中与理解某一特定的信息有关的语言内语境和语言外语境的总和。语言内语境指上下文和前后语。语言外语境（也称作非语言语境）包括文化语境（社会文化、宗教信仰、风俗习惯、价值观念）、场景语境（时间、地点、参与者、话题、事件）和心理语境（动机、愿望、情感）。在交际活动中，语境是不可忽视的一个重要因素。如何成功地利用语境呢？应当考虑以下几个因素。

1. 要注意交际对象的身份地位等特点

交际对象在我们的交际活动中是起重要作用的"另一方"，是构成语境的因素之一。只有看清对象，根据对象的特点选择讲话的内容和遣词造句的方式，交际才具备了成功的条件之一。善于交流的人说话都是因人而异的。我们与长者相处时，要注意到不同时代的两个人在观念上存在差异是可以理解的。对于有丰富人生阅历的长者提出的建议，即使不赞成，也不要当面反驳指责，否则会让老人觉得在年轻人面前失了面子，以后就难以交流了。我们要以谦逊、尊敬的态度去与他们交谈，多用选择问句、陈述语气，少用或不用反问句；还应适当使用敬语，比如在询问他的年龄时，应说："您老人家高寿啊？"这种问法与平常说习惯了的"你多大了"相比，显得彬彬有礼，你的个人修养会给别人留下较好的印象。

2. 要注意交际的时空环境

时空环境，包括时间和空间（场合）两个方面。语境中的"时间"指的是时代或特定的时间条件；"空间"指的是特定的处所条件。语言交流适合语境的要求也表现为"因时制宜"和"因地制宜"。

交际有着显著的时代特点。同样，交际活动总是在一定的空间内进行，空间对于交际活动总要产生相应的影响。在交际时，我们也可巧妙地综合利用时间和空间因素，这对于增强语言的表达效果十分有用处。

（二）长于表达和倾听

交谈的技巧可概括为表达技巧和倾听技巧。在与他人进行沟通时，如何恰当地表达是表达所要解决的问题；而如何长于倾听、判断说话者的真实意思并迅速有效地引导谈话，是倾听所要解决的问题。下面我们将逐一分析说明。

1. 如何恰当表达

西班牙思想家、哲学家格拉西安说过："说得恰当要比说得漂亮更好。"表达恰当主要是指要锤炼语言，对于语言所适用的场合、时机等条件务必经过一番推敲，恰如其分地表达自己的所思所想。在说话技巧中，恰当地表达是重要的一步。那么如何恰当地表达呢？

其一，注意说话的具体场合。其二，说话时必须考虑对方的性别、年龄、文化层次和背景等因素。根据这些因素的差异来选择恰当的语言，才能让对方真正理解。"见什么人说什么话，在什么山头唱什么歌"说的正是此理。其三，充分利用说话的时机。要想达到预期的目的、取得好的效果，说话不仅要符合时代背景，与此时此地的情景相适应，还要巧妙地利用说话时机，灵活把握时间因素。其四，说话时要情理相融。"以情动人，以理服人"，这是说话的两个方面，二者有机统一，互相交融，可以取得良好的效果。

2. 学会倾听

公关交际是一种双向的行为，公关人员在说的同时，必须倾听公众。"听"实际上是一种重要的沟通方式，是交谈的另一个重要组成部分。倾听常常得不到重视，然而它是与表达能力同样重要的问题。

（1）要有专心倾听的姿态

这是指用身体给公众以"我在注意倾听"的示意。它要求公关人员把注意力集中于公众的身上，要心无二用。忌"左耳进，右耳出"，要让公众的讲话在自己的心中留下痕迹。专注不仅要用耳朵，而且要用全部身心，不仅是对声音的吸收，还是对意义的理解。因而要与说话人交流目光，适当地发出"哦""嗯"等声音，表示自己在倾听；稍稍前倾身子，微笑、扬眉等，也是显示正在专心倾听的非语言行为。这些都能激起对方继续讲话的兴趣。如果想一心二用，干点其他事，则会影响他人说话的情绪。

例如，有一天小马在读报，妻子走过来兴致勃勃地说："我有个好消息要告诉你。"小马头也不抬地说："你说吧。"妻子要求说："你先别看报。"小马不耐烦地答道："我看我的，你说好了。"原本满心欢喜，想与丈夫共同分享，听了这话后，妻子说话的兴头一下子就没有了。小马得罪妻子的原因在于，他没能表示出对妻子所要谈的话题的兴趣。所以，在听别人说话时，不要做其他的事，也不要做小动作，如抱臂盘腿，将手指关节压得"咯咯"响，或手中玩弄什么东西；这些都是心不在焉的表现，应予以避免。

 精选案例

学会倾听

高阳在《胡雪岩全传》中描述"红顶商人"胡雪岩时这样写道："其实胡雪岩的手腕也很简单，胡雪岩会说话，更会听话，不管那人是如何言语无味，他能一本正经，两眼注视，仿佛听得极感兴味似的。同时，他也真的是在听，紧要关头补充一两语，引申一两义，使得滔滔不绝者，有莫逆于心之快，自然觉得投机而成至交。"

倾听是人与人之间沟通的重要手段。只有先成为一个成功的倾听者，才会有机会结交更多的朋友。

（2）要学会抓住对方讲话的要点

我们常常发现，有不少人说话时喜欢把讲话的要点放在开头或结尾，也有一些人把要点放在一段话的中间。究竟放在何处为好，可根据讲话的内容、语境、讲话人的思路等因素而定，并没有非此不可的约束。那么，我们在听话时就要理清说话人话语的层次，紧跟他的思路，善于从若干信息中捕捉重要的信息，不要让次要信息、多余信息干扰我们对重要信息的理解和把握。此外，我们还应注意观察和分析说话人的语气、神态、动作，因为他们常在有意识或无意识地在讲到要点时，采用放慢语速，加重语气，提高、降低声调，或突然停顿的方法，以及点头、摇头、瞪大双眼、撇嘴、皱眉、打手势等方式来强调讲话的要点。这些提示对我们都有一定的帮助。

（3）品味话中话

在倾听时，不仅要抓住别人话语的中心意思，还要学会品味弦外之音、言外之意。人们的话语有时看似表达的是一种意思，但实际表达的是另一种意思，所谓"言在此而意在彼"。这样的话说出来会使语意显得委婉含蓄、意味深长。俗话说"说话听声，锣鼓听音"，那么如何才能听懂别人的话中话呢？

首先，应当留心去品味，要能听懂、品出别人话语中的全部内涵，不能"说者有心，听者无意"。交际中的"言外之意"随处可见。例如，在路上，我们偶遇同事，问他："你上哪去？""到那边去。"又问："干什么去？""办点事。"人家含含糊糊，没有正面回答，我们应领悟到对方不愿明白地讲出来，这时就不能再问下去了，否则会让人觉得"你怎么那么爱管闲事，真是个讨厌的家伙"。不能理解别人的真实想法，有时会使对方和自己陷于很尴尬的境地。

其次，在品味话中话时，尤其要注意别人是否语带双关。因为双关这种修辞手法，它的特点就是一句话包含两种意思：一种是表面的意思，另一种是暗含的意思，而暗含的意思才是说话者所要表达的真实意思。

双关有两种。一种是利用词语的读音相同或相近而构成的双关，称为谐音双关。

在《老工人智救郭亮》的故事中，老工人就是巧用了谐音双关。郭亮是湖南工人运动的领袖之一。有一次在铜官镇，郭亮被团丁李麻子发现了，他一面叫人去报告团总何八，一面坐在郭亮身边监视他。有位老工人听到风声，抢先来到现场，他想通知郭亮，无奈李麻子正虎视眈眈地盯着呢。他急中生智，从旁边的茶摊上拿了一只空碗，双手端着，走到郭亮跟前说："先生，喝吧，喝吧！"郭亮见碗里没有水，喝什么呢？老工人把碗往郭亮胸前一推，又说："喝吧，喝吧！先生喝吧！"郭亮是个聪明人，立即明白了老工人的意思，他端着空碗，假装一饮而尽，随后假装去打水，拐过墙角，趁李麻子不注意的时候，穿过树林跑远了。当何八带人来时，已是扑了个空。郭亮怎么知道老工人是来给他报信的呢？原来，"喝"与"何"、"吧"与"八"的语音相似，他又见老工人手中是空碗，知道不是请他喝水，而是暗示何八来了。老工人话中虚实两层含义，郭亮都领会到了，所以便逃脱了。

还有一种是语义双关，即借词语的不同含义构成双关。双关语既可表现说话人的机智，也给听话人出了一个考验理解力的小难题。若能抓住隐藏在言语里的深层含义，可谓珠联璧合，情趣顿生。要说明的一点是，在交际中传达和理解"言外之意"时，要掌握适度的原则，说话人注意避免因表述上的含糊不清造成听话人理解有碍，听话人也应当避免"多心"，以免导致信息因人为增加而失真。只有这样，交际的通道才是畅通无阻的。

 精选案例

贾翊说话的艺术

《三国演义》第六十八回写道：曹操对儿子曹植宠爱有加，常想废了太子曹丕改立曹植为太子。当曹操就这件事征求大臣贾翊的意见时，贾翊自知难以直言，便装作思考的样子一声不吭。曹操见贾翊不回答，便很奇怪地问他："爱卿为何沉默不语？"贾翊摆摆手道："请魏王稍等一下，我正在想一件事呢。"曹操问："爱卿正在想何事？"贾翊回答："我正在想当年袁绍、刘表废长立幼招致灾祸的事。"曹操一听，顿时明白了贾翊的言外之意，哈哈大笑起来，暗称自己糊涂，从此再不提废丕立植之事。说话是一门艺术，在现实生活中，很多时候有些话是不能不说又不可直说的。这时，旁敲侧击，寓音于弦外，不失为明智之举。

（4）学会恰当鼓励

倾听时，仅仅用心听是不够的，公关人员还要鼓励公众表达或进一步说下去。正确的启发和恰当的提问可以帮助其达到此目的。

首先，正确的启发。启发是指以非语言行为来诱导公众诉说或进一步说下去的方式。

① 身体上与公众保持同盟者的姿态。公众站，你则站；公众坐，你则坐。

② 不时地对对方所说的话表示赞同。

③ 复述公众的话，看上去和他们显得更亲近。不要把话题拉回到你身上。

其次，恰当的提问。提问会让公众知道你很关注他所说的话，让公众深受鼓舞。

一般来说，提问可分为两类：封闭式提问和开放式提问。封闭式提问采用一般疑问句式，公众几乎可以只用"是"或"不是"来回答。而开放式提问是指所有问题不能用简单的"是"或"不是"来回答，必须详细解释才行。

三、掌握公关非语言沟通的技巧

心理学家艾伯特·梅拉宾曾提出过一个有关沟通有效性的公式：传递信息的总效果 = 7%的词语 + 38% 的声音 + 55% 的面部表情。这提示我们，非语言沟通在交流中所起的作用很关键。近几年来非常流行的"肢体语言管理"和"读心术"等，都与非语言沟通有着密切的关联。

（一）非语言沟通的概念、意义及特点

有关非语言沟通的概况，我们需要掌握以下几个方面的知识。

1. 非语言沟通的概念和意义

非语言沟通是以人的肢体语言（非言语行为）作为载体，即人与人之间通过目光、表情、动作和空间距离进行信息交流的形式。人类的非语言沟通，即非语言交际行为的表现形式主要包括面部表情、目光、副语言、体态语言、动作和身体接触等。

在现代公关交际中，语言沟通固然重要，但是非语言沟通也起着重要的作用。公关公众的非语言沟通是在公关活动中通过非语言或文字媒介来传递信息的。从上文所述心理学家艾伯特·梅拉宾所列出的公式中不难看出，传递信息总效果的93%是靠非语言沟通来实现的。非语言沟通借助身体各部位做出的动作和姿势，可以表达细腻的感情、传递丰富的信息、构建和谐的交际局面，以及发挥语言不可替代的独特作用。在某些情况下，非语言沟通比语言沟通更有效、更具表现力和吸引力，又可以跨越语言不通的障碍；非语言信息往往比语言信息更能打动人，所以要重视非语言沟通。可以说，如果你是信息发送者，你必须确保你发出的非语言信息有强化语言的作用；如果你是信息接收者，你同样要密切注视对方的非语言信息，从而全面理解对方的思想、情感。

2. 非语言沟通的特点

非语言沟通所传递的信息往往是很不确定的，但常常比语言沟通更具有真实性，因为它的表现形式往往发自内心，并且难以掩饰。因此，有的专家认为非语言沟通的重要性甚至超过语言沟通。非语言沟通有以下4个特点。

（1）非语言沟通是比较模糊的。非语言沟通所传递的信息，可能比语言沟通模糊一些，因为个人的身体语言可能是在有意识地传递某种态度和信息，也可能是无意识的动作，所以相同的行为可能会有不同的解释与理解。

（2）非语言沟通是连续不断的。人们的非语言行为，随时随地都在发生，即使我们停止了语言表达，可我们的眼神、面部表情、肢体动作还会不断透露信息。

（3）非语言沟通是多重途径同时进行的。非语言沟通的信息内容常在多重途径下得以表现，或者一系列信息同时出现。

（4）人们更相信非语言沟通所传递的信息。根据国外学者的研究发现，当人的语言信息和非语言信息不一致时，人们倾向于相信非语言沟通所传递的信息，其原因可能是人们认为语言信息比较容易控制、作假，而非语言信息较难完全掌控，往往会泄露内心的真实想法与态度。

（二）非语言沟通在公关交际中的作用

非语言沟通在社会生活的各个方面，包括政治、经济、文化、娱乐等，特别是在公关交

际中发挥着重要作用，主要表现在以下方面。

1. 对于语言符号的补充作用

人们常说的"听其言，观其行""行为表率""儒者风范"等，都是指由交流对象的动作、表情、仪态、装束等非语言符号传递的信息所形成的表征。

2. 对于语言符号的替代作用

由于语言符号，特别是拼音符号在信息传播中会受到时间、空间以及某些特别环境等的限制，需要用非语言符号进行替代，才能够完成信息传播与相互沟通。例如在需要噤声的环境中使用手势，用旗语传递信息，用动作或表情表达情绪，用服饰、装束表现身份和情趣，用舞蹈等艺术形式表现内容等。

3. 对于语言符号的辅助作用

在人际沟通过程中需要传递情感时，非语言符号常常比单纯的语言符号更为生动、形象。例如，人们在日常言谈中用动作和声音强调意思，用眼神辅助语言传递感情等。

4. 对于语言符号的重复强调作用

非语言符号常常可以用来重复强调语言符号。例如，我们送别亲友时连连挥手，愤怒时连续拍桌子等。

（三）非语言沟通在公关交际中的具体应用

1. 面部表情

据专家研究，人大约有 2500 种脸部表情来表达思想和感情。丰富的表情是仅次于语言的、常用的一种非语言符号，因此，交际活动中面部表情备受人们关注。而在千变万化的表情中，眼神和微笑是最常见的交际符号。

眼神是人与人沟通联系的纽带。人的瞳孔往往不能自主控制，人内心的情感可以透过眼神流露出来。人们常说"眼睛是心灵的窗户"，所以，在非语言沟通中，眼睛也是一个不可忽视的地方。"眉目传情""暗送秋波"等成语形象地说明了眼神在人们情感交流中的重要作用。因此，不少民族对眼神的重视远远超过语言。在阿拉伯国家，人们告诫同胞"永远不要和那些不敢和您对视的人做生意"。在沟通过程中，听者看着对方，表示关注；而讲话者不宜再迎视对方的目光，除非两人的关系已密切到可直接"以目传情"。讲话者说完最后一句话时，才可直视对方的眼睛。这表示一种询问"你认同我的话，对吗？"或者暗示对方"现在该轮到你讲了"。在美国，如果应聘时忘记看着主考官的眼睛，那应聘成功的可能性就不大。然而在日本，听对方说话时看着对方的眼睛是不礼貌的，恰当的方式是听话时应垂下自己的眼帘，以示尊重。

一般来说，注视的时候要控制好时间。对于不太熟悉的公众，注视时间要短；对于谈得来的公众，可适当延长注视时间。注视的位置亦应选择恰当。在交往中，目光应放在公众的额头和两眼之间。

微笑主要是由嘴部来完成的。微笑的基本特点是：不发声、不露齿，肌肉放松，嘴角两端向上略微翘起，面含笑意，亲切自然，最重要的是要发自内心。在非语言沟通中，微笑显然也是相当重要的，俗话说"相逢一笑泯恩仇"，可见笑的力量有多大。微笑来自快乐，它带来的快乐也能创造快乐，在沟通过程中，微微一笑，双方都能从发自内心的微笑中获得这样的信息："我是你的朋友。"微笑虽然无声，但是它表达出了许多意思：高兴、欢悦、同意、尊敬。常见的面部表情如图 8-2 所示。

①目光反映了内心的喜悦。
②眼部周围表情肌的舒适活动，释放出喜人的神采。
心情快乐的示意图

①双目无神，反映了内心的忧伤。
②脸颊的表情肌僵硬。
③双侧嘴角微微下拉。
心情悲伤的示意图

①额头紧缩。
②眉峰上扬且紧皱。
③上眼皮上扬而下眼皮收紧。
④瞳孔表现出内心的惊恐。
恐惧心理的示意图

①额头紧缩且皱纹上扬。
②双眉上扬。
③双眼瞳孔放大。
④嘴巴下意识地微微张开。
惊讶心理的示意图

①两眉之间形成凹凸的皱纹。
②眼神反映出对某种事物的厌恶、厌烦。
厌恶心理的示意图

图 8-2　常见的面部表情示意图

拓展阅读

微笑的 10 个理由

（1）微笑比紧皱双眉要好看。

（2）令别人心情愉快。

（3）令自己的日子过得更有滋有味。

（4）表示友善。

（5）留给别人良好的印象。

（6）送给别人微笑，别人自然也会报以微笑。

（7）有助于结交新朋友。

（8）令你看起来更有自信和魅力。

（9）令别人减少忧虑。

（10）一个微笑可能随时帮你展开一段终身的友谊。

2. 体态语言

体态语言是人类运用自身的各种动作、姿势等来表达对周围的人和事的态度。达·芬奇曾说过，精神应该通过姿势和四肢的运动来表现。同样，在沟通中，人们的一举一动都能体现出特定的态度，表达特定的含义。体态语言会流露出一个人的态度。身体各部分肌肉如果绷得紧紧的，可能是由于内心紧张、拘谨。身体的放松是一种信息传播行为。人的思想感情会通过体态反映出来。略微向对方倾斜，表示热情和兴趣；微微起身，表示谦恭有礼；身体后仰，显得若无其事和轻慢；侧转身子，表示嫌恶和轻蔑；背朝对方，表示不屑理睬；拂袖离去，则是拒绝交往的表示。人们一直都很重视交往中的姿态，认为这是一个人是否有教养的表现，因此素有大丈夫要"站如松，坐如钟，行如风"之说。如果你在沟通过程中想给对方留下良好的第一印象，那么你首先应该重视与对方见面时的姿态。如果你和人见面时耷拉着脑袋、无精打采，对方就会认为也许自己不受欢迎；如果你不正视对方、左顾右盼，对方就可能怀疑你是否有诚意。

体态语言中还有界域语，指交际双方以空间距离传递信息。界域语是人际交往中的一种特殊的无声语言。人体周围都有一个属于自己的个人空间，犹如其身体的延伸，人际交往只有在这个空间允许的范围内才会显得自然。比如，夫妻、情侣之间允许的距离为0～45厘米，即所谓的亲密空间；朋友、熟人则可进入个人空间，距离为45～120厘米；在谈判等场合，社交距离一般为120～360厘米时，人们会觉得较为自在（参见第十一章第三节）。

体态语言常常有文化差异，一个姿势在两种文化中有不一样的含义。例如，"OK"手势在美国意味着很好、很棒，或者表示完全理解了某个事物，而在我国则表示任务已经完成，问题已经解决。另外，一个姿势在一种文化中可能毫无意义，而在另一种文化中却有含义。例如，用手挠头或一边吸气一边发出"嘶嘶"的声音，这是日本人表示尴尬的常用体态语言，而这些非语言信息在另一些文化中没有任何含义，因此有人很可能会忽视日本人传递的这类非语言信息。所以，我们在沟通过程中应当注意根据不同的文化习惯来把握体态语言的含义。

再以体距为例。两个人谈话时，很难通过目测确定合理的距离，但每个人都有自己的空间。这种对空间的要求是因为人类在社会生活中需要有属于自己的一定的空间，这样才会觉得安全、舒适和自由，这完全是人类本能的需要。不同民族文化的交际者对于个人空间和人际距离的理解与要求也存在着跨文化的差异。人们对待体距的不同态度反映了不同的社会价值观念、传统习惯和生活方式。

3. 副语言

微课扫一扫

副语言

副语言是一种有声音但没有固定意义的语言，是人们在言语交际活动中，根据具体的语言环境，用它来伴随有声语言表达一定的意义，彼此交流的一种语言。一句话的含义往往不仅取决于其字面的意义，而且取决于它的弦外之音，副语言就是伴随着有声语言的一种必不可少的表情达意的重要手段。因而，加强对副语言的研究，有助于我们更清楚地了解和掌握言语交际中的话语意义。副语言分为口语中的副语言和书面语中的副语言。口语中的副语言是通过非语言的声音变化（如重音、声调的变化、哭声、笑声、停顿）来实现的。声音的变化，尤其是语调的变化，可以使字面相同的一句话具有完全不同的含义。书面语中的副语言是通过字体变换、标点符号以及印刷艺术的运用来实现的。

音量、音调、笑声、感叹声等，这些副语言对语境效果的产生具有重大作用。如"Will you go or not?"这个句子如果用正常语速连贯读出，它仅是一般的询问；若改变语气，增加重音和停顿，"Will you go, or not?"则表明发话人明显带有不满和威胁的口吻。这些副语言所产生的语境效果与众不同，令人印象深刻。

对副语言的理解也有着文化差异。尤其是沉默，即在讲话和交谈中做出无声的反应或停顿，这在跨文化交际与跨文化研究中最容易引起冲突。中国人重视交谈中停顿和沉默的作用，认为停顿和沉默有着丰富的内涵，可以是赞许、默认、附和，也可以是抗议、保留意见。中国人崇尚沉默，认为它有着超越语言力量的高超力量，"此处无声胜有声""沉默是金"都是对沉默表达效果的总结。然而在跨文化交际中，在商务活动中，来自英语系国家的人在与中国人交流时，不太理解对方为什么会沉默，把听到提问后保持沉默视为对提问者的蔑视，这样往往会导致沟通以失败告终。要想解决这种文化冲突，就有必要了解英语交谈的技巧和习惯，在跨文化活动，尤其是商务活动中重视对有声语言的反应和话题的转接。

在与来自不同文化的人交流时，还要使自己的非语言行为符合语境，以免引起不必要的误解和麻烦。

对信息接收者来说，留意沟通中的非语言信息十分重要。在倾听信息发送者发出的语言信息的同时，还应注意非语言信息，尤其要注意二者之间的矛盾。比如，有人告诉你，他有时间听你谈谈你的想法，但你所得到的非语言信息却可能告诉你此时并不是讨论这一问题的有利时机。再比如，一个人不停地看表就意味着他希望结束交谈。如果我们通过语言表达了一种信任的情感，而非语言却传递了相互矛盾的信息，如"我不信任你"，无疑会使人产生误解。这些矛盾信息常常意味着"行动比语言更响亮"。

 案例分析

幽默语言的妙用

幽默在人际交往中的作用是不可低估的。美国的一位心理学家说过："幽默是一种最有趣、最有感染力、最具有普遍意义的传递艺术。"幽默的语言，能使社交气氛轻松、融洽，利于交流。人们常有这样的体会：在疲劳的旅途上，或焦急的等待中，一句幽默的话或者一个风趣的故事就能使人笑逐颜开，疲劳顿消。比如在公共汽车上，因拥挤而争吵之事屡有发生，这时人群中有一个小伙子嚷道："别挤了，再挤我就变成相片啦。"听到这句话，车厢里立刻爆发出一阵欢乐的笑声，人们都把烦恼抛到了九霄云外。此时，是幽默调节了紧张的人际关系。寓教育、批评于幽默之中，还具有容易为人接受的感化作用。在饭馆里，一位顾客把米饭里的沙子吐出来，一粒一粒地堆在桌子上，服务员看了很难为情，便抱歉地问："净是沙子吧？"顾客摇摇头说："不，也有米饭。""也有米饭"形象地表达了顾客的意见，以及对米饭质量的描述。顾客运用幽默的语言进行善意的批评，既达到了批评的目的，又避免了出现使对方难堪的场面。幽默还有自我解嘲的功用。在对话、演讲等场合，有时会遇到一些尴尬的处境，这时如果用几句幽默的语言来自嘲，就能在轻松愉快的笑声中缓解紧张尴尬的气氛，使自己走出困境。一位著名的钢琴家去一个大城市演奏，他走上舞台后才发现上座率不到五成。见此情景他很失望，但很快调整好了情绪。他开口说："这个城市一定很有钱。我看到你们每个人都买了两三个座位的票。"音乐厅里立刻响起一片笑声。观众对这位钢琴家产生了好感，开始聚精会神地欣赏美妙的钢琴演奏。正是幽默改变了这位钢琴家的尴尬处境。

可见，幽默是人际交往中的调味品和润滑剂。幽默是思想、学识、智慧和灵感在语言运用上的结晶，只有提高自己的学识修养，才能达到出口成章、妙语连珠的效果。

 思 考 题

1. 公关交际应遵循哪些规则？
2. 公关语言的表达怎样才能做到恰当？
3. 如何使自己的语言表达适合语境？
4. 影响有效公关交际的不正常交际心态主要有哪些？怎样克服？
5. 何谓副语言？副语言在沟通过程中的作用是什么？
6. 跨文化语言交流有哪些制约因素？

第九章　公关文书的写作

引例

漫威格斗冠军：最迷你的新闻稿

在泛媒体时代，万物皆媒体，一切都将成为广告信息的载体。连风格严肃、用词考究的公关新闻稿也可以成为传播的爆点。

随着《蚁人2》在全球热映，日前《漫威格斗冠军》游戏的发行方 Kabam 正式宣布收录蚁人与黄蜂女这两个角色。由于这两名英雄变身后的特点是"小巧"，于是 Kabam 为这次事件的发布准备了一份特别的新闻稿。

整篇新闻稿非常"迷你"，不是指稿件的篇幅，而是指稿件的大小，小到需要借助放大镜才能看清。Kabam 将这份迷你新闻稿加上微缩版的海报、手提袋、马克杯以及放大镜装到一个小盒子里，作为公关礼品，赠送给媒体记者以及忠实"粉丝"。

用迷你的公关新闻稿呼应游戏新引入角色的特点，不得不说十分高明。作为企业，在向社会公众传递企业信息时，最基础的三大要素就是清晰、直观、全面。而 Kabam 在此基础上，用一种有趣且切题的方式，策划了一次完整的媒体事件；而作为公关礼品寄出的小盒子，就如同落入水中的石子一般，体积虽小，却能激起一阵涟漪。

公共关系所使用的传播媒体中，运用文字的媒体占了绝大多数。在组织形象塑造方面，包括新闻稿在内的公关文书起着不可忽视的作用。公关文书是组织在开展公共关系活动的过程中所使用的应用文的总称，本章重点介绍几种常用的公关文书。

第一节　新闻稿

新闻稿通常通过大众传播媒体公开发布。它是企事业单位的喉舌，也是广大社会公众的喉舌，所以公关人员不应把写新闻当成是记者的事，而要关注新闻事件，具备写作新闻稿的能力，用新闻媒体来传播信息，从而树立组织的良好形象。

一、新闻稿的定义

新闻稿是对新近发生的、人民群众关心的、有社会意义的事实的报道。新闻稿有广义和狭义之分，狭义的新闻稿专指消息，广义的新闻稿则包括新闻传播媒体中所有的新闻报道，有消息、通讯、专访、新闻述评等。

二、新闻稿的特点

新闻稿的特点一般归纳为真实准确、新鲜及时、简短精练和用事实说话 4 条。其中，用事实说话的意思是，新闻纯粹客观。但"纯新闻"只在很少的科技类报道中出现，一般来说，用在政治、经济、文化等方面的宣传很难完全避免掺杂作者的主观看法，但它毕竟不同于理论宣传或做广告，新闻稿还是特别注重把活生生的事实摆在读者面前，以事实为依据，尽量少发议论或不发议论。消息的写作尤其重视这一条，往往让读者从事实中得出自己的结论；即使是新闻述评，也是有述有评，述多于评。

此外，写作中运用的表现手法都必须直接、实在，符合新闻稿"据实直书"的写法，不能采用夸张的描写、推理，必须告诉读者清晰完整、真实可靠的事实。

三、新闻稿的体裁

下面重点介绍消息、通讯这两种新闻稿的体裁。

拓展阅读

安利创办人耄耄之年再出新书，早逝谣言不攻自破

（一）消息

消息是新闻体裁中使用量最大、最常见的一种，是传播新闻的基本形式。

1. 消息的定义和作用

消息是用概括性的叙述方式，以简明扼要的文字，迅速及时地报道国内外新近发生的、有报道价值的、群众最关心的应知而未知的事实。

消息报道的内容极其广泛，大到世界各国的大事，小至百姓的衣食住行、柴米油盐，是人们认识生活、认识世界的窗口，是各级政府部门和企事业单位联系群众、宣传形象、推动各项工作顺利开展的重要手段。

2. 消息的种类

常见的消息种类有 4 种。

（1）动态消息

动态消息是对目前发生或处于运动变化状态的具体事物进行报道的一种形式。它以叙述为主，大多是一事一报，突出最重要、新鲜的事实，有时还会对某一事件连续进行报道。

（2）综合消息

综合消息是对国内外某一对象、某一方面的带有全局性的有关事实的报道，常用于特定时期或针对特定事件。

（3）经验消息

经验消息，又称典型报道，是指对某地区、某部门、某单位在工作中取得的突出成绩的集中报道。在行文中往往要交代情况，介绍做法，力求对当前的实际工作有普遍的指导意义。

（4）述评消息

述评消息，又称评述性消息，是一种夹叙夹议、边述边评的报道。作者观点鲜明，针对问题深入分析，揭示事件的本质和意义，以帮助读者正确地认识某重大事件。

3. 消息的特点

（1）真：真实性是消息的生命，也是检验新闻工作者有无良好的职业道德和社会责任感的试金石。

（2）新：消息贵在新，新是指以前无人报道过或者报道的角度新奇，对于广大读者来说还指具有新的认识意义和指导意义。

（3）快：消息的发布越快越好，具体指写得快、传播得快。

（4）短：消息要达到"快"的要求，"短"是一个必不可少的条件。消息的篇幅虽短小，信息量却大，这才便于读者阅读，才会赢得读者的喜爱。

 精选案例

"你笑起来真好看——决战脱贫攻坚看西部"网络主题活动

2020 年 8 月，"你笑起来真好看——决战脱贫攻坚看西部"网络主题活动在线上启动。该活动由中央网信办网络新闻信息传播局主办，重庆市委网信办联合广西壮族自治区党委网信办、四川省委网信办、云南省委网信办、甘肃省委网信办、青海省委网信办协办。本次主题活动的名称参考了同名歌曲《你笑起来真好看》，使人心头一暖。活动从 8 月 3 日开始持续开展至 8 月 25 日。

活动启动当天，由活动方推出的互动 H5《小康路上，这个 ID 属于你》，网友可上传个人笑脸照片，选择有趣的"小康奋斗通道"，自动合成专属模板海报，晒出自己的小康生活，在朋友圈等转发接力。

此外，在活动期间，一批讲述西部脱贫攻坚故事的优秀短视频在线上线下集中展播。8 月 4 日至 8 月 21 日，6 省区市制作的原创短视频在网上轮播。8 月 22 日，6 省区市还联合推出主题视频作品《你笑起来真好看》。8 月 23 日至 8 月 25 日，"你笑起来真好看"系列短视频在 6 省区市的各大商圈、地铁、机场等的大屏展播。网友们可在线观看、转发分享，为自己的家乡"打 CALL"，也可以在线下观看、拍照留念。

接地气、聚人气、鼓士气。本次活动还在微博、抖音等社交平台开设"你笑起来真好看"话题和网上留言板专区，供广大网友分享见闻、畅谈体会。

4. 消息的篇章结构和写作要求

消息一般由标题、导语、主体、结尾和背景 5 部分组成。

（1）标题

有关消息的标题，需要了解以下内容。

① 标题的作用。消息的标题会让读者产生对消息的第一印象，标题的好坏直接影响消息的传播效果，标题的制作在消息的写作中有至关重要的作用。具体地说，标题是美化门面的手段，是读者选择阅读的向导，是读者理解主旨的助手，是扩大信息量的捷径。所以有"一

夜心血为一题""语不惊人死不休"的说法。

② 标题的制作。消息的标题具有多样性和层次性的特点。消息的标题往往不止一行,各行标题所用的字体和格式也各不相同。其中,标在中间、字号最大的一行称为"正题"或"主题",其作用是讲述主要事实或提示重大意义;"正题"之上的标题称"引题""眉题"或"肩题",用于渲染消息的精神实质、现实意义,提示消息的内容要点、消息来源、行为主体或该消息产生的条件和背景等,它对于"正题"的拟定有铺垫、导引作用;"正题"之下的标题称"副题"或"子题",其作用是披露消息中的某些重要而具体的细节,是对"正题"的补充。不同的标题如下所示。

彩灯映照笑脸　歌声洋溢大厅(引题)

小区老人和小朋友喜庆元旦(正题)

东方幼儿园小朋友表演精彩节目(副题)

一条消息,可以只有一个正题(单式标题),也可以有两个、三个标题(复式标题)。复式标题能精确概括全文、点明题意、渲染气氛、增强效果,激起读者了解全文的欲望,便于读者迅速知悉全文。

标题的形式主要有以下几种。

叙述式:把消息中最主要、最新奇的事实拿来直接叙述,无须描绘就能引人注意,如"子弹穿腹过　居然未察觉"。

描写式:对特殊场景进行简单的描写,如"玄武湖繁花似锦"(正题),"四万多盆菊花,许多已蓓蕾初绽喷吐芳香"(副题)。

比喻式:"口才是随身名片"。

疑问式:"朋友,你丢了什么?"

对比式:如"苦中有乐,乐中有苦,一人吃苦万人乐;圆中有缺,缺中有圆,一家不圆万家圆"(正题),"各地基层组织向边防战士致敬意赠礼物"(副题)。

引语式:"我最怕交际两个字"(引题),"大学生交际心态堪忧"(正题)。

双关式:"走进美心成功之门"(文章介绍美心企业如何造门)。

此外还有口语式、抒情式、号召式、问答式、对偶式、衬托式、顶真式等,我们应根据内容采用适当的形式。

(2)导语

导语是消息的第一句话或第一段话。作用一是简明扼要地揭示消息的内容核心,二是吸引读者看完全文。有经验的记者都十分重视导语的写作。国外有的新闻著作强调:"记者在一条新闻前,设计二十多条导语不算多。"

在过去很长一段时间内,"5W"是新闻导语的五要素。过去国内外新闻界一直强调要"5W"俱全,即导语要回答消息讲的是何人(Who)、何事(What)、何时(When)、何地(Where)、何因(Why)。后来理论界主张在导语中以最少的"W"报道最新消息,其他要素可分别放在标题和主体中交代。这是第二代导语,它非常符合新闻"把最重要的材料放在篇首"的倒金字塔结构,优点是重点突出、简洁明了,缺点是形式单一。又经过了长期新闻实践的探索,目前导语的写法已经丰富多彩、不拘一格。有些重要的消息除五要素俱全外,还要求简练生动。西方新闻界在导语的写作上有一条不成文的规定:不超过21个字。

（3）主体

主体是紧接导语之后，对导语进行进一步扩充的部分，它以充足、典型、具有说服力的材料来具体阐述导语中概括叙述的主旨和新闻事实。

消息是记叙文体，它的最基本的叙述方式有两种：一是按照事实发生、发展的时间顺序表述；二是按照事物的内在联系或人们认识问题的逻辑顺序来表现。也有二者合一的，但要注意穿插合理有序，不可混乱不清。

主体写作的基本要求是：观点鲜明，主题突出；以事实说话，材料充分而典型；篇幅紧凑，结构严谨。

（4）结尾

结尾总收全文，使读者产生总体印象，并且常常与导语相呼应，起升华主题的作用。常见的写法有小结式、展望式、引语式等。写作时要注意结尾不要与导语或主体重复，不要使用套话。

（5）背景

消息的背景，指消息产生的历史条件或环境条件，以及它和其他相关材料的各种联系。把它们组织到消息中，有助于读者更深刻地理解消息的主题。并非每则消息都要介绍背景，只有当背景材料有利于突出消息的主要事实、能深化主题时才有必要运用。

精选案例

各地各方全力防汛救灾——防汛Ⅲ级应急响应提升至Ⅱ级

背景只是消息的从属部分，可穿插在导语、主体、结尾甚至标题中，并没有固定的位置。

背景的材料按其性质可分为以下几种。

① 对比性材料，即对事物进行今昔、正反、左右的比较，以突出新闻事实的重要意义，阐明主题思想。

② 说明性材料，介绍历史沿革、地理环境、政治背景、自然条件、物质条件、文化条件等客观条件和主观因素，以帮助读者理解消息的具体内容。

③ 注释性材料，对消息中一些不易为读者理解的内容和概念（如人物的身份、产品的性能特点、专用术语、历史典故、风土人情等）加以适当的解释。

（二）通讯

1. 通讯的定义和作用

通讯是一种详细、生动、形象地报道具有新闻意义的人物或事实的新闻体裁。

通讯能够通过对典型人物的感人事迹或先进集体的典型经验进行真实而详尽的记叙描写，迅速反映出人物的风采和日新月异的时代变化，及时地传播新思想和新观念，激发人们的生活热情。一篇优秀的通讯一经发表，会在社会上引起广泛的、强烈的反响，使读者从中得到有益的启迪。

2. 通讯的种类

按照通讯的内容及其写法来分类，通讯可分为以下几种。

（1）人物通讯

人物通讯以记写人物为中心，这类通讯在各类通讯中所占的比例较大。通过报道人物的成长经历和动人事迹，突出表现其人格魅力，展现其高尚的品德、崇高的精神境界，力求震撼读者的心灵。

（2）事件通讯

事件通讯以典型事件作为报道的主要内容，可具体形象地报道某一事件的全过程，以感染读者，也可以截取其中的一个或几个侧面反映出若干场景。事件通讯中也有人物出现，但不着力刻画一两个人物，而是通过事件写出有关人物的群像和他们共同的精神风貌。如有关英雄周光裕下葬、市民自发地为其送别的情景的报道，重点表现的是英雄对群众的影响力。

（3）工作通讯

工作通讯又称"经验通讯"，指记叙单位工作经验、体会和问题教训的通讯。它以某地区或单位的实际工作情况为报道对象，阐明事实，探讨发展方向。它报道的是广大读者普遍关心的新闻事件，通过深入细致的分析，总结出带有规律性的东西以指导更大范围内有关单位的工作。它叙议结合，具有一定的研究性，这是它与事件通讯的不同之处。

（4）概貌通讯

概貌通讯又称"风貌通讯"，指报道各地区、各部门、各单位的新气象、今昔变化，或介绍地方风土人情的通讯。它的时间性要求不高，题材广泛，形式多变，可运用鸟瞰式、对比式、分类描写式、点面结合式、移步换景式等写作方法，将概貌通讯写成见闻、速写、杂感、日记、札记等，其文体可写成记叙文或接近文学作品的优美散文。但它所述之物必须是真实存在的，且要写出时代发展过程中的新变化，以区别于名胜古迹指南或历史知识介绍，还要注意其与文艺散文的区别。

（5）主题通讯

主题通讯又称"集纳通讯"，是围绕一个主题、集纳一组材料写成的通讯。写作时要收集较多的人物和事件材料。与人物通讯或事件通讯重在报道一人或一事不同，它重在报道一个主题。

（6）小通讯

小通讯又称"新闻小故事"，是对连贯的事件或人物活动的某一片段的记述，故事性强，篇幅短小，"大中取小，小中见大"，故事虽小，意味深长，生动传神地反映出现实生活中丰富复杂的人情百态、世间万象。与一般故事不同的是，它不能虚构编造。

3. 通讯的特点

通讯是具体、生动、形象地反映新闻事件或典型人物的一种新闻报道形式，其具有以下特点。

（1）新闻性

通讯报道新近发生的、具有特色的事实，必须给人以新鲜感。

（2）评论性

通讯的作者通过夹叙夹议的手法，直接揭示事件的意义，流露自己的爱憎情感，力求自己对此事的见解或个人的情感对读者产生影响。通讯作者的情感和议论常缘事而发，即景生情，成为文章的点睛之笔。

（3）文学性

通讯在真实性的前提下，辅以艺术加工而形成浓厚的文学色彩。通讯可用细腻的笔触，对人物的外形、语言、动作、心理等进行细致入微的描写，使人物栩栩如生；可展开情节描写，尤其是运用极具表现力的细节描写，使情节跌宕起伏，生动，吸引人；可把现实描绘与内心感受巧妙地融合在一起，增强形象描述的现场感和生动性；比喻、拟人、夸张等多种修辞手法也可灵活运用在通讯的写作中，以增强通讯的文学性，使之更具可读性。

4. 通讯与消息的区别

其一，从时效上看，消息比通讯要求得更急迫，它争分夺秒地报道新闻事实，往往先于通讯发布。

其二，从内容上看，消息只是简单扼要地交代事情，让读者知道发生了这么一件事；而通讯对事实的描述则要具体化，过程完整、情节详细，容纳的内容更多，以打动读者为目的。

其三，从形式上看，消息的写作较为格式化，结构固定；而通讯的结构灵活多变，为了突出主旨可不拘泥于固定的格式。

其四，从表达方式上看，消息以叙述为主要手法，凭借其重要度、新鲜度吸引人；而通讯可采用更多的手法，如叙述、描写、抒情、议论、说明，还可运用各种修辞方法来加强表达效果。

精选案例

凝聚力量
齐心战疫

5. 通讯的写作要求

尽管人们写作的题材可能不一样，但是通讯的写作有自己基本的要求。

（1）选择典型，挖掘主题

通讯报道的内容要想有意义、有价值，就要选择人们普遍关心的问题，要对大量的生活素材进行鉴别、提炼，文章的主题要力求"新"和"深"，防止"老"和"浅"，能鲜明、集中地揭示出某些社会现象的本质，体现时代精神。所以，通讯的作者常常要调查研究，深入采访，还要有一双慧眼，发现别人没能发现的问题，从看似平凡的事物中捕捉典型的人和事，把它们及时地反映出来。写作时，"调研—思考—修改"贯穿于写作的整个过程，在这个过程中完成主题的深化或升华。

（2）安排结构，因文而异

通讯的结构多由3部分组成：概述（开头）、主体、结尾。不过通讯的特点决定了具体写作时的结构要因文而异，可运用纵式结构、横式结构、纵横交错结构，也可根据不同的内容灵活安排结构。一般来说，人物通讯大多按时间顺序和逻辑顺序来安排结构；事件通讯多用时序结构；工作通讯常用逻辑结构，即根据所报道的工作经验的性质安排；概貌通讯大多用今昔对比的时间层次来安排结构。

第二节 演讲稿

演讲稿是人们在工作、生活中常用的一种文体。它带有宣传性和鼓动性，运用各种修辞手法，具有较强的感染力。演讲未必都使用演讲稿，不少著名的演讲都是即兴之作，经别人记录流传开来的。但重要的演讲最好还是事先准备好演讲稿，因为准备演讲稿至少有两个方面的作用：其一，通过对思路的精心梳理、对材料的精心组织，演讲内容会更加深刻和富有条理；其二，演讲者可消除临场紧张、恐惧的心理，增强自信心。

一、演讲稿的定义

演讲稿也叫"演说词""演说辞"，是用来口头发表的演讲文稿。它可以用来交流思想感情、表达自己的见解主张，还可以用来介绍自己的学习、工作情况和经验体会等，对听众具有宣传鼓动和教育作用。

二、演讲稿的种类

根据内容的不同来划分，演讲稿可分为政治演讲稿、学术演讲稿、礼仪演讲稿和论辩演讲稿。

政治演讲稿是指为了一定的政治目的，针对国家的重要事务、重要政策、对外关系以及人民群众关心的重大社会问题所撰写的演讲稿。如英国政治家、诗人、新闻自由思想奠基人之一的约翰·弥尔顿在 1644 年写的《论出版自由》一文。学术演讲稿主要用来向听众介绍自己的学术研究成果、专业知识和学问。如英国教育家约翰·亨利在《关于大学的概念》的演讲稿中阐述了他对于大学的看法和理想中的大学模式，也表明了自己对有效率的学习方法的看法。礼仪演讲稿是指为日常社会交往中各种不同的场合当众发表的礼节性演说而拟写的演讲稿，如欢迎词、祝酒词、答谢词、告别词等。如苏联作家阿·托尔斯泰写的《在红场高尔基追悼会上的演说》就是一篇著名的悼词。礼仪演讲稿重在表达真挚、深厚而得体的情感。论辩演讲稿是指为了弄清是非、解析疑难、权衡得失进而帮助解决现实问题而拟写的演讲稿。论辩演讲稿常即席成文，如爱尔兰民族主义英雄罗伯特·埃米特的当场演讲《对被判为叛国罪的抗辩》。

根据表达方式的不同来划分，演讲稿可分为叙述式演讲稿和议论式演讲稿两种。叙述式演讲稿重在向听众陈述自己的思想、经历、事迹，转述自己看到、听到的他人的事迹或事件，寓宣传教育于形象的描述之中。如首届红河杯全国演讲大赛特等奖获得者、云南晨光出版社副编审辛勤的叙述式演讲《辛勤的蜜蜂》，就是写自己为培养少年写作人才所做的种种努力。议论式演讲稿重在运用充足典型的事实材料和精密严谨的逻辑推断，就听众所关心的问题加以剖析，旗帜鲜明地阐明自己的主张，说服听众。如《演讲与口才》刊发的《女性，超越你自己》，阐述了女性要走出历史的困惑、在新世纪展现出更加亮丽的风采的观点。

三、演讲稿的特点

演讲稿具有以下 3 个特点。

（一）现实性

演讲是一种实实在在的现实活动。写演讲稿与写剧本有根本的区别，因为演讲稿要把现实中作者的自我形象表现出来，所谈论的是生活中大家关心的、值得探讨的话题，传达出的是自己的观点和看法，形式上表现出独特的个人风格，所以，演讲稿从写作目的和表现手法上看都具有现实性的特征。

（二）艺术性

演讲稿虽然是实用文体，但它仍然讲究艺术美，这也是它较一般的口语更优美动人、富有魅力的原因所在。演讲稿的写作吸收了多种语言表现艺术的精华，如妙用修辞手法使之新巧而有情趣；用造势技巧使之激情飞扬，气势雄劲；将平淡的故事曲折化、复杂的故事人性化，以增强感染力和震撼力；点化警句、升华主旨，并进行辩证剖析，使演讲稿体现出艺术性特质。

（三）鼓动性

演讲的目的是"以辞促情""以辞促行"，所以，作者往往在演讲稿中倾注了充沛的情感，并用恰当的方式表现出来，以激发人们的爱憎情绪，以及对幸福美好生活的向往之情，或用赞誉之词激励大众去争取荣誉、奋勇拼搏。与其他文体相比，演讲稿浓郁的鼓动色彩这一特点更加突出。

四、演讲稿的结构

从结构上看，演讲稿可分为 3 个部分：开头、主体和结尾。

（一）开头

俗话说"好的开头是成功的一半"，开头的好坏直接关系到演讲稿整体的优劣，有经验的写作者总是精心设计开头。开头主要有以下作用：与听众建立相互信任的感情联系；创造良好的演讲气氛，为全篇定下基调；说明全篇的宗旨并自然地引出下文。开头的方式多种多样，典型的开头方式有以下几种。

1. 直入式

开门见山，开篇点题，把要点先写出来，直入式开头起提纲挈领的作用。如果演讲的内容是听众所关心的，直入式开头就会立刻引起大家的兴趣。

2. 提问式

一开始就向听众提问，目的在于集中听众的注意力，增强听众的参与意识，引导听众积极地思考问题。有人写了一篇题为《讲真话》的演讲稿，开头就用问句："同志们，首先请允许我提个问题，在座的各位都讲真话吗？"此问如石击水，使听众的兴趣大增。开头的提问必须与主题紧密相连、饶有趣味、发人深省，不可太平淡。

3. 悬念式

在开头制造悬念是指讲一个生动精彩、扣人心弦的小故事；列举出一个让人触目惊心的事实；或设置疑问再来解答。郑鸿魁的《我们应该怎样爱孩子》的开头说："我之所以选择了这样一个并不新鲜的话题，实在是有感于我手头的材料。湖南人民广播电台在播出《我心中的爸爸妈妈》节目时，一月收到 500 多封孩子的来信，表达自己对父母不满的竟达 90%。我不明白，这究竟是为什么？"这样的开头让人听后一怔，不由得开始阅读下文。

4. 赞扬式

法国作家雷曼麦说："说几句让听众感到舒服的话能收到奇功异效。"在开头说几句赞扬的话，可尽快缩短与听众的感情距离，便于展开演讲。汪贻娟、王前锋的《我们的双手是美丽的白鸽》的开头是："有人说，在我们这个世界上，有多少种不同的职业，就有多少种不同的双手。石油工人的手，是铁打的双手，像钻探机一样，为祖国钻来了珍贵的石油；农民兄弟的手，是呼风唤雨的手，像地图一样，画满了大地的渠道、丰收的田野；而我们这些当护士的，双手就是美丽的白鸽，盛满人间的情意、生命的温柔……"赞扬式开头应当切合实际，不能盲目夸赞、哗众取宠，给人以虚假、不实在的感觉。

5. 道具式

道具式开头又称"实物式开头"，是展示与演讲题目或主题有关的实物。张卉的《除了无悔，我还能对你说些什么》在开头解析"青春"二字，她上台后向大家展示这个词："大家请看，这是我演讲的核心——青春。（将上部折叠起来）我们可以看到，青春两字的基础是'月'与'日'，是代表光明的'月'与'日'。这说明了什么？说明我们的老祖先在造字时就想到了：青春是充满光明的，青春是灿烂辉煌的，青春是无怨无悔的！所以我今天演讲的题目就是要对青春说：除了无悔，我还能对你说些什么？"此法可以产生情趣、增强表达力。

除此以外，还有新闻式、激发式、幽默式、模仿式、名言式等多种开头方式，可在写作开头时适当选用。演讲者还应在借鉴他人经验的基础上，根据实际需要，勇于探索，设计出有独特魅力的开头。

（二）主体

主体是演讲稿的主要部分，从多方面去阐明主题。如果是叙述式的演讲，就要把人物的事迹或事件的详细过程叙述清楚；如果是议论式的演讲，就应当对论点进行充分的论证。

演讲稿主体的写作同样要突出主题，而且材料的安排应详略得当、结构层次分明。具体来说，有以下3点要求。

一是主题唯一。一篇演讲稿只应有一个主题，全篇要围绕着它来铺陈展开，以使听众得到一个整体明了且深刻的印象。

二是讲究条理性和严密性。围绕一个问题反复论证，逐层深入，既显得结构严谨，又具有较强的逻辑性，容易吸引听众的注意。

三是考虑到听众主要是通过听觉来了解信息，所以结构不能过于单调、平铺直叙，应当有张有弛、有起有伏，给听众以生动新鲜的感觉。

（三）结尾

俗话说："编筐织篓，贵在收口。"演讲稿最重要、最精彩的部分常在结尾部分。演讲稿结尾的作用在于点明主旨、加深认识；促人深思，耐人寻味；调动激情，促人行动。

常见的结尾方式主要有以下几种。

1. 总结式

总结式又叫概括式或点题式。演讲者在即将结束时概括全篇的主要思想内容，以达到突出中心、强化主题的作用。如《送你一只金苹果》的结尾："朋友们，人生的魅力，也许就在于时时可以启程，向远途，向没有遗憾的未来行进。当你还处在孤独、徘徊时，当你还在寻找与你同行的人时，千万不要忘了紧紧握住让你扬帆远航的一支桨——学会与他人合作，这也是我赠予你的一只金苹果。"

2. 号召式

鼓动性演讲常采用号召式结尾收束全文，以激起听众的勇气和斗志。如《为女性的今天喝彩》的结尾："今天，我把这番话献给所有不甘沉沦的女性，让我们记住——无论你现在身处何种境况，都要勇敢面对，正视自己，摒弃旧时代的自卑与怯懦，做个自尊、自强、自信的新女性！正如歌中所唱：今天的我，都十分可爱，不管输、不管赢都很精彩。你我走向舞台，唱出心中的爱，迈出青春的节拍，让我们为今天喝彩！"

3. 希望式

希望式结尾是指演讲者运用感情激昂、扣人心弦的话鲜明地表达演讲者的立场、观点，以情动人，让听众在感情上产生共鸣。如《在平凡的职业岗位上》的结尾："在我将要结束演讲之际，愿与在座的每一个同志共勉——热爱我们平凡而光荣的职业岗位吧！宏伟的社会主义事业就集大成于一个这样的岗位。"

4. 展望式

在一些主题明快的演讲中，结尾会为听众展示一幅美丽壮阔、充满光明和希望的宏伟蓝图，增强人们为实现这幅宏伟蓝图而奋斗的信心和决心。

5. 建议式

演讲稿的写作从提出问题到分析问题，最后会在结尾中提出建议。如有的演讲稿的结尾建议听众对某项工作进行监督，或对某项结果进行检验。

6. 提问式

这种结尾方法的特点和基本要求与提问式开头相近，但提问式开头一般自问自答，提问式结尾则大多以反问的形式出现，演讲者自己不解答问题，而是让听众思考，给人以余味无穷之感。

7. 名言式

名人名言具有一定的权威性，用在结尾可为演讲内容提供有力的证明，让听众信服。如胡适《中国公学 18 年级毕业赠言》的结尾："易卜生说：'你的最大责任是把你这块材料铸造成器。'学问便是铸器的工具，抛弃了学问便是毁了你自己。再会了！你们的母校要看你们10 年之后成什么器。"

除以上列举的结尾方式外，还有幽默式、祝贺式、寓言故事式等。各种结尾方式不是截然对立的，有时一个演讲结尾可同时使用几种方式。总之，用何种方式结尾，要根据演讲的内容、听众的心理和演讲的语境来确定，不可拘于形式，使演讲达不到自己所期望的效果。

五、演讲稿的写作要求

演讲稿的写作要注意以下几点。

（一）能直接应用于口头表述

相对于其他文体或文章形式而言，演讲稿必须能直接应用于口头表述。因为演讲者与听众面对面直接交流，声音转瞬即逝，不可能让演讲者停一停，留下时间给听众回味，所以演讲稿要做到中心突出、层次分明，语言表达既要符合书面语法规范，又要口语化，便于口耳相传，使听众准确接收信息。

（二）适合语境的变化

演讲是在特定的环境中进行的，并受环境的制约。语言学中把语言表达所处的具体环境，称为语境。在演讲稿写作中，语境是必须考虑的一个重要因素，巧妙地运用语境来写演讲稿，对于增强语言表达效果十分有用。

（三）生动活泼，简明扼要

好的演讲稿语言一定要生动，思想内容再好，如果语言干瘪无味，就不能发挥它应有的影响力。作家老舍在《人物、语言及其他》中说："我们的最好的思想，最深厚的感情，只能被最美妙的语言表达出来。若是表达不出，谁能知道那思想与感情怎样好呢？"所以，在将演讲稿写得明白通俗的基础上，还要用修辞手法、幽默风趣的语言或发挥汉语具有音乐性的特点去追求语言的生动活泼。演讲稿不宜过长，德国著名的演讲学家海茵兹·雷德曼在《演讲内容的要素》中指出："在一次演讲中不要期望得到太多。宁可只有一个给人印象深刻的思想，也不要50个让人前听后忘的思想。宁可牢牢地敲进一颗钉子，也不要松松地按上几十颗一拔即出的图钉。"演讲稿贵在精要，1863年11月19日，时任美国总统的林肯在为纪念南北战争期间阵亡的将士而修建的葛底斯堡国家烈士公墓落成典礼上的演说，共10句话，只用了两分钟，集中论述了著名的"民有、民治、民享"的思想，感情真挚、言简意赅，现被铸成金文珍藏于英国牛津大学，作为英语演讲的典范作品。

 精选案例

食品店小经理的就职演说

各位：

今后我们八个人就要同舟共济了。抵押承包，可不是像张飞吃豆芽菜那样轻松，搞不好会"折了兵又赔夫人"。我是不想把夫人赔上的，不知各位意下如何？这家食品店为啥由咱八个人承包呢？这个"八"字，从古到今就是一个有魔力的汉字。八极图变幻莫测，合阴阳相济、相生相克的哲理于东西南北、于金木水火土最基本的方位和物质之中；八卦掌柔中有刚，在平缓连绵滴水不漏的步法掌式中出奇制胜。咱八个人，又应了一句"八仙过海，各显神通"的古话。各位有什么绝招，不管是宝葫芦芭蕉扇，还是何仙姑的水莲花，都可以使出来。不过，常言说"无规矩不成方圆"，咱们也立个章程。一要遵纪守法，讲职业道德。该交的交，该留的留，不能含糊。不能做缺德买卖，将心比心，我们哪位要是买了掺了假、爬了虫的点心，也会骂人家祖宗八代的！二要对顾客热情，情暖三冬雪，诚招天下客。脸上少挂点霜，不善于笑的，多看几段相声，多听几句笑话，案头上摆个弥勒佛。还要讲点仪表美，济公心灵够美了，请他老人家来站柜台恐怕不行。第三点，说出来有点不好听，大家在家不妨吃得饱一点，最好不要到店里来补充营养。咱们这家店去年有一个月损耗点心200多斤，人人都说闹耗子。这也太有损我们的形象了。最后，请各位回家告诉自己的妻子、对象、恋人，咱们堂堂八条男子汉，决不会把她们赔上的，请她们等着抱"金娃娃"好了。

第三节 求职信

一、求职信的定义

求职信又称自荐信、求职书，是求职者向有关用人单位或其有关领导人介绍自己的主观愿望与实际才能，表明自己具有何种专长，能胜任某项工作，以便使对方聘用自己的信件。它是人们在社会生活实践中广泛应用的一种专门信件。

二、求职信的作用

递交求职信是毛遂自荐的一种方式，也是我国干部制度改革中发现人才、起用人才的一条重要途径，求职信可充分反映自荐人的优势和特长。它既是自荐人求职时不可缺少的书面文字材料，也是用人单位对其进行考核并做出是否录用的重要依据。求职信的好坏关系到用人单位对求职者的第一印象，关系到获取理想中的职位这一目的的实现，是求职者打开事业大门的第一把钥匙。

三、求职信的格式及写法

一般来说，求职信属于书信范畴，所以，基本格式应当符合书信的一般要求，但其也有自己的特点。

（一）标题

标题要简明醒目。标题位于首页第一行居中，常用 2 号字标明"求职信（书）"或"自荐信"。

（二）抬头

抬头即致送对象，要求写全称或规范化简称，以示庄重严肃。顶格书写，使用冒号，常用 3 号字。单位名称后加"负责同志"，个人姓名后加"先生""女士""同志"等。求职信不同于一般私人书信，因交际双方未曾谋面，所以称谓要恰当，如"单位名称+负责同志"。

（三）正文

正文要把自荐的依据和理由充分具体地表述出来。要求另起一行，空两格，内容多就分段。正文一般分为以下几部分。

1. 开头语

基本要求：一是吸引对方看完，二是引导对方自然而然地进入你所突出的正题而不感到突兀。可用以下几种开头方式：概述式、提问式、赞扬式、应征信式、个性化式、独创式。

2. 主体

这部分是全文的重点和核心，要求准确简要、突出优势。

自荐缘由要精要中的，戒烦冗，说明从何渠道得到有关信息以及写信的目的。

求职者的基本情况，即个人资料：姓名、性别、年龄、籍贯、政治面貌、文化程度、职业经历（可视实际情况增删）；学历，经历和成绩，尤其是与应聘单位有关的工作经验，列出主修、辅修和选修的课程与成绩，社会实践经验，个人生活经历等。内容的表达需突出重点，不用填表式的罗列法，要有机融合、自然衔接。求职者的优势和特长：这一部分是文章的重中之重，务必要详尽具体，写明自己的有利条件，让对方信服。证明与支持材料：毕业证书、学位证书、获奖证书、有关证明。并用括号标注"见附件"，提示说明在求职信后的有关附录或附件。语言要客观公允，表明自身的技能专长和兴趣爱好等。

3. 结尾（结束语）

结尾要令人回味、印象深刻，表达出真诚迫切的心情，希望并请求用人单位给予面谈的机会或尽快告知应聘结果；还可写出如果录用你，到单位后你将如何工作。内容要具体简明，适可而止；语气要热情诚恳有礼貌，不要苛求对方。

4. 敬祝语（祝颂语）

另起一行空两格，后应紧接着另起一行顶格写。注意不过多寒暄。

5. 落款

求职者署名，不必加任何谦称的限定语，以免让人有阿谀之感；年月日写全称；给出电话、邮件地址等通讯信息，要既便于联系又准确可靠。

6. 附件

注明附件数码编号，可单独把复印件订在一起随信寄出，无须太多，有分量、足以证明才华和能力即可。

四、求职信的写作要求

求职信应当能给用人单位留下深刻印象，要写好一封令人满意的求职信，必须注意以下几点。

（一）实事求是，材料应真实可靠

有的求职者或因为虚荣心强，或存有侥幸心理，认为招聘人员可能不会仔细考察，认为管它什么真本事不真本事，能签约就是真本事，于是为提高求职竞争力，动起了歪脑筋，搞过度包装、虚假包装，在提供的材料内容上弄虚作假、抬高自己，在招聘人员面前自吹自擂等。某企业的人事部门负责人翻阅求职信时，就曾惊讶地发现在同一所高校竟来了3个学校学生会现任主席；甚至有人自行仿造英语、计算机等级证书和其他证书。此事一旦被发现，后果将是十分严重的。任何一个用人单位都希望招聘到既有工作能力，又为人诚实的人才。从做人的角度来说也万不可丢弃诚实之本，不能为了求职而抛弃优良的品格。

（二）突出重点

有人唯恐用人单位对自己了解不够，于是将求职信写得面面俱到，篇幅冗长。但是内容主次不分，会让人不得要领。求职信要集中反映出求职者的工作能力和工作水平，说明自身优良的素质正适合用人单位。行文要简洁流畅、干脆利落。

（三）恰当适度，得体中肯

求职信自誉太过，则有"王婆卖瓜"之嫌。求职信的态度要谦虚诚恳，不卑不亢，达到见字如见其人的效果。措辞讲究分寸，语气要自信而不浮躁，给人一种实力感；谦虚而不妄自菲薄，给人一种稳重感。过分自信，目空一切，会使对方不信任，甚至反感，而一味地谦虚则可能使对方怀疑求职者是否具备相关的能力。

（四）语言规范，文面美观

求职信是求职者的脸面。字词句的选择、语法修辞的运用、标点的使用等要合乎现代汉语的语言规范，准确无误。文面做到字迹端正，美观大方，并且要打印装订起来。

 精选案例

求职信

尊敬的领导：

　　您好！

　　感谢您在百忙中阅读我的求职信。

　　我是××学校××级××专业的一名本科生，将于××××年×月毕业并获得工学学士学位。通过网上查询和听贵公司的招聘宣传会，我得知贵公司目前正需要××方面的人才，且欣闻贵公司知人善用，能给员工极大的发展空间，这正是我所向往的工作环境，并且我也相信自己能为公司的发展尽一份力量，因此渴望加入贵公司。

　　…… ……

　　我性情开朗，乐观向上，富有进取精神，具有强烈的团结协作精神和敬业精神，敢于独立面对困难，能较快适应环境，乐于接受挑战，相信具备了这些优良素质的我绝不会辜负您的期望！

　　最后，希望领导能考虑给我为贵公司效力的机会。我将谨候函告或电话约见。

　　此致

敬礼！

求职者：×××

×××年×月×日

第四节　申请书

一、申请书的定义

申请书是个人或单位因有某种愿望、要求而向有关部门、组织提出书面请求时使用的一种文书。

申请书的使用极其广泛，诸如个人入团、入党、入会、参军、转学、调动、出国探亲或留学等，企事业单位向上级机关要求增加经费、增派专业技术人员等，均可以用申请书的形式，向上级提出申请。

二、申请书的结构

申请书属于专用书信，通常包括以下 3 部分。

（一）标题

标题写在第一行正中，一般直接用"申请书"作为标题，有的还可以加上事由，如"入党申请书"等。

（二）正文

1. 称谓

称谓写接收申请书的部门、组织的名称或有关负责人的姓名，位于第二行，要顶格写，以示尊重。

2. 主体

主体包括提出申请的理由、申请的具体事项及要求，有时还要表明申请人的态度或提出保证。写作时，要简明扼要、层次清晰。

3. 结尾

申请书的结尾一般写表示致敬或要求的话，也可不写，根据内容的实际情况而定。

（三）署名和日期

署名要写申请人或申请单位的全称或规范化简称，另起一行标注日期。

三、申请书的写作要求

申请书的写作要态度真诚恳切、语气谦恭；事项具体，理由充分；语言准确朴实，简洁流畅。忌头绪繁多，冗长杂乱；忌故弄玄虚，隐晦不清。

 精选案例

入党申请书

敬爱的党：

像小苗盼望阳光雨露那样，我殷切期望，早日投入您慈母般温暖的怀抱，在您的直接关怀、教育、培养下，成为伟大社会主义祖国四化建设的有用之才。因此，我盼望成为一名中国共产党党员。

…… ……

我深知，自己与一名真正的共产党员的距离还很远。但我有决心时时处处以党员的标准严格要求自己，战胜困难、刻苦自学、百折不挠、奋力攀登，努力掌握四化建设的本领，为共产主义事业贡献出我微薄的力量。敬爱的党，请考验我！

申请人：张××

×××年×月×日

第五节　简　报

一、简报的定义

简报是管理机关内部编发，用来反映情况、沟通讯息的一种简要的书面报道或报告。它虽有报告的功能，但不属于法定公文。因其篇幅短，形式灵活，使用方便，所以是使用较多的日常文书。

因简报反映的内容多种多样，所以它有多种名称："××动态""××参考""情况反映""情况交流""××通讯""消息快报""××邮政信息"等。

二、简报的种类

按性质分简报可大致分为 4 类。

（一）日常工作简报

这种简报又称情况简报，是反映本地区、本系统、本单位日常工作的经常性简报。它包含的内容较多，常以定期或不定期刊物的形式出现，在一定范围内发行。

（二）中心工作简报

中心工作简报又称专题简报，是一种阶段性简报，往往针对工作中某一时期内某项中心工作、中心任务办报，工作完成则停办。

（三）会议简报

会议简报是会议期间反映会议情况的简报，是临时性的，内容包括会议发言、会议决定等。规模较大、会期较长的会议往往编发多期简报，以起到及时报道、交流情况、推动会议的作用；会期较短的一般是一会一期，常在会议结束后发，属于总结性的情况反映。

（四）信息简报

信息简报是信息传递的载体，内容广泛，依各行各业的需要而分为很多种，如邮政信息简报、电信信息简报、市场信息简报、新技术信息简报等。

三、简报的特点

简报的特点是快、新、简、实。

（1）快：简报是公文中的"快报""轻骑兵"，对信息的收集、整理、传递和反馈有强烈的时效性。

（2）新：简报可敏锐地捕捉住有价值的新信息，力求在新事物或新问题刚出现时就能见微知著，迅速加以反映，不仅内容新，反映角度也新。

（3）简：内容集中精练，篇幅短小精悍，文字简洁利落。

（4）实：它是简报最基本的特点，不空洞花哨、听风是雨，用具体事例和数据真实地反映情况。

四、简报的篇章结构及写作要点

简报有自己较固定的、独特的外在撰写格式，它可分为报头部分、行文部分、报尾部分。

（一）报头部分

报头部分约占首页的 1/3，下面常用一条横线与行文部分隔开，包括简报名称、简报期号、编发单位、印发日期。

1. 简报名称

简报名称有很多种，如"××简报""消息快报"等，一般用字号较大的红色、绿色等彩色字体印在报头部分的中间。

2. 简报期号

简报期号单独编写，不与发文机关一起编号，一般按年度编号，位于简报名称下面，如果是增刊和专刊，应在期数的位置上注明。

3. 编发单位

编发单位要用全称，位于期号下面左侧。

4. 印发日期

印发日期要年月日俱全，位置在期号下面右侧，与编发单位齐行。

（二）行文部分

行文部分包括标题和正文。

1. 标题

简报的标题居中排列，有单标题和双标题两种，要求点题、醒目。

简报的标题要比一般的公关文书的标题灵活，可像新闻报道标题那样进行艺术加工以求生动，除叙事性标题和倾向性标题外，还可采用修辞手法写出艺术性标题，在倾向性上加些文学色彩，如《纸上春风吹绿野——读吴瑛文集〈淡墨清音〉》。

2. 正文

正文分开头、主体、结尾 3 部分。

开头类似新闻报道的导语，常用的方式是先概述后分述，先写结果后写原因。

主体部分紧扣开头，用事实和数据分段、分层地展开叙述。可归纳分类叙述，可夹叙夹议，也可对比叙述。

结尾大体上可以是展望式或归纳式，也可意尽言止，不用结尾。

（三）报尾部分

报尾在正文后面，两条平行线内注明发放范围、印发份数。机关内部发放的简报常没有报尾部分。

精选案例

×市邮政局保卫
工作情况简报

第九章　公关文书的写作

第六节 公函与柬帖

在公关活动中，礼尚往来、交际应酬是必不可少的，公函与柬帖是常用的工具，是重要的传播媒介。

一、公函

公函轻捷简便，是机关里使用频繁的文种之一。

（一）定义

公函是不相隶属机关之间商洽工作、询问和答复问题，或者向有关主管部门请求批准和答复审批事项所用的公文文种。

（二）文体分类

按性质分，函分为公函和便函两种。公函具有较完整的公文格式，用于商洽、询问、答复工作中比较重要的问题和请求主管部门批准某些事宜。便函用于询问、答复、联系、介绍某些一般性公务事宜。便函不属于正式公文，不编文号，不列标题，用机关信笺直接书写即可发出。本节主要介绍公函。公函可以从不同角度分类：

（1）按发文目的分，公函可以分为发函和复函两种。发函即为主动提出公事事项所发生的函。复函则是为回复对方所发出的函。

（2）从内容和用途分，公函可以分为商洽事宜函、通知事宜函、催办事宜函、邀请函、请示答复事宜函、转办函、催办函、报送材料函等。

（三）篇章结构和写作要点

公函的正文一般分为缘由、事项和结语3部分。

缘由部分要写清发函或复函的目的，复函引据来文，一般为"×年×月×日来函（文号）收悉"。

事项部分若是发函，必须把事项写清，以便对方了解意图，可及时复函。受函应针对来函提出的问题和要求给予明确的答复，切忌拐弯抹角、答非所问。

至于结语部分，发函用"即请函复""专此函达""此复"等。

（四）注意事项

（1）一函一事。如果公函的内容不专一，一函数事，就会影响公文处理速度。

（2）叙事简明，直截了当。函的语言质朴，不寒暄客套，不议论抒情。

（3）掌握分寸。

函没有固定的行文方向，既可上行、平行，也可下行，尤其应注意来往机关的职权范围与隶属关系。用语分寸应得当，语气一般来说应恳切平和。

精选案例

关于商请协助解决技术人员进修外语问题的函

××大学校长办公室：

　　为满足引进国外先进技术和设备的需要，我省×局拟选派 10 名技术人员到贵校出国人员英语强化班进修半年。为此，特与贵校商洽，恳请给予大力支持。有关进修费用等事宜，统一按贵校有关规定办理。

　　谨请函复。

×省×局×处（章）

×年×月×日

二、柬帖

柬帖泛指信札、请帖等。柬帖是人际交往的桥梁，是增进人与人团结、友爱的纽带。

（一）柬帖的定义和特点

柬帖与便条、名片一样，都是书信的变体，但是柬帖的形式与用语，比便条、名片更为固定。柬与简相通，是以竹简书写的意思；帖则是用布帛来书写。二者是在纸张尚未流行之前，因为书写材料不同，而产生的异称。所以柬帖亦称简帖，它是一般应酬及婚丧庆吊所用文种的总称，而且是书面通知，大多将稍硬的纸张印成单张卡片或折叠式卡片。在用纸片取代了木片、竹片、布帛之后，柬帖的美术装饰和用料也越来越考究了。柬帖的特点如下：一是交际性，逢年过节、婚丧嫁娶、寿诞吉日、迎宾送客、赴约待客等，通过电函等各种柬帖表示关切、祝贺等情感，可增进友谊、加强联系；二是礼节性，在人际交往过程中，通过柬帖向他人表示尊敬、祝贺，或同情、哀悼等，能给人亲切、愉快、安慰的感受，同时，又根据不同的情况、各地所遵守的习俗，表现出相应的礼节；三是规范性，柬帖种类繁多，但各有各的用途，而且有特定的格式和语言要求，使用时要特别注意，不能滥用，否则将会铸成大错。

（二）柬帖的种类

柬帖的分类可以从不同的角度进行。按照形式来分，柬帖大体可分为以下几类。

1. 卡片式

一张硬纸片，正面印有卡片的名称（如贺卡、生日卡等）及美术装饰，背面为空白，供交际写作。这种形式比较原始，比较简单。卡片式柬帖比较简朴，可用于一般的交往。

2. 折叠式

折叠式是指将纸片折起来，分为内外两部分，外面印上柬帖的名称及美术装饰，做成封面，里面是空白的，留作书写柬帖笺文。更为讲究的则是内里另附写作用纸，用丝带把写作用纸与封面系在一起。折叠式柬帖显得更为郑重，加上封面的装饰制作考究，更适用于创造礼仪文化气氛。

折叠式目前又分为左开式、右开式及下开式。

3. 竖式与横式

中国传统的柬帖形式多为竖式。随着中西文化的融合，拼音文字与中文混写现象的增多，人们横向阅读及书写的习惯逐步养成，柬帖的书写形式也出现了横式。人们又称竖式为中式，横式为西式。

如果按内容来分，柬帖大体可分为喜庆帖、丧葬帖、日常应酬帖、礼帖与谢帖。

1. 喜庆帖

在喜庆活动中一般要用柬帖，如婚嫁、寿庆、弥月（满月）、开张、揭幕、庆典等庆祝活动。喜庆帖有两类内容，一是主人发请帖邀请诸亲友到场，如喜帖，如图9-1所示；二是不能到场参加庆贺者用柬帖形式书面祝贺，如寄送贺年片、生日卡、祝寿帖等。

图 9-1　喜帖

2. 丧葬帖

丧葬帖，俗称"报丧帖"，也是讣闻的一种形式，其不同于讣告（即丧葬启事）之处在于：讣告的发布形式是刊登或张贴，以公开告知亲友，多用于较广泛而又不十分确定的告知对象；而丧葬帖一般用于比较重要且姓名、地址确定的告知对象。丧葬帖的制作以素雅为原则，以白纸黑字为多，即便有装饰，也必须采用同丧祭礼仪协调的色彩和图案，如图9-2所示。

图 9-2　丧葬帖

3. 日常应酬帖

除婚嫁、生辰、寿诞、节庆礼仪活动外，在日常交际中，还有许多活动需使用柬帖，如社团聚会、送别饯行、接风洗尘、贺友升迁等活动的邀请，这是日常应酬、礼尚往来的要求，邀请函如图9-3所示。

图9-3 邀请函

4. 礼帖与谢帖

在某些礼仪性的交往中，有时还伴随着赠送礼物或礼金的活动，送礼者多用比较讲究的纸片郑重罗列礼物名目、数量，并写上适当的礼仪文辞（如"贺仪""花仪""祝敬""谨具……奉申贺敬"之类）随着礼物送往受礼者，这便是礼帖。谢帖是接受礼品者礼物或礼金后，所出具的相应的柬帖，说明礼物或礼金如数收下或退还，并表示谢意，如贺寿礼帖与谢帖，如图9-4所示。

图9-4 谢帖

（三）柬帖的写作

柬帖从内容到形式都极具礼仪特征，因而也就具有浓重的传统文化色彩。柬帖的构成要素因其种类不同而有区别。

礼仪性越强的应用写作，其款式也就必然越讲究、越严格，因为书面写作的款式是生活中的礼仪、秩序的体现，所以，款式本身就是一种礼仪。

柬帖可以以组织的名义发出，也可以以个人的名义发出。同时，柬帖也可以用作入场券或报到的凭证。柬帖可横式书写，也可竖式书写。还有行文中的起行、抬头、具名位置等问题，均须注意社会约定俗成的款式。

1. 标题

标题上写"请柬"或"邀请书"等，字号稍大，写于正文正上方，或者封面上，要美观、醒目。

2. 内容

另起一行（或一页），顶格写明收件人的单位名称或个人姓名，一定要使用敬语，如采用竖式书写则要从右向左，写在标题左侧一行；如果送达的是某单位或团体，则要写全称。称呼的后面要加冒号，表示后面还有话要说。在第二行空两格，写正文时要写清事由，如是请柬则要写清时间、地点。

3. 结尾

结尾处用敬语，一般写"敬请光临指导"或"请届时出席"等。

4. 落款

写明发柬帖者的单位名称或个人姓名，通常加盖公章，私人柬帖可以不盖章，最后写上年月日。

拓展阅读

海底捞发道歉信成功渡过危机

（四）如何避免柬帖写作的误区

柬帖写作应当了解主要误区，并且掌握避免误区的方法。

1. 一般公关柬帖设计和写作中的通病

（1）过于简单。有的公关柬帖既不是一帧漂亮的美术画片，又不用美观大方的考究纸张，而只是在一张普通的白纸上印出一段文字；有的公关柬帖甚至名称和正文都用一样大小的字号，无任何庄重感。这就未免过于简单、呆板，甚至可以说是草率，很难起到柬帖应有的作用。

（2）过于花哨。有的公关柬帖又是套色又是印花，柬帖名称上再加装饰，封面、背面还要加些不必要的框线，弄得花里胡哨，反而使柬帖名称和正文不突出了。

（3）过于古僻。有的人把典雅误认为越古越好，于是滥用文言和冷僻文字，文白夹杂，似通非通。用通俗浅显的文字就能说清楚的事情，偏偏要引经据典、好古嗜冷，人为造成歧义，这样做反而会贻误大事。

（4）过于拘礼。柬帖是一种礼仪性文书，但有的柬帖拘泥于礼节，礼仪文字、恭谦用语成堆，甚至低三下四，有失送柬人身份。

此外，柬帖非常重格式、重术语，它的格式固定，用语简明，撰写时要特别注意收件人的辈分，采用适当的用语；否则会被人讥笑，也容易引起误会。

2. 公关柬帖设计和写作的要求

要克服上述公关柬帖设计和写作中的毛病，一定要把握好以下 5 点。

（1）显：就是醒目、显眼，一目了然，使收件人一看封面就能明白是哪一类柬帖。

（2）精：就是设计精心、装帧精美、文字精练，能被收件人当作纪念品收藏。

（3）达：就是柬文通顺明白，既不堆砌辞藻，又不套用公式化语言，不致产生任何歧义。

（4）雅：用语恭谦，典雅得体。如把"敬备茶点"写成"有茶喝，有点心吃"，把"寿终正寝"写成"死了"，把"谨致"写成"特此通知"，就会显得太粗俗。

（5）准：就是柬文名称、用语、地址、时间要准确无误。送达的时间也要精心考虑，过早易使人遗忘，过迟则会给人以仓促之感。

精选例文：请柬

请 柬

××老师：

今年是我校建校 90 周年。兹定于×月×日上午 8 时在学校大礼堂举行校庆典礼，恭请您光临。

××学校校庆筹备委员会（章）

×年×月×日

精选例文：贺信

贺 信

中国科学院等离子体物理研究所：

值此贵所成立四十周年之际，谨向贵所全体研究人员、师生职工致以热烈的祝贺和良好的祝愿！

等离子体物理研究所是我国热核聚变研究的重要基地，建所四十年来，贵所秉承"甘于奉献、团结协作、锐意进取、争创一流"的大科学文化精神，致力于高温等离子体物理、磁约束核聚变工程技术及相关高技术研究，取得了一系列国际领先的特色成果，为国家战略和科技发展做出了重要贡献！作为中国科学院所属的兄弟单位，贵所在我校"全院办校、所系结合"的办学中发挥着重要作用，双方在科教融合的过程中建立了深厚的友谊，希望今后进一步加强交流与合作，共同为国家科技教育事业做出更大的贡献！

四十周年所庆是贵所发展史上的重要里程碑，我们相信，贵所一定能以此为契机，抢抓机遇、开拓创新，加快实现我国核聚变事业的更大发展！

预祝贵所四十年庆典活动圆满成功！

中国科学技术大学

2018 年 9 月 18 日

第七节 调查报告

一、调查报告的概念

调查报告是一种反映情况、判断性质的工作报告，这是一种习惯上的称呼，确切地说应是调查研究报告。

二、调查报告的种类

按调查报告的范围和要求分类，可分为综合性调查报告和专题性调查报告。

按调查报告的内容和作用分类，可分为以下几种。

（一）反映基本情况的调查报告

针对特定地区、部门的基本情况进行深入系统的调查研究后写成书面报告，其内容较全面、广泛，是上级正确估计形势、制定方针和政策的重要依据，如《关于当前邮政职工队伍现状的调查报告》。

（二）介绍典型经验的调查报告

这类调查报告要列举成绩、介绍做法、总结经验、阐明意义，如《××邮政局大力发展邮政新业务的经验值得推广》。

（三）揭露问题的调查报告

这类调查报告的针对性很强，揭露矛盾和问题引起有关部门和社会的关注，促使其迅速采取必要措施，如《关于××市邮政局违章多建住房的调查报告》。

此外，还有介绍新事物、调查历史事实等的调查报告。

三、调查报告的篇章结构及写作要点

调查报告分标题、署名和正文3部分。

（一）标题

调查报告的标题分单标题和双标题两种。

1．单标题

单标题是由一行或单行表述主题的标题。单标题采用公文式标题或以主要观点作为标题的方式。

2．双标题

双标题是由两行标题按一定的规律组合而成的标题。双标题采用正副标题结合的方式，正题标明全文的主题，副题再将主题具体化或加以限制，具体表明调查的对象和问题。

标题除像公文一样要求做到醒目外，还要观点突出、生动活泼。

（二）署名

署名是作者姓名，可以是个人姓名或调查组的称谓，位于标题下正中央。

（三）正文

正文由3部分组成：前言、主体和结尾。

前言是全文的开端，概括交代调查对象、调查情况和全文的重点，起着总领全文的作用。可采用概述式、结论式、提问式等形式，总之要开门见山、紧扣主题。

主体是全文的重点，是前言的引申和结论的根据，包括调查到的事实、调查研究的结果。其结构形式可分为以下几种。

1. 横式结构

横式结构是对得来的情况进行分析，得出结论，按其内在逻辑联系分成几个部分，围绕中心，分别叙述说明，有的可加小标题，有的加序码。

2. 纵式结构

纵式结构是按事物发生、发展的先后顺序或调查过程来写，一气呵成。

3. 纵横式结构

纵横式结构兼具横式和纵式结构的特点和优点，用得也最多。运用横式结构，按问题的逻辑顺序来叙述，其中的各种问题又有发生、发展的过程，这就要用纵式结构了。例如，介绍典型经验的调查报告，并不完全按经验安排层次结构，而是先介绍经验产生的前因后果，然后集中介绍几条基本经验。运用纵式结构，按时间顺序叙述发展变化时，也会涉及许多方面的问题（如一因多果，一果多因），这就又得用横式结构了。

4. 对比式结构

对比式结构是把不同的情况加以对比，在对比中认识事物，如《同样两家邮政局，服务水平大不同——××区两家邮政局的对比调查》。

结尾主要是对所调查的问题提出总的看法、结论性意见，或阐述新事物的重大价值，或介绍先进典型事迹的重大意义，以点带面，或附带说明存在的问题、努力的方向等。结尾简短有力，形式多样。

正文在谋篇布局时要坚持为表现主旨服务，要保持思路的完整统一。

（四）撰写调查报告的注意事项

撰写调查报告时应注意以下几点：①要考虑读者的观点、阅历，尽量使报告内容适合读者阅读；②尽可能使报告简明扼要，不要拖泥带水；③要通俗易懂，使用大众词汇，尽量避免行话、专用术语；④务必使报告所包括的全部项目都与报告的宗旨有关，剔除一切无关资料；⑤坚持科学严谨的原则，仔细核对全部数据和统计资料，务必使报告准确无误；⑥充分利用统计图、统计表来说明和展示资料；⑦按照每一个项目的重要性来决定其篇幅的长短和强调的程度；⑧务必使报告工整规范、易于阅读。

精选案例

关于刘永伟手术后"右肾缺失"的调查报告

案例分析

网易致股东信

2020 年 5 月 29 日，在网易登陆美国纳斯达克 20 年后，CEO 丁磊发布了第一封股东信，表示网易正准备在中国香港地区二次上市，将"网易"这个久经时间考验的品牌带回中国。丁磊这封股东信连同网易即将在香港地区二次上市的消息，迅速在网络上刷屏。而在致股东信中，丁磊首次明确提出网易未来发展的 4 个关键方向。

几乎所有上市公司都免不了要发布股东信，而这封股东信除了与投资者沟通之外，还是一次企业与股东、与大众的沟通。丁磊的这封信可以说是公关语言沟通运用的典范。

文章从形式上打破了传统公文模式——并非以企业和行业的宏大叙事来展开，而是以丁磊个人的视角，面向股东与用户，以"人对人"的形式对话，而非"企业对利益相关者"宣布的口吻来叙述，这样的微观视角极其少见。同时，信中所谈的企业文化、经营理念、未来蓝图等话题，符合目标公众的预期。特别之处还在于，这封信用词简单易懂，但又带了点网易特有的文艺气质。如"风口会消失，风向会变化，但人心不变、用户需求长存"等。文章连用排比句和排比段落，显得条理分明，用排比来抒情，节奏和谐，更显得感情强烈，易引发用户情绪上的共鸣。此外，丁磊的信在分享网易上市 20 年来的经营哲学、理念时，采用了分享、聊天的姿态，这就使得语言亲切、接地气，具有可读性。

公关文书是组织用来维系公众关系的必不可少的媒介。通过这封信，股东和用户明确了互利共赢的理念，看到了网易未来的发展方向，这大大提升了相关公众对网易的好感度和信任度，树立了网易良好的企业形象。

思考题

1. 拟写一封简明得体的求职信。
2. 演讲稿的特征是什么？有何具体写作要求？
3. 结合自己的大学生活体会，撰写一份演讲稿并在班上演讲。
4. 试举例说明一份好的新闻稿对于宣传组织形象的作用。
5. 请撰写本专业同学考研动机调查报告。

第十章　公共关系专题活动

引例

宝马赞助

疫情突然来袭，线下体育赛事纷纷停办，四年一度的欧洲杯和奥运会等大赛延期，拥有"互联网基因"的电竞赛事在这一特殊时期却逆流而上，继英雄联盟、王者荣耀、Dota2等主流电竞赛事开赛，2020年4月著名汽车品牌宝马一次性与中国LPL赛区FPX俱乐部、美国LCS赛区Cloud 9俱乐部、欧洲LEC赛区Fnatic俱乐部、欧洲LEC赛区G2俱乐部、韩国LCK赛区T1俱乐部这5家电竞俱乐部达成合作。

车企"偏爱"英雄联盟赛事。宝马与5家电竞俱乐部的合作领域包括提供战队专车、社交媒体造势、队服广告位赞助以及合作内容产出。由于宝马本次签约的这5家电竞俱乐部集中在英雄联盟项目上，并且与5家俱乐部的合作内容基本一致，因此本次签约被认为是宝马主要针对英雄联盟的营销举动。不少网友戏称"宝马想要押宝S10冠军战队"。5支战队也同时发布了颇具特色的合作车款，每款都依照战队专属配色与风格打造出独一无二的车身款式，如图10-1所示。双方合作主题也应疫情而变，"在对抗中团结""在家团结"，呈现出"电竞无国界"的概念及全球电竞赛场公平竞技的精神。

汽车品牌赞助电竞赛事已成常态。宝马并非首次涉足电竞产业，2017年他们曾是英雄联盟LCS2017夏季总决赛的官方合作伙伴，宝马此次赞助电竞俱乐部的事宜早在疫情爆发前就已经谈好。宝马投身电竞领域的初衷，是想成为全球体育电竞项目值得信赖的合作伙伴，并为电竞行业创造实实在在的价值。这一次令人瞩目的大举措满足了品牌的曝光需求，促进了企业形象的高效传播。由于电竞大赛的观众年轻化，汽车品牌可以通过培养与未来公众的良好感情，提前锁定自己的消费群体，从而帮助企业获得经济效益和社会效益。

图10-1　5支战队同时发布颇具特色的合作车款

赞助属于公关专题活动。所谓公关专题活动，是指社会组织为实现某一特定的目的，通过策划和安排，举办数量较多的有关人员参加的、主题明确的专门活动。举办公关专题活动的目的，是在人数较多的公开场合树立社会组织某方面特别突出的形象，以强化公众关系，扩大社会影响，进行定向的重点沟通。公关交际的专题活动形式很多，限于篇幅，本章我们仅对主要的公关专题活动加以介绍。

第一节　庆典

庆典，也称庆祝典礼。在商务活动中，商务人员参加庆祝典礼的机会很多，既有可能为本组织举行一次庆祝典礼，也有可能应邀出席其他组织的某次庆祝典礼。

一、庆典的定义

庆典是围绕重要节日或重要活动开幕等而举行的庆祝活动，有助于提高组织的知名度、扩大组织的社会影响，组织应想方设法、合情合理地利用它。

二、庆典的主要类型

就内容而论，庆典大致可以分为 3 类。

（一）节庆

节庆是为盛大节日或共同的喜事而举行的表示快乐或纪念的庆祝活动。不同国家甚至同一国家的不同地区，都有自己独特的节日。节日又有官方节日和民间传统节日之分。节庆日是酒店、宾馆等服务型企业开展公共关系活动的绝好时机。所以，每年 6 月 1 日前后，大小商店都会在儿童用品上绞尽脑汁；中秋节前，则会爆发一轮又一轮的"月饼大战"；国庆节前夕，旅游胜地和饭店就会大张旗鼓地宣传和推介其优质特色服务。

（二）纪念活动

纪念活动是利用社会上或本行业、本组织的具有纪念意义的日期而开展的公关专题活动。可供组织举办纪念活动的日期有很多，如历史上重要事件的发生纪念日、本行业重大事件的发生纪念日、社会名流和著名人士的诞辰或逝世纪念日。而本组织的周年纪念日及获得重大成就的纪念日，更是举办纪念活动的极好时机。举办这样的活动，可以传播组织的经营理念、经营哲学和价值观念，使社会公众了解、熟悉进而支持本组织。因此，举办纪念活动实际上是在做极好的公关广告。

（三）典礼仪式

典礼仪式包括各种典礼和仪式活动，如开幕典礼、开业典礼、项目竣工典礼、毕业典礼、颁奖典礼、就职仪式、授勋仪式、签字仪式、捐赠仪式等。一般来说，组织常举行的典礼仪式如下。

一是本组织成立周年庆典。通常都是逢五、逢十进行的，即在本组织成立 5 周年、10 周年以及周年数为 5 的倍数时进行。

二是本组织荣获某项荣誉的庆典。当组织荣获了某项荣誉称号或组织的"拳头产品"在国内外重大展评中获奖时，基本上均会举行这类庆典。

三是组织取得重大业绩的庆典。例如，千日无生产事故、生产某种产品的数量突破 10 万台、经销某种商品的销售额达到 1 亿元等，这些来之不易的成绩，往往都要举行此类盛典来庆祝。

四是组织取得显著发展的庆典。当组织建立集团、确定新的合作伙伴、兼并其他组织、分公司或连锁店不断发展时，都需要庆祝一番。在实际工作中，典礼仪式多样，并无统一模式。有的仪式非常简单，如某企业办公楼的开工典礼，放一挂鞭炮，企业老总喊一声"开工"，仪式便宣告结束；有的仪式非常隆重、庄严，如英国女王登基、国外皇室婚礼及葬礼等，甚至还有一套严格的程序。

三、庆典的作用

庆典大体可引起三大效应：一是引力效应，指组织通过庆典吸引公众的注意力；二是实力效应，指通过举办大型庆典，显示组织强大的实力，以增加公众对组织的信任；三是合力效应，开展大型庆典，能增强组织内部职工、股东的向心力和凝聚力。

四、庆典的注意事项

庆典既是社会组织向社会和公众展现自身的机会，也是对自身的领导和组织能力、社交水平以及文化素养的检验。因此，举办庆典时，公关人员应做到准备充分、接待热情、头脑冷静、指挥有序，并注意以下事项。

（一）一般注意事项

（1）确定庆典的主题，精心策划安排，并进行适当的宣传。

（2）拟定出席庆典的宾客名单，一般包括政府要员、社区负责人代表、同行代表、员工代表、公众代表、知名人士、社团。

（3）拟定庆典程序，一般为签到、宣布庆典开始、宣布来宾名单、致贺词、致答谢词、剪彩等。

（4）事先确定致贺词、致答谢词的人员名单，并拟好贺词、答谢词，贺词、答谢词都应言简意赅。

（5）举行剪彩、揭牌等仪式，要确定仪式参与人员，除本组织领导外，还应邀请德高望重的知名人士。

（6）安排各项接待事宜，事先确定负责签到、接待、剪彩、摄影、录像、扩音等相关工作人员。

（7）可在庆典中安排节目，如舞龙等；还可邀请来宾题词，以作为纪念。

（8）庆典结束后，可组织来宾参观本组织的设施、陈列等，创造对外宣传的机会。

（9）通过座谈、留言，广泛征求意见，并综合整理、总结经验。

（二）需特别注意的事项

上面讲的是举办庆典所要注意的一般事项。实际上，庆典中还有一些细节事项需要格外注意，下面举例说明。

1. 国旗悬挂

国旗是一国的标志和象征，人们往往通过悬挂国旗来表达对本国的热爱和对他国的尊重。在国际交往中的悬旗惯例，已被各国公认，成为一种重要的礼宾仪式。接待国宾时，通常要在国宾下榻的住所和交通工具上悬挂该国国旗；两国国旗并挂，以旗本身面向为准，右挂客方国旗，左挂主方国旗；车上挂旗，则以车辆行驶方向为准，司机左方挂主方国旗，右方挂客方国旗。在国际会议会场也要悬挂与会各国国旗。悬挂国旗的一般规定是日出升旗，日落降旗；悬挂双方国旗，左为下，右为上；升旗时，服装整洁，立正，脱帽，行注目礼。如遇外国元首或政府首脑逝世，一般在特定建筑物上降半旗致哀，通常的做法是先将旗升至杆顶，再下降至旗顶与杆顶之间的距离为旗杆全长的 1/3 处。

2. 签字仪式

签字仪式是一种常见仪式，作为组织中负责对外交往和礼宾的公关人员，应当熟悉签字仪式的程序。签字时，双方签字人员的身份应大体相同。安排签字及签字仪式是一项细致的工作。第一，要做好文本的定稿、翻译、校对、印刷、装订、盖火漆印等工作；第二，准备好签字用的文具、国旗等物品；第三，与对方商定签字人员及参加签字仪式的人员，原则上是双方参加会谈的人员出席，或者为表示重视，安排较高级别的领导出席签字仪式。签字后，由双方签字人员互换文本，相互握手，有时还备有香槟酒，以示庆贺。

3. 签到

宾客来到后，有专人请他们签到。如此时组织有关于产品经营及公司全方位说明的资料，均可发给到来的宾客，以提高组织的知名度。

4. 接待

宾客签名后，由接待人员将其引到备有茶水、饮料的接待室，让他们稍事休息并相互认识。

5. 剪彩

剪彩者的服饰应整齐，并保持稳重的姿态走向彩带，步履稳健，全神贯注，不和别人打招呼。拿剪刀时以微笑向礼仪小姐表示谢意。剪彩时，向手拉绸带或托彩花的左右礼仪小姐微笑点头，然后神态庄严地一刀剪断彩带。剪彩完毕时，转身向四周观礼者鼓掌致意。

6. 致辞

由主客双方领导或代表致辞。无论是开幕词、贺词还是答谢词，均应言简意明、热烈庄重，切忌长篇大论。

7. 活动

典礼完毕，宜安排些气氛热烈的活动，如敲锣打鼓、舞狮子等。

8. 参观、座谈或聚会

主持人宣布仪式结束，即可引导宾客参观工程、组织、公司或商店。要使员工有主人翁的优越感，使宾客们有受到尊重的感觉，以达到交流感情的目的。

第二节　展览展销

展览展销具体包括博览会、展销会、展销交流会、交易会、贸易洽谈会、展示会、展评会、样品陈列等形式。展览展销一般会有大量的公共关系活动，往往会给公众留下深刻的印象，因此，展览展销是各社会组织塑造良好组织形象的好机会。

一、展览展销的定义

展览展销是指通过实物并辅以文字、图形或示范性的表演来展现社会组织成果，以塑造组织形象、促进产品销售的专题活动。它是组织塑造形象的理想的公共关系宣传形式之一。

二、展览展销的作用

展览展销是一种十分直观、形象生动的复合型传播方式。展览展销会可为组织和公众提供直接的双向交流、沟通的机会。具体来说，展览展销的作用如下。

（一）综合运用多种传播手段，能给观众留下深刻印象

展览展销上既有面对面的交谈、讲解，也有文字材料，还有图片、幻灯片、录像带等多种形式的资料。它可以同时用产品说明书、宣传手册、活页广告等文字媒介，照片、幻灯片、录像片及电影等音像媒介，现场广播等声音媒介，现场表演、示范等动作语言媒介以及实物媒介等多种媒介，进行全方位的宣传。多种传播手段的结合，能给观众留下深刻的印象。

（二）沟通、宣传效果好

展览展销通过直观的实物、精致的艺术造型、亲切动人的解说、悦耳的背景音乐，营造出一种绝佳的宣传环境。在这种环境中，组织与公众沟通和交流起来更容易。

（三）效率高，省时省力

展览展销可集中不同行业的同一产品，也可集中同一行业的不同产品，给公众提供了选择、比较的机会。这为组织的宣传促销节省了大量时间和费用。对于公众来讲，可以用触摸、使用、品尝或其他方式对展览商品加以检验，形成较完整的感性认识；同时，由于展览展销会集中许多行业不同的产品，而且价格也较优惠，可以为公众节约大量的时间和费用。因此，组织和公众都比较喜欢这种形式。

（四）深受新闻媒介关注

展览展销属于大型综合性社会活动，是新闻媒介关注的焦点。因此，展览展销往往会成为媒体采访的热点，这对提高组织的知名度和美誉度有很大的帮助。

（五）促进产品的销售

展览展销也是一次商品广告会，各组织届时都会展出自己最好的产品，从而促进组织产品的销售。

（六）促进信息的交流

在展览展销会上，组织间通过信息交流，能够迅速掌握行业最新动态和公众心理，从而为其制定发展政策提供依据。

三、展览展销的种类

展览展销按场地分，可分为室内展览、露天展览；按形式分，可分为固定展览、流动展览；按性质分，可分为商贸展览、宣传展览（商贸展览是推销商品，如推销旅游线路、景点等；宣传展览是推销形象，如×××组织形象宣传）；按规模分，可分为大型、小型和微型展览；按内容分，可分为专题展览、综合展览。专题展览也称专项展览展销，即围绕一项主题或一个专题举办的展览，如×××美食节。综合展览是针对一个主题做多方面的宣传，如法国与我国共同举行的文化节展览等。综合性产品展览展销可同时展览多家不同产品。

四、展览展销的组织工作程序

展览展销的组织工作程序包括以下 10 个方面的内容。

（1）分析举办展览展销的必要性。

（2）确定展览主题和子题目。在复杂的展览内容中，首先要明确一个基本的主题，作为全局的纲领。其他子题目，必须围绕主题进行，目的是给公众留下鲜明、深刻的印象。

（3）确定展览类型和参展单位。展览类型可分为室内或露天；大型或小型；专题类或综合类。参展单位可分为同类或不同类。一般用广告的方式征集参展单位。

（4）明确参观者的类型。参观者有专业型和参观型之分。一般要准备两套解说词：对于参观型的参观者，解说词要通俗易懂；对于专业型的参观者，介绍的资料应详细和深入，学术性要强。

（5）建立新闻媒介联络机构。新闻媒介联络机构的工作是对外发布新闻、与新闻界联络、挖掘展览展销的新闻热点和亮点、写作新闻稿件。

（6）做好工作人员的培训。解说员、接待员、服务员的工作质量将直接影响展览展销的质量和效果，必须对其进行现场培训，使其熟悉工作和环境，能应付各种特殊情况。

（7）编制展览展销预算。要具体列出展览展销的各项费用，进行核算，有计划地分配资金。一般情况下，展览展销预算包括 7 项：场地费、设计费、人工费、联络和交际费、宣传费、运输费、保险费。预算要留有余地，防止突发事件发生。

（8）确定展览展销工作人员及其责任。具体包括以下几个方面。

① 安排好产品介绍人员。产品介绍人员应对展览产品有较全面的了解，还要有一定的语言表达能力，在服务时应着装整齐、仪容端庄、面带微笑、尊重每一位顾客，可以身披绶带，绶带上印有组织名称，也可佩戴标签。

② 安排团体订货室及工作人员。工作人员应懂得订货知识，并按组织订货的有关规定进行工作；工作中应热情接待客户，主动介绍订货规定及优惠政策。

③ 安排迎宾礼仪小姐。礼仪小姐既要热情迎客，也要做好引导工作。

④ 安排广告及新闻报道人员。新闻报道人员安排展览展销的广告制作，他们要策划各种产品及展览展销的广告内容及形式，确定新闻发布的内容、时机、范围和形式。

⑤ 领导机构。展览展销应设立领导机构，以保证人员分工明确、责任到位。

（9）公关活动安排。应想方设法运用公关知识，使展览展销办得生动活泼、别具一格。举行展览展销开幕式，应邀请有关知名人士出席，并为消费者签名。最佳的展览厅位置一般在一楼的入口附近；如果在不好的位置，组织应设法以一些新奇事物来吸引客人。

（10）做好事后效果测定。为了组织更好地发展，每举办一次活动都应做好事后效果测定工作，可采取问卷调查、统计参观人数、计算销售利润、有奖问答等多种方式来开展该项工作。

五、展览展销的注意事项

展览展销尤其是大型的展览展销，是一项综合性的、多维的、立体式的传播活动。要办好展览展销需要精心地组织，需要有关部门的密切配合，还必须有一定的展览费用。公共关系部门责无旁贷地充当着组织者的角色，为办好展览展销，需要注意以下几个环节。

（一）工作围绕展览展销的主题和目的展开

根据展览展销的主题和目的确定参展单位、参展项目与参展标准，然后采取广告和发邀请信的方式召集参展者。这时，还要根据交通条件、服务设施、天气以及时间长短等情况，确定展会的时间和地点。另外，预测参观人数和参观者的类型或层次，也是一项必须完成的工作。

（二）培训讲解及示范操作人员

展览展销既是组织产品、服务的展示，也是组织员工精神面貌和综合素质的展示。公众当然可以通过自己的眼、耳、口、鼻、舌、皮肤等直接感知展销物品，但如果辅以人员讲解及操作示范，效果无疑会更佳。这就要求在举办展览展销之前，精心挑选和训练工作人员，如讲解人员、接待人员、示范人员等有关专业人员。培训内容包括各项目、内容的专业基础知识，公关接待和公关礼仪方面的基本知识，各自的职责、各种可能发生的突发性事件的处理原则和基本程序。

（三）成立专门对外发布新闻的机构

新闻发布机构的工作内容是：在展览展销日期、地点确定后，举办记者招待会发布消息，邀请新闻界人士参加开幕式，尽可能多地在报刊、广播、电视上报道开幕式的消息和实况。这样做可以在展览展销开始之前就产生较好的宣传效果，也可以吸引更多的参观者。公关人员要安排好新闻发布室，并准备新闻报道所需的各种辅助宣传材料。要与新闻媒体加强联系，在展览展销期间，新闻发布室应自始至终开放，随时收集参观者及展览展销的有关信息，并与新闻媒体保持密切联系。

（四）总结评估

展览展销结束后，公关人员应注意收集新闻媒体对展览展销的有关报道，总结经验教训，留档保存，将这些资料作为下次举办展览展销的参考依据。

第三节　新闻发布会

新闻发布会一般由组织负责人或公关部负责人直接向新闻界发布有关本组织的重要信息，然后通过新闻界把消息传递给公众。它是组织与新闻界建立和保持联系的一种较正规的形式，在公关专题活动中较为常见。

一、新闻发布会的定义

新闻发布会是指一个社会组织直接向新闻界发布有关组织的信息、解释组织重大事件而举办的活动。

二、新闻发布会的特点

新闻发布会受到人们的广泛关注，可迅速及时地把组织的重要信息传递给公众，因而新闻发布会具有以下特点。

（一）形式正规、隆重

新闻发布会的地点往往会精心安排，邀请记者、新闻界（媒体）负责人、行业部门主管、各协作单位代表及政府官员。规格较高，易引起社会的关注。

（二）沟通活跃

会上先发布新闻，后请记者提问并回答。通过自由提问，记者能更好地发掘消息，促进双向沟通。

（三）方式优越

新闻传播面广，报刊、电视、广播、网站集中发布（时间集中、人员集中、媒体集中），能迅速将信息传递给公众。

（四）对主办方的要求高

新闻发布会的成本较高，因此对组织发言人和会议主持人的要求也很高。

 精选案例

新闻发布会与记者招待会的区别

新闻发布会与记者招待会的区别如下：新闻发布会往往是例行的，记者招待会一般是专题性的；新闻发布会侧重于发布新闻，发布者不一定需要回答记者的问题，记者招待会则以"答记者问"为主要特色，具有双向沟通的特点；新闻发布会可以采用公告、书面等形式替代口头发布，记者招待会则必须有口头的交流；新闻发布会可以由一般层次的公关人员实行，而记者招待会则需要较高层次的人员出席。

三、新闻发布会的作用

新闻发布会是主动向外界发布"新闻"，从而达到引起众人关注的目的。它的传播范围广、影响范围大，传播迅速及时，具有时效性，有助于针对具体事实进行解释说明或传播宣传。

德国奔驰公司为新车举办的新闻发布会，曾给记者们留下了深刻的印象。一是规模大。有50多个国家和地区的1 200多名记者参加。二是材料全。有关于奔驰公司历史沿革、经营情况、领导者简况以及公司总部大楼艺术特色等的介绍，有关于新车的材料，可供挑选的照片有二三百幅，有专门拍摄的一部专题影片，有介绍情况的CD等。三是组织严密。第一天上午在奔驰公司总部报到，下午1点半举行30分钟的会议，介绍日程安排和新车的大致情况，中间穿插两部短片，给人以形象具体的感觉；下午2点，所有记者2~3人为一组，分别驾驶近百辆型号、性能和装饰都不同的新车，从斯图加特市出发，沿着乡间公路，向160多公里外的乌尔姆市进发，让记者亲自尝试这种新车的创新性、安全性、舒适性等；晚上6点左右，各国记者驾车到达乌尔姆市，先参观新车展览，然后参加由奔驰公司CEO主持的新闻发布会；第二天早上8点，记者再驾车从另一条以高速公路为主的道路返回，中午到达斯图加特机场然后回国。四是注意收集记者反映。奔驰公司注意抓住同记者交谈的机会。试车结束后，奔驰公司又请部分记者举行座谈会。五是服务细致。奔驰公司通过新闻发布活动，让世界更好地了解了奔驰公司及其新车。

 精选案例

苹果2019秋季新品发布会

北京时间2019年9月11日凌晨1点，苹果2019年秋季新品发布会在乔布斯剧院召开，苹果公司正在向互联网公司转变，这是一场以内容服务为核心的发布会。发布的每一款新产品都在帮助苹果公司构建超级内容枢纽，未来苹果公司将会依靠这个枢纽为用户提供大量优质内容服务，并且为苹果公司开启了"后iPhone时代"。虽然网友们吐槽手机无5G和无创新，但多数媒体机构还是给予了正面评价。在2020年第1季度，iPhone 11、iPhone 11 Pro和iPhone 11 Pro Max机型占美国iPhone销量的66%，该销量说明新品发布会起到了相应的作用。

四、举办新闻发布会的注意事项

举办一场新闻发布会是为了迅速地传递组织的信息，具体的工作过程常存在着一些问题和误区，需要注意以下事项。

（一）确定有新闻价值的主题

在决定是否举办新闻发布会之前，至少应确定有新闻价值的主题。而且主题应集中、单一，不能同时发布几个不相关的主题。

（二）确定认发布新闻的最佳时机

组织应确认发布新闻的最佳时机。对于一个组织来说，举行新闻发布会是为公布与解释组织的重大新闻。比如：企业创办或开业之时；周年庆典或周期性纪念活动；拟定了新的重大发展规划或新决策即将付诸实施；迁址、新厂使用或旧厂扩建；新设备投入试运行；更改企业名称；企业合并、兼并、合作或合资；资产重组、内部改组、转型以及品牌延伸；企业人事重大调整；企业实行股份制改造；发行股票或筹集资金；新产品的开发与上市，或新技术、新服务产品获奖；取得销售业绩的最新纪录，进军新的市场领域，改变经营方针；扩大生产规模；重要领导人视察企业；特殊客户来访；企业受到政府嘉奖，企业领导人受到奖励，出现英雄、模范人物；向社会公开征集标志、商标；聘请明星做产品代言人等，这些时候都可以举办新闻发布会。

选择召开时机的要则，一是要及时，不要拖，尤其是发生与组织形象有关的突发事件时；二是要注意避开重大节日和社会活动。

新闻发布会的日期选定后，要提前 3～4 天派专人将请柬送到应邀者手中，不能邮寄，以免发生丢失和滞后收到请柬的现象；如果要求外地记者到场，要提前一个月，最迟不能少于半个月寄出请柬，并于会前 3～4 天电话通知，以保证受邀请的记者都能参加会议。

（三）挑选发言人

如果没有专职的企业新闻发言人，那么发言人原则上应安排总经理或厂长等组织主要负责人担任，因为他们能够准确地回答有关组织的方针、计划、生产、经营等重大问题。主要发言人应头脑机敏、口齿清楚，具有较强的口头表达能力。

（四）真诚主动地对待记者

与新闻界合作应以"真诚主动"4 字为原则，切不可因为自己的组织在社会上有了一定的声誉就趾高气扬，认为记者会有求于己。公关人员必须时刻牢记记者的双重性特征，应尽量满足他们的合理要求。

 精选案例

2019 格力·中国杯国际足球锦标赛新闻发布会举行

2019 年 2 月 21 日，2019 格力·中国杯国际足球锦标赛新闻发布会在上海举行，会上正式公布了参赛队伍信息及赛事信息。在本届格力·中国杯国际足球锦标赛中，中国队将继续坐镇南宁，同时南美劲旅乌拉圭队、亚洲对手乌兹别克斯坦以及泰国队也将参加。3 月 21 日至 25 日，第三届格力·中国杯国际足球锦标赛将在广西南宁点燃战火，焕然一新的中国男足国家队将在中国杯赛场完成首次亮相，这也将成为国足踏上 2022 年世界杯征程的全新起点。

2019 格力·中国杯国际足球锦标赛继续由中国足球协会、广西壮族自治区体育局、南宁市人民政府以及万达集团主办。作为唯一以"中国"命名的国际足联 A 级赛事，"格力·中国杯"是在中国本土举办的男子足球最高竞技水平的赛事之一。在过去两届"格力·中国杯"中，世界级球员星光闪耀，"卡瓦尼倒挂金钩"、"贝尔单骑闯关"及"中国队读秒扳平、点球逆转"都成为赛事历史上永恒的经典瞬间。

第四节　赞助

赞助意为支持并协助。公关赞助是社会组织举办的专题活动最常见、最重要的形式之一，因为它既可以为社会公益事业的顺利进行提供保障，同时又可以为各类组织的不断发展创造和谐的社会环境，如能在公众中获得良好的声誉、能得到政府的肯定等。因此，越来越多的营利性组织纷纷将自己收益的一部分回馈社会公益事业，以表示它们乐于承担一定的社会责任和义务。

一、公关赞助的定义

公关赞助是指组织通过无偿地提供资金或物质对各种社会公益事业做出贡献，以提高组织的社会声誉，树立良好的组织形象的公关专题活动。

二、公关赞助的意义

组织之所以对社会公益事业慷慨相助，是因为公关赞助对塑造组织形象有特别重要的意义，具体如下。

（一）公关赞助是一种市场传播的技巧

公关赞助可以用来扩大现有的产品市场，或向与组织密切相关的公众介绍一种新产品。公关赞助又是一种巧妙的投资方式，它能在做好事的同时帮助组织迅速、准确地占领市场。

（二）公关赞助是一种创造组织形象的方法

组织决策者可以通过个人与其他组织的接触，提高组织和个人的地位，加强与现有消费者的联系，发展新的业务，创造组织形象。

（三）公关赞助是与组织内部员工沟通的渠道

公关赞助可以用来提高士气，增强员工的组织意识并使员工为此感到自豪，强化组织的向心力和凝聚力。

（四）公关赞助是一种获得公众支持、消除敌意的手段

通过公关赞助活动，组织可以向公众传播有利于组织的信息，表明组织的诚意和实力。这种信息传播的可靠性远比商业广告高。

三、公关赞助的类型

从赞助的对象来看，公关赞助可以分为以下几类：赞助体育运动、赞助文化生活、赞助教育事业、赞助社会慈善和福利事业、赞助各种展览和竞赛活动、赞助宣传用品的制作、赞助建立某一职业奖励基金、赞助学术理论活动。

从赞助的形式来看，公关赞助可以分为以下两类：一是组织参加赞助，即对其他组织的赞助邀请做出响应；二是组织发起赞助，即组织为达到某个公关目的而主动发起的赞助活动，

具有创意性。

四、公关赞助的基本原则

公关赞助是一种技术性和政策性很强的公共关系宣传活动，开展赞助活动必须遵循以下基本原则，如图 10-2 所示。

图 10-2　公关赞助的基本原则

（一）社会效益原则

组织开展赞助活动的目的是树立组织的社会形象，表明组织积极承担社会责任和义务。因此，开展赞助活动必须着眼于社会效益，以获得公众的普遍好感。一般来说，组织应优先赞助社会慈善事业、福利事业、教育事业和公共设施的建设。

（二）合法原则

合法原则是开展赞助活动的基本要求。组织开展赞助活动时必须遵守党和国家的政策法律。违背政府的经济政策法规，利用赞助活动搞不正之风，会削弱赞助活动的宣传效果。

（三）实力原则

一般来说，组织开展赞助活动时应当量力而行，根据组织经济实力和市场发展战略，支出合理的赞助经费。赞助经费的数额，必须在组织能够承受的范围之内，同时又要达到一定的额度，以形成较大的影响。

（四）相关原则

组织赞助的活动对象应当与公众生活或自己的经营内容相关联。例如，运动饮料厂赞助体育事业，这样的赞助活动自然和谐，既可提供经费，又可提供饮料，实惠方便，容易达到公共关系宣传的良好效果，强化组织的品牌形象。

（五）目标明确原则

组织所赞助的项目须适合本组织的特点和满足本组织的需要，有利于提高本组织的社会影响力，或扩大业务领域。

五、公关赞助的实施步骤

公关赞助是组织非常重要的一项公关专题活动。开展赞助活动前应从社会组织机构经营活动的政策入手分析组织目标，确定赞助目的；应制订计划，进行成本与效益分析，保证社会和组织都能获益。具体实施和效果评估也应当进行细致的安排及认真的研究，其实施步骤主要包括以下几点。

（一）前期研究

赞助之前应做好深入细致的调查研究，调查组织自身的公共关系状况、经济状况、赞助活动的影响、被赞助者的公共关系状况等。在此基础上，研究赞助项目的必要性、可行性、有效性。

（二）制订计划

赞助计划一般应包括：赞助的目标、对象、形式；赞助的财政预算；为达到最佳赞助效果而选择的赞助主题和传播方式；赞助活动的具体实施方案等。另外，也应备有应变方案。赞助计划是赞助研究的具体化，应做到有的放矢，控制赞助范围，防止赞助规模超过组织承受力，同时要杜绝浪费现象。

（三）审核评定

每进行一次具体项目的赞助，都应由赞助委员会对此项目进行详细的分析研究。赞助委员会结合该年度的赞助计划进行逐项的审核评定，确定可行性、赞助的具体方式和款额，以及赞助的时机，以便制定此项赞助的具体实施方案。

（四）具体实施

应派出专门的公关人员负责赞助实施方案的具体落实。

（五）效果测评

对完成活动的经验加以总结，活动效果不理想的应找出原因。赞助活动的效果应由组织自身和专家共同测评，尽可能做到符合客观实际。

拓展案例

第 42 届 ACM-ICPC
全球总决赛落下帷
幕 商汤持续助力
优秀 AI 人才培养

六、公关赞助的注意事项

（1）要优先对各种慈善事业、社会福利事业和活动、公共设施、教育事业进行赞助。

（2）要注意留存一部分机动款项，作为遇到临时、意外情况时的备用款。

（3）对各种明显不能满足其需要的征募者，应坦率而诚恳地解释组织的有关政策，但不能为威胁利诱所屈服，必要时可诉诸社会舆论和法律，以保障组织的合法权益。

（4）积极寻找每一个机会，为组织树立一个鲜明突出、慷慨大方的形象，发展组织与公众之间互利互惠的双边关系。

（5）估算出每个项目的资金，确定赞助规模以及一致性和连续性，预测赞助活动对树立组织形象、提高组织知名度的影响程度。

（6）随时跟踪新闻媒介的动态、公众的反应，及时将有关情况反馈给组织决策者，因为赞助活动将对组织的基本方针产生积极的影响。

（7）利用组织现有的宣传和营销手段支持赞助活动，如利用广告、小册子、组织出版物、新闻等进行宣传。

（8）采用别具一格的赞助方式，赞助方式切忌雷同。

 **精选案例**

赞助和捐赠的区别

在公共关系实践中，越来越多的社会组织开始注意社会责任的承担，赞助和捐赠都是承担社会责任的一种体现，都用于社会公益事业，以获取公众的好感。人们常常把它们混为一谈，其实二者有很大的区别。

捐赠只是捐赠者对社会慈善事业做出贡献的一种行为，它不能产生利润，捐赠者可以得到一份捐赠证书、一份慈善税单。而赞助则是指组织为了更大的利益，通过制订富有创意的资助社会公益事业的计划，运用多种传播手段，提高其知名度、树立良好形象的一种公关手段。它实际上是一种投资，通过这一手段，组织可以获得意想不到的好处。

国外专家常常把赞助表述为：一种通过资助文化、艺术、体育、教育等可能产生深远影响的活动，从而进行真正有效的公众传播的行为。它是一种双向的、有效的传播手段，在市场营销上，它所得到的回报是可以估价的。

公关顾问应该将赞助与捐赠加以区分，区分的标准是：看组织资助社会公益事业是目的还是手段。我们所谈的赞助是针对组织的赞助投资而提供的专业服务，需要产生良好的公共关系传播效果，帮助客户获得较好的社会回报和商业回报。

第五节　开放参观

组织为了达到公关交际目的，可由公关部门组织对外开放参观活动，将组织内部有关场所和工作程序对外开放。这样可以让公众亲眼看见组织整洁的环境、先进的工艺、现代化的厂房设备、科学的管理制度、高素质的人员以及对社区和社会所做的贡献，还可以通过组织历史等资料向公众立体、全面地展示组织的过去、现在和未来前景。参观者可以是新闻工作者、消费者、本组织员工的家属等。

一、开放参观的定义

开放参观是指组织为了让公众更好地了解自己，或为消除公众对本组织的某些误解，由公关部门负责组织和邀请有关公众前来本组织参观的活动。

二、开放参观的作用

利用开放参观的方式可取得良好的公关效果。如法国邮政公关人员组织中小学生参观邮政企业已变成经常性的工作，每当有学生参观时，邮局指定专人接送、专人讲解，只要有可能，局长或其他主要领导人都会亲自为学生讲几句话、与学生见上一面。因为法国邮政总局非常重视对邮政潜在用户——青少年用户的开发，重视邮政在青少年心目中的形象。法国邮政总局局长曾明确提出："只有把握住了青少年，才能使邮政在竞争中立于不败之地，才能使邮政世代兴旺发达下去。"在这个思想的指导下，邮政不惜花费大量的人力和财力，使青少年从小就认识邮政、了解邮政、喜爱邮政。当然，由于工作场所中突然增加了很多人，开放参观活动会给管理人员和当班员工带来一些不便，但从长远的收益考虑，还是值得的。

总之，开放参观的作用有 3 点：一是可以促进公众对组织的进一步了解和支持，消除不良影响；二是可以向公众表示友好的情感，向公众展示自身的工作状况，在生产现场与公众交流和沟通，易博得公众的好感，沟通起来更加容易；三是可增强员工的荣誉感。社会心理学研究发现，"他人在场"会对员工的工作有促进作用，别人的欣赏和赞叹会让员工觉得自己的工作受人尊重、很重要。

三、开放参观活动的筹划准备

开放参观活动应认真筹划准备，一般要注意以下两方面的问题。

（一）明确目的

组织开放参观要达到什么效果，要留给参观者什么印象，这些问题都与公关活动的主题有关，确定主题后应想方设法将此主题表现出来。

（二）精心准备

参观工作有条不紊、卓有成效地进行，也是体现组织严谨务实风格的一个重要方面。公关人员应当事先做好准备，每个环节、每个具体活动都应妥当安排，如安排参观的时间、安排参与活动的人员、确定参观路线、发放介绍性资料、放映视听材料、安排观看模型、安排观看生产现场、赠送活动纪念品等，尽量做到无一疏漏。还要在实际活动的过程中，做到灵活机动，得体地应付突发事件，以保证开放参观活动顺利进行。

四、开放参观活动的注意事项

开放参观活动看似简单，实际内容还是很丰富的，筹划安排得怎样，对活动效果影响很大。因此，组织的公关活动策划人员要认真做好各项工作。具体而言，要注意以下事项。

（一）对外开放参观的规模

参观活动开展之前要确定规模的大小，从而做出相应的安排。如果只是少数几个人参观，可以陪同他们到几个部门去，并向他们介绍情况，赠送资料和纪念品等；如果是较大规模的团体参观，应制订一个计划，安排好接待次数、每次参观人数和开放时间等。一次接待 15 个人，每天接待 2～3 次，有专人陪伴并进行讲解介绍，回答参观者所提出的问题，这样的安排比较恰当。

（二）对外开放参观的时间

公关活动策划人员不但要考虑开放参观的时间，而且要考虑整个参观活动所需的时间。

将开放参观的时间安排在一些特殊的日子为好，如周年纪念日、企业开工日、节日等。如上海电视台每逢元旦、中秋节、春节便邀请本台职工家属来电视台参观，让他们为自己亲属在这里工作而感到骄傲，使他们支持并协助本台职工的工作。

要有足够时间准备对外开放参观活动。规模较大的开放参观活动需要 3～6 个月的准备时间，如果还要准备大规模的展览会、编印纪念册或其他特别节目，则所需时间更多，这时就需要注意时间安排的合理性，要尽量避开假期，并考虑天气、季节的变化等因素。

（三）对外开放参观的人员安排

从有开放参观的构想起，一直到活动的结束，都应有高层主管人员参与此事。组织大型的参观活动，应当成立一个专门的活动筹备委员会。委员会成员应包括组织领导、公关人员、行政部门和人事部门人员等。组织还要根据参观的不同目的来选择不同的人陪同，如果参观的目的是介绍服务或产品，还要请销售部门人员参加。

（四）宣传材料

准备一份简明易懂的说明书或宣传材料，在参观前发给参观者。

（五）规划参观线路

提前规划好参观线路，防止参观者越过参观范围，出现不必要的麻烦和事故。

（六）做好接待服务工作

对参观者应热情周到，做好接待工作，如安排合适的休息场所和备好茶水饮料；需要招待用餐的，也要事先做好安排；如果邀请的对象有儿童，则更要特别小心，要准备点心、休息场所、必要的盥洗设备等，也可给儿童送一些印有介绍组织的资料的玩具。

第六节　商务谈判

商务谈判早已不是新鲜事物，从出现经济交往活动的那天起，商务谈判也随之出现。但要注意的是，不一定是为收购某家企业或者签订价值几百万元的合同所进行的谈判才是商务谈判，只要是日常生意中与企业相关的利益群体，就有关涉及双方共同利益的"标的物"进行协商，最终达成一致的过程，就是商务谈判。商务谈判以获取经济利益为谈判目的，以价格为谈判核心。

一、商务谈判的定义

商务谈判是指不同的经济实体为了自身的经济利益和满足对方的需要，通过沟通、协商、妥协、合作等各种方式，抓住可能的商机的活动过程。

二、商务谈判的作用

商务谈判的作用如图 10-3 所示。

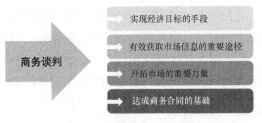

图 10-3　商务谈判的作用

（一）商务谈判是企业实现经济目标的手段

企业能否完成买卖过程并实现经济目标，取决于商务谈判人员对每一项交易所涉及的消费者方面的需求、购买动机、购买行为的运动变化规律，生产方面的条件、能力、期望等情况和产需两方面在市场上的平衡状况的认识水平；取决于他们对客户当时的交易意图、交易方式、交易动机的掌握和诱导水平；也取决于他们对客户潜在需求的挖掘能力等。

美国通用汽车是世界上最大的汽车公司之一，早期通用汽车曾经起用了一个叫罗培兹的采购部经理，他上任半年，就为通用汽车增加了 20 亿美元的净利润。他是如何做到的呢？汽车是由许多零部件组成的，其大多是外购件，罗培兹上任的半年时间里只做了一件事，就是把所有供应配件的厂商请来谈判，他说："我们公司信用这样好，用量这样大，所以我们认为，现在要重新评估价格，如果你们不能给出更好的价格，我们打算更换供应的厂商。"这样的谈判成功之后，罗培兹在半年的时间里就为通用汽车节省 20 亿美元！

（二）商务谈判是企业有效获取市场信息的重要途径

市场信息是指反映市场发展和变化的消息、情报、资料等。随着我国社会主义市场经济的发展，卖方市场逐步向买方市场转变，各种竞争越来越激烈，企业的生存和发展要以市场为导向，因此，获取市场信息是至关重要的。商务谈判，有利于企业及时、准确地获取市场信息，有利于企业有针对性地生产或销售适销对路的产品，有利于企业设计正确的市场营销组合，做出有效的经营决策。

（三）商务谈判是企业开拓市场的重要力量

企业的发展和壮大，需要依靠广阔的市场，开拓市场既包括巩固原有市场，又包括开辟新市场。商务谈判的直接目的是买进和卖出商品，但在大多数情况下，同时又在开拓新的市场。因为商务谈判的对象不仅包括老客户，也包括新客户。在商务谈判中，巩固和开拓市场没有明显的界线，二者紧密地结合在一起。

（四）商务谈判是达成商务合同的基础

市场经济是一种契约经济，商务谈判的目的是达成满足各方需要的合同，促使商品交易顺利进行。合同是商品交换当事人之间意见一致的结果。这种结果是通过一方提出要约，另一方对要约进行承诺而形成的。当然，一项合同往往要经过多轮要约、承诺才能成立，这一过程也就是商务谈判的过程。

三、商务谈判的原则

现代商务谈判的研究者尽管都十分重视对于技巧的研究，但他们都把技巧看作对商务谈判原则的具体灵活运用。所谓商务谈判原则是指在商务谈判过程中，谈判各方必须遵守的思想和行为准则。商务谈判原则是商务谈判内在的、固有的规范，任何谈判者在商务谈判过程中都必须遵守。充分认识和了解商务谈判原则，有助于掌握和运用商务谈判的策略与技巧，从而有利于保护谈判当事人的权利与利益，提高谈判的成功率。商务谈判应遵循以下原则。

（一）平等自愿、协商一致的原则

谈判是智慧的较量，谈判桌上，唯有确凿的事实、准确的数据、严密的逻辑和艺术的手段，才能将谈判引向自己所期望的方向。以理服人、不盛气凌人是谈判中必须遵循的原则。

（二）有偿交换、互惠互利的原则

人们在同一事物上的利益不一定就是矛盾的关系，或者说此消彼长的关系。他们很可能有不同的利益，在利益的选择上有多种途径。用一个简单的例子就可以说明这个道理。两个人争一个橘子，最后协商的结果是把橘子一分为二，第一个人吃掉了分给他的一半橘肉，扔掉了橘皮；第二个人则扔掉了橘肉，留下橘皮做药。如果采用将橘皮和橘肉分为两部分的方法，则可以最大限度地保证两个人的利益。认为谈判双方的利益是对立的传统观念是片面的。现代的谈判观点认为，在谈判中每一方都有各自的利益，但每一方的利益并不是完全对立的。一项产品出口贸易的谈判，卖方关心的可能是货款的一次性结算，而买方关心的是产品质量是否一流。因此，谈判的一个重要原则就是协调双方的利益，提出互利性的选择。

（三）合法原则

合法原则在商务谈判中是毋庸置疑、必须遵守的。在谈判的过程中，双方不仅要遵循本国的法律和政策，还要遵循国际法则，尊重别国的有关法律规定。商务谈判中所签署的协议，只有在合法的情况下才具有法律效力，才能保障谈判双方的合法权益。

（四）时效性原则

商务谈判的时效性体现在质与量两方面。所谓质，是指要抓住时机，该出手时就出手；所谓量，是指在谈判中快者败，慢者胜。商务谈判中切忌焦躁，要懂得慢工出细活。在商务谈判中适时地"装聋作哑"，最后让对方问我们："你觉得应该怎么办？"从而达到自己的目的，这样的例子很多。同时要注意时间的结构，凡是我想要的，对方能给的，就先谈、多谈；凡是对方想要的，我不能给的，就后谈或少谈。在会谈前先摸清对方的行程时间安排，在看似不经意间安排与会谈无关的内容，最后使对方有可能签订有利于我们的协议，在商务谈判中，依照这样的做法获得成功的案例数不胜数。

（五）最低目标原则

最低目标是在商务谈判中，某方必须达到的目标。它与最优期望目标之间有着必然的内在联系。在商务谈判中，表面上一开始要价高，往往提出的是最优期望目标，实际上这是一种策略，这样达到的实际效果，往往超过谈判者的最低目标，或至少可以刚好达到最低目标。然后通过对最优期望目标反复"压价"，最终可能达到一个超过最低目标的目标。

四、商务谈判的模式

相同模式的商务谈判具有相同的特点，了解并把握商务谈判的基本模式以及各个模式的特点，可以不被商务谈判千变万化的形式所迷惑，有利于谈判者理解商务谈判操作技巧的针对性，更好地发挥谈判技巧的作用。从谈判的历史发展过程看，谈判模式不外乎传统的谈判模式和现代的谈判模式两种。

（一）传统的谈判模式

传统的谈判模式是指谈判的一方维护自己的立场，另一方则极力迫使对手做出让步，改变其立场，最后一方或双方妥协并达成协议，妥协不成，则谈判随之破裂。传统的谈判模式如图 10-4 所示。

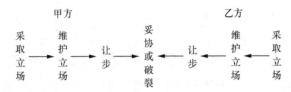

图 10-4　传统的谈判模式

传统的谈判模式是一种此消彼长的压迫式洽谈，这种谈判的结果或者是达成协议，或者是不欢而散，不利于建立长期稳定的协作关系。传统的谈判模式存在 3 个缺陷：一是难以达到谈判目标；二是谈判效率较低；三是协作关系难以维护，人际关系容易遭到破坏。

（二）现代的谈判模式

现代的谈判模式实质上是一种互惠的谈判模式，它是指谈判双方在了解自身需要的同时，也探寻对手的需要，在此基础上，与对手共同探寻满足双方需要的各种可行途径和方案，并最终决定是否采取其中一个或数个途径，以达成协议。现代的谈判模式如图 10-5 所示。

图 10-5　现代的谈判模式

微课扫一扫

商务谈判三部曲

（三）两种不同谈判模式的谈判者区别

两种不同谈判模式的谈判者区别如表 10-1 所示。

表 10-1　两种不同谈判模式的谈判者区别

传统模式下的谈判者	现代模式下的谈判者
把对手看作敌人	把对手看作合作者
追求的目标：单纯地满足自身的需要	追求的目标：在顾及效率及人际关系的情况下满足自身的需要
不信任对手	对对手提供的资料采取审慎的态度
对对手和谈判主题均采取强硬态度	对对手温和，但对谈判主题采取强硬态度
以自身受益作为达成协议的条件	探寻双方共同利益
给对手施加压力	讲理但不屈服于压力

五、商务谈判语言的特点

商务谈判语言是在商务谈判领域中使用的一种特殊语言，它不同于文学、艺术、戏曲、电影等使用的语言，也不同于日常生活用语。一般而言，商务谈判语言应具有如下基本特点。

（一）商务谈判语言的客观性

商务谈判过程中的语言表述要尊重事实、反映事实，不弄虚作假、凭空想象，不要使对方认为你没有诚意，从而失去与你合作的兴趣。商务谈判语言的客观性具体表现在买和卖两个方面。从卖方来看，商务谈判语言的客观性主要表现在：介绍本企业情况要符合实际；介绍商品性能质量要有事实依据，有条件的应当出示样品或当场进行演示；报价要恰当，既尽力满足己方需要，又不能忽视对方利益；确定支付方式时要考虑对方要求，采用双方都能接受的方式等。从买方来看，商务谈判语言的客观性主要表现在：介绍己方财务状况时，不要夸大其词；评价对方商品的质量要依据事实、中肯可信、恰当可行；还价要合情合理，压价要有根有据，无论交易成功与否，都要让对方感到己方的诚意。

（二）商务谈判语言的针对性

商务谈判涵盖的内容很广，这就要求商务谈判语言要有针对性。针对性是指商务谈判语言要围绕主题，对准目标，有的放矢，这样才能切中要害。具体而言，商务谈判语言的针对性是指针对某次商务谈判、针对某项具体内容、针对某个具体对手、针对对手的具体方面等。商务谈判内容一旦确定，就要认真准备有关资料，同时还要充分考虑商务谈判时将要使用的相关语言甚至行话。只有有选择地、有针对性地使用商务谈判语言，才能有益于商务谈判活动的顺利进行。

（三）商务谈判语言的论辩性

在某种程度上，商务谈判就是辩论，只有通过对商务谈判议题的辩论，才能拓展问题的外延和内涵，使问题更加明晰，便于找到双方的差距，进而找出解决办法。只有通过辩论才能展示谈判者的逻辑思维力量、对有关问题的独到看法、解决问题的想象空间以及独特的人格魅力；只有通过辩论才能说服对方，辩论的目的不仅在于明确问题，更在于解决问题。因此，商务谈判语言的论辩性从一开始便要融入商务谈判的特质中，谈判者必须掌握语言艺术，才能在辩论中取胜，才能抵达商务谈判成功的彼岸。

 案例分析

阿里巴巴 20 周年庆典

2019 年 9 月 10 日，阿里巴巴在杭州举行成立 20 周年庆典，这是马云宣布辞去阿里巴巴董事长职务的日子，也被视为马云的"退休"日。庆典上不仅讲述了阿里巴巴在创业初期的不易，经常遭受各种冷嘲热讽，承受常人无法想象的巨大压力，也宣告了阿里巴巴这 20 年在电商领域卓越的成绩。马云退休吸引了广大民众和媒体的注意，当天，阿里巴巴宣布全面升级使命、愿景、价值观，迎接面向未来的领导力升级。阿里巴巴公布"新六脉神剑"价值观

（见图10-6），"新六脉神剑"价值观由六句阿里巴巴土话组成，每一句话背后都有一个阿里巴巴发展历史上的小故事，表达了阿里巴巴人与世界相处的态度——客户第一，员工第二，股东第三；因为信任，所以简单；唯一不变的是变化；今天最好的表现是明天最低的要求；此时此刻，非我莫属；认真生活，快乐工作。同时，阿里巴巴集团宣布，CEO张勇接任马云职位，担任阿里巴巴集团董事局主席兼CEO。

图10-6　阿里巴巴公布"新六脉神剑"价值观

　　盛大的庆典显示了阿里巴巴强大的实力。在这场庆典中，值得注意的是阿里巴巴的企业价值观。2004年，阿里巴巴成立5周年时正式形成"六脉神剑"的价值观：客户第一，团队合作，拥抱变化，诚信，激情，敬业。2019年9月10日，阿里巴巴在成立20周年庆典这样的重大场合宣布"新六脉神剑"价值观，显示出阿里巴巴对其的高度重视，更让阿里巴巴10万多员工有了共识——阿里巴巴这20年的胜利，是阿里巴巴文化与价值观的胜利。同时，阿里巴巴认为"客户第一"是其取得巨大成功的必要条件。这场庆典也在社会上引起了强烈反响。

 思 考 题

1. 简述专题公关活动策划的内容。
2. 如何策划开业典礼？
3. 庆典活动的准备工作主要有哪些？
4. 新闻发布会与记者招待会的区别是什么？
5. 举办新闻发布会在程序上有哪些主要的步骤？
6. 何谓赞助活动？赞助活动有哪些作用？
7. 何谓商务谈判？商务谈判的基本原则是什么？

第十一章 公共关系礼仪

 引例

永远微笑服务

众所周知的美国"旅馆大王"康拉德·希尔顿，是世界上非常有名的酒店从业者，他的经营故事得从 1919 年说起，当时他把父亲留给他的 1.2 万美元连同自己挣来的 3 千美元投资出去，开始了他雄心勃勃的经营旅馆的事业，当资产从 1.5 万美元奇迹般地增值到几千万美元的时候，他欣喜自豪地把这一成就告诉母亲，母亲却淡然地说："依我看，你跟以前根本没有什么两样……事实上你必须把握比 5 100 万美元更值钱的东西：除了对顾客忠诚之外，还要想办法使住过希尔顿旅馆的人还想再来住，你要想出这样简单、容易、不花本钱而行之久远的办法来吸引顾客。这样你的旅馆才有前途。"

母亲的忠告使希尔顿陷入迷惘：究竟用什么办法才具备母亲指出的这几个条件呢？他冥思苦想不得其解。于是他逛商店串旅店，以自己作为一个顾客的亲身感受，得出了"微笑服务"这个准确的答案。它同时具备了母亲提出的四大条件。

从此，希尔顿实行了微笑服务这一独创的经营策略。每天他对员工说的第一句话是："你对顾客微笑了没有？"他要求每个员工不论如何辛苦，都要对顾客投以微笑。

1930 年西方国家普遍爆发经济危机，这也是美国经济严重萧条的一年，全美旅馆倒闭了 80%。希尔顿的旅馆也一家接一家亏损不止，曾一度负债 50 亿美元。希尔顿并不灰心，而是充满信心地对旅馆员工说："目前正值旅馆亏空，靠借债度日的时期，我决定强渡难关，请各位记住，千万不可把愁云挂在脸上，无论旅馆本身遭遇的困难如何，希尔顿旅馆员工的微笑永远是顾客的阳光。"因此，在经济危机中幸存的 20% 的旅馆中，只有希尔顿旅馆的员工面带微笑。经济萧条刚过，希尔顿旅馆便率先进入了繁荣时期，跨入了黄金时代。希尔顿酒店在 1919 年到 2020 年的 101 年里发展得如此之快，从一家店扩展到遍布全球 90 多个国家和地区的逾 4 000 家酒店，成为全球最大规模的酒店之一，康拉德·希尔顿所倡导的微笑服务正是奇迹产生的重要原因。

组织优质的服务离不开礼仪，公共关系礼仪是指组织对相关公众必须有的礼遇和尊重。公共关系礼仪作为一种传播和沟通的技巧，是公关工作人员在公关活动过程中必须遵循的礼节和仪式。作为公共关系的组成部分，公共关系礼仪对塑造良好的组织形象起到了不可替代的作用。了解和掌握公关交际中的基本礼仪，能够更好地开展公关活动。

第一节　公共关系礼仪概述

礼仪是在交往中体现出来的人们之间的相互尊重，是按约定俗成的方法付诸实施的不成文规定。

微课扫一扫

公共关系礼仪

我国是文明古国，礼仪之邦。礼仪在我国的历史上可谓源远流长。"克己复礼"的意思是说，每个人都要克制自己的欲望，懂礼仪，知廉耻，按照一定的程序处理人际关系问题。礼仪文明作为我国传统文化的一个重要组成部分，对我国社会历史发展产生了广泛深远的影响，其内容十分丰富。礼仪所涉及的范围十分广泛，几乎渗透于古代社会的各个方面，并且延续至今。

英语中的"礼仪（Etiquette）"一词是从法语 "etiguette"演变而来的。法语"etiguette"的原意是指法庭上用的一种通行证，它上面记载着进入法庭时应遵守的事项。后来，其他各种公众场合也都制定了相应的行为规则。这些规则由繁变简，构成系统，逐渐得到了大家的公认，也就成了大家都有意愿自觉遵守的国际礼仪。故而，公共关系礼仪对于公关人员来说是一种交际的"通行证"，学习相关知识十分必要。

一、公共关系礼仪的定义

礼仪是一个复合词，所谓礼是指道德规范形成的大家共同遵守的准则；仪是指人们的容貌、举止、神态、服饰，是一种形式。礼仪具体体现了一定的社会道德观念和风俗习惯，是人们礼节、动作、容貌、举止的行为准则。也就是说，礼仪是人们用来表达敬意、表示友好、调节行为的一种规范和制度。

公共关系礼仪简称公关礼仪，是指公共关系工作人员在公共关系活动中应遵守的尊敬他人、讲究礼节的规范和要求。公关礼仪与其他交际礼仪有很多相通之处，只不过目的、对象有所不同。

二、公共关系礼仪的作用

荀子云："人无礼则不生，事无礼则不成，国家无礼则不宁。"公关礼仪的作用不可忽视，它表现在以下几个方面。

（一）公共关系礼仪是自身修养的体现

有一位商人洽谈业务，谈了好几次，最后一次来之前，他曾对朋友说："这是我最后一次洽谈了，我要跟他们企业的最高负责人谈，谈得好，就可以拍板。"过了两个星期，朋友问："谈成了吗？"他说："没谈成。"朋友问其原因，他回答："对方很有诚意，进行得也很好，就是跟我谈判的这个负责人坐在我的对面，当跟我谈判时，他不时地抖着双腿，我觉得还没有跟他合作，我的'财'都被他抖掉了。"

西方有一句谚语：行为是心灵的外衣。礼仪不是一种规格划一的机械运动，也不是形式化的例行公事，它是自我修养的体现，别人会根据你的言行举止、风度仪表等来衡量你的自我修养水平。不要把礼仪规范硬往人和事上套，而是要用现代社会的道德和文明不断净化和完善自我，使自己的思想与现代文明观念合拍，从而使自己的行为与现代礼仪相合。只有当我们的良知和教养由内而外，自然而然地表现出来之后，别人才会为我们以礼相待的诚意所动，才会由衷地赞赏。"文明生产，礼貌待人"作为著名的职业道德规范之一，其目的就是要使良好的礼仪观念和礼仪常识深入每个员工的内心，成为习惯，进而提高其思想道德水平。公司员工是否懂得和运用现代商务活动中的基本礼仪，不仅能反映出该员工自身的素质，而且会折射出该员工所在公司的企业文化水平和经营管理境界。

（二）公共关系礼仪可传达感情

礼仪可表示尊重、尊敬等敬意，还可表示欢迎、友好等态度，它所表达的情感让服务对象有积极愉快的体验。以礼待人表情达意时，真诚是最重要的，应当神态自然、心口如一，切忌虚伪客套、言不由衷。如营业员小吴上班时嘴里说着欢迎光临，但他的眼神游移，面部表情平淡甚至有点不耐烦，为客户办理业务时草草了事，给客户的印象不佳，原因就是他缺乏真诚，故作姿态。

（三）公共关系礼仪可提高服务水平

如果不懂礼仪常识，很难做好服务工作，正确的礼仪可以提升服务对象对自己的认可程度，从而提升服务质量，使得双方关系更加融洽。服务工作的好坏不仅能体现出行风，而且也是社会文明程度的标志。所以很多服务部门制定了营业服务规范及其细则，供普通员工和管理人员学习参考，让每个从业人员都知道如何亲切、有礼貌地为客户服务，把服务工作提高到一个新的水平。

三、公共关系礼仪的原则

公共关系礼仪的原则一共有 8 条，如图 11-1 所示。

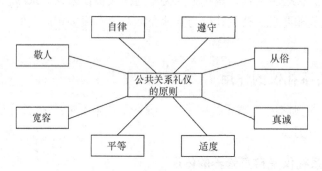

图 11-1　公共关系礼仪的原则

（一）遵守

在交际活动之中，每一位参与者都必须自觉、自愿地遵守礼仪，用公关礼仪去规范自己在交际活动中的言行举止。任何人，不论身份高低、职位大小、财富多寡，都应自觉遵守公共关系礼仪。

（二）自律

公共关系礼仪由对待个人的要求与对待他人的做法两大部分构成。其中对待个人的要求，是公共关系礼仪的基础和出发点。学习、应用公共关系礼仪，最重要的就是要自我要求、自我约束、自我控制、自我对照、自我反省、自我检点。

（三）敬人

在公共关系礼仪的两大构成部分中，有关对待他人的做法是公共关系礼仪的重点与核心。而对待他人的诸多做法之中最要紧的一条，就是常存敬人之心，处处不可失敬于人，不可伤害他人的个人尊严，更不可侮辱对方的人格。掌握了这一点，就等于掌握了公共关系礼仪的灵魂。

（四）宽容

宽容原则要求人们在交际活动中运用礼仪时，既要严于律己，又要宽以待人。要多容忍他人，多体谅他人，多理解他人，千万不要求全责备，斤斤计较，过分苛求，咄咄逼人。

（五）平等

本着尊重交往对象、以礼相待的原则，对任何交往对象都必须一视同仁，给予同等程度的礼遇。不允许因为交往对象彼此之间在年龄、性别、种族、文化、职业、身份、地位、财富以及与自己的关系亲疏远近等方面有所不同，厚此薄彼，区别对待。但允许对不同的交往对象，采取不同的具体方法。

（六）适度

在应用公共关系礼仪时，为了保证取得成效，必须注意技巧及其规范，特别要注意做到把握分寸，恰到好处。

（七）真诚

在交往活动中运用公共关系礼仪时，务必诚实无欺，言行一致，表里如一。只有如此，自己在运用公共关系礼仪时所表达出来的，对于交往对象的尊敬与友好感情，才会更好地被对方理解与接受。

（八）从俗

由于国情、民族、文化背景的不同，必须入乡随俗，与绝大多数人的习惯做法保持一致，切勿目中无人、自以为是。

第二节 公共关系礼仪的中西方文化差异

公共关系礼仪是人们在商务活动中长期形成的一种行为准则。它在商务活动中起着非常重要的作用。由于不同国家间文化传统的差异，世界上各个国家间的公共关系礼仪文化既有国际性，又有民族性。中华文化与西方文化存在的巨大差异，必然导致中西方公共关系礼仪千差万别。而随着经济的发展，我国的国际商务活动日益频繁。在这种背景下，我们必须了解不同文化下公共关系礼仪的差异，具备跨文化交际能力。只有这样，才能避免交际障碍，消除文化冲突，使交际活动更有效。概括来讲，造成公共关系礼仪这种差异的原因主要有中西方文化中不同的价值观、时间观、饮食观、语言习惯及非语言习惯等。本节从以上几个方面来分析中西方文化差异对公共关系礼仪的影响。

一、价值观

在我国传统观念中，人生的价值是体现在它的社会价值之中的，如"光宗耀祖，显赫门楣""先天下之忧而忧，后天下之乐而乐""天下为公"等词句，都是这一观念的体现。我国传统文化总是把个人或自我放在社会关系中去考察，从社会价值出发去判断及评定个人价值，而不是从个人出发去构建社会价值。它所追求的是一种群体和谐、稳定的伦理道德社会。个人不能脱离社会，个人有个性，应该弘扬个性，但个人永远不能置于国家、集体之上。这种非自我主体性的价值观念与西方的以自我为核心的个人主义价值观念大不相同。西方文化中，个人是社会的本位、目的和核心，因此，应将个人利益置于高于一切的位置。西方文化主张利己主义、个人英雄主义，主张个人具有自己生活上的隐私权。

在对待隐私的问题上，中西方的观念有很大不同。西方人视为干涉隐私的行为，在我国却是关心他人的具体体现，如见面后寒暄，询问别人的年龄、籍贯、职业等，这些都属于很正常的事情。而在西方，询问这些问题均被视为有失礼貌。在我国，老朋友可以不用预约就"登门造访"，这对西方人来说是不可思议的事。即使是要询问一件小事，他们也需要先打个电话，问主人是否方便。

二、时间观

在我国传统文化里，对时间的认识是一种环形时间观念。在这种观念的影响下，中国人使用时间比较随意，灵活性较强，可以随意支配时间。

与环形时间观念不同，西方人持有的是线形时间观念，认为时间是一条有始有终的直线。他们使用时间非常精确，做任何事都严格按照日程安排，时刻保持着一种对时间的"紧缺"感。在两种不同观念的支配下，各种文化里的人对时间的处理方式也不同。例如，在美国商人的眼中，时间永远是金钱。"开门见山吧"，他们愿意在第一次会见时就能得到口头的承诺。"我们是不是说定了？"会谈中，他们不喜欢停下来或者保持沉默。他们习惯集中精力、速战速决。因为他们的线形时间观念注重现在、计划未来，所以为争取时间应该及早地进入正题。

三、饮食观

"民以食为天"，这反映了饮食在中国人心目中的地位。中国菜肴强调"五味调和"和"色、香、味、形、器俱佳"，并特别重视味美。

在餐饮氛围方面，我国传统的宴席上，大家围着圆桌而坐，这就首先从形式上营造了一种团结、礼貌、共享的气氛。美味佳肴置于中心，人们相互敬酒让菜、热闹非凡。西式宴会的核心在于交谊，讲究优雅温馨，富有情趣和礼仪，通过与邻座客人之间的交谈，达到交谊的目的。

中西方宴请礼仪也各具特色。在中国，从古至今大多以左为尊，在宴请客人时，要将地位很尊贵的客人安排在左边的上座，然后依次安排。在西方则是以右为尊。"女士优先、尊重妇女"是西方宴会排座位的标准。宴席中，男女间隔而坐，夫妇也分开而坐，女宾客的席位比男宾客的席位稍高，男士要替位于自己右边的女宾客拉开椅子，以示对女士的尊重。

 精选案例

当文化相遇时的差异性

著名人类学家基辛（R. M. Keesing）在其《文化人类学》的开篇讲述了一个关于"吃"的故事："一个保加利亚主妇设宴招待她美国丈夫的一些朋友，其中有一个亚洲学生。当客人们吃完他们盘里的菜以后，她问有没有谁还想要第二盘，因为对一个保加利亚女主人来说，如果没有让客人吃饱，那是很丢脸的事。那位亚洲学生接受了第二盘，然后又接受了第三盘——使得女主人忧心忡忡地又去厨房里准备了下一盘。结果，那位亚洲学生在吃第四盘的时候，竟撑得摔倒在地板上了；因为在他的国家里，不能以拒绝女主人招待的食物来侮辱女主人。"

在这样一个例子中，我们能明确感受到的，正是"吃"的文化性。我们同样不难找到"喝"的文化性的例子，譬如我国的茶，饮茶与其说是满足人们生理上解渴的需要，不如说是满足人们文化品味上的需要。研究茶文化的专家告诉我们，茶是"健康之饮"，更是"灵魂之饮"，"作为中国人精神世界的一个投影的中国茶文化，既是物质的，又是精神的，是以物质为载体的精神现象，是在物质生活中渗透着的明显的精神内容"。与茶联系在一起的茶艺、茶道、茶礼等，凡亲身领教过的人都知道，那里所饮的完全就是文化。

我们可以将基辛的故事形象地表述为"当文化相遇时的差异性"，不同的文化相互碰撞，便会产生许多有趣的"故事"。文化相遇时，人们会不自觉地按照这一立场去理解他人。

四、语言习惯

在中国，保持低调、谦虚是一种美德，所以面对别人的赞扬时总是自谦，如"哪里""不好""不行""还不够"等，而这不符合西方文化传统。虽然这在中国文化中合情合理，但西方文化却把这种过谦视为自卑，在人面前显示自己是无能之辈。中国人讲究贬己尊人，把自己的家叫"寒舍"，自己的作品叫"拙作"，称对方为"您"，对方的意见为"高见""宝贵意见"。而英语中的敬语和谦词则非常少见，在英语环境里，不管谈话的对方年龄多大、辈分多长、地位多高，you 就是 you，I 就是 I，不用像汉语那样用许多诸如"您、您老、鄙人"等敬谦语。在国际商务活动中经常遇到的情况是：面对别人的赞扬和祝贺时，中国人常会说出一连串的"哪里，哪里""您过奖了""我做得不好""不行，不行，还差得远呢"等自谦语。这往往使西方人因为自己的话被直言否决而感到中国人不讲礼貌。因为，在西方文化里，夸赞人家的人总是希望对方对他的赞扬做出肯定的评价和积极的反应。西方人在听到别人的赞扬时，总是毫不犹豫地说声"Thank you"，这在中国人看来是堂而皇之地接受了别人的赞扬，是非常不谦虚的。

例如，一位英国老妇到中国游览观光，对接待她的导游小姐评价颇高，便夸奖导游小姐说："你的英语讲得好极了！"导游小姐马上回应说："我的英语讲得不好。"英国老妇一听生气了："英语是我的母语，难道我不知道英语该怎么说？"老妇生气的原因无疑是导游小姐忽视了东西方礼仪的差异。中国人谦让克己、情感含蓄；西方人直接实在、情感外露。西方人讲究一是一、二是二，而中国人讲究的是谦虚，凡事不张扬。

中国人见面时总喜欢问一句"您吃饭了吗？""您去哪儿？"这在国内大家听了会感到非常亲切，可要是放到西方国家说，西方人听了就会反感。前面提到，西方人最不喜欢别人过问和干涉他们的个人生活。你问他去哪儿，他会认为你是在打听他的个人私事；你问他吃饭了没有，他会误认为你想请他共进午（晚）餐。在西方国家譬如英国，人们见面时总习惯于问一句"今天天气怎么样？"

 精选案例

"女士优先"应如何体现

在一个秋高气爽的日子里，迎宾员小贺穿着一身剪裁得体的新制服，第一次独立地站在了迎宾员的岗位上。一辆白色高级轿车向饭店驶来，司机熟练而准确地将车停靠在饭店豪华大转门的雨棚下。小贺看到后排坐着两位男士、前排副驾驶座上坐着一位外国女宾。小贺一步上前，以优雅姿态和职业化动作，先为后排客人打开车门，做好护顶，关好车门后，小贺迅速走向前门，准备以同样的礼仪迎接那位女宾下车，但那位女宾却满脸不悦，小贺茫然不知所措。通常后排座为上座，一般有身份者皆在此就座，优先为重要客人提供服务是饭店服务程序的常规，这位女宾为什么不悦？小贺错在哪里？

在西方国家流行着这样一句俗语："女士优先"。在社交场合或公共场所，男士应经常为女士着想，照顾、帮助女士。诸如人们在上车时，总要让女士先行；下车时，则要先为女士打开车门等。西方人有一种形象的说法："除帮女士拿小手提包外，男士可帮助女士做任何事情。"迎宾员小贺未能按照国际上通行的做法先打开女宾的车门，致使那位外国女宾不悦。

五、非语言习惯

中西方文化差异也大量存在于非语言习惯之中。商务活动中，举手投足之间往往都能反映出不同的文化特性。通常，非语言习惯包括手势语、身势语、目光语、体距等。现代礼仪中最常见的非语言习惯首推握手。在西方国家，两人握手后马上松开，两人的距离也随即拉开；而中国人为了表示热情和尊重对方，常常握住对方的手久久不放，十分满足地闲谈，有时还拍打对方的肩和背，对此西方国家的人会觉得窘迫不堪，他们认为两人距离太近会显得过于亲密。

耸肩也是许多西方国家常见的身体姿势。他们在耸肩时，常常表示"有什么办法呢？""我不知道""无能为力"，而在中国，我们在表达上述意思时只是摇头或摆手。在听别人谈话时，中国人总是习惯默默地听着，并且认为此时提出问题、打断别人讲话是非常不礼貌的，是不谦逊和爱挑剔的一种表现。而西方国家的人则对此感到非常疑惑，认为你这样做表示你没有好好听，要么就是厌倦和生气了，这时他们会不高兴地一再重复。因为在西方国家如美国，人们听别人讲话时总是不断做出各种反应，提出各种问题。

从以上几个方面的对比可以看出，中西方不同的文化导致出现了一些截然不同的公共关系礼仪，当今世界经济交流日益频繁，碰撞、摩擦日益增多，要想成功地进行商务活动，就必须了解西方文化的特点，从文化层面上更好地理解各国的公共关系礼仪，及时调整自己的公共关系礼仪行为，避免不经意间产生误会，从而有利于与贸易伙伴培养感情，促进商务活动的成功开展。

第三节　常用礼仪规范

在工作和生活中需要和各种人打交道，比如作为主方接待来宾，或者作为客人去访问别人等，不同的场合有不同的礼仪规范要求，我们应当做到心中有数。

一、个人礼仪

个人礼仪是社会个体的生活行为规范与待人处世的准则，是个人仪表、仪容、言谈、举止、待人、接物等方面的具体规定，是个人道德品质、文化素养、教养学识等精神内涵的外在表现。个人礼仪的核心是尊重他人、待人友善、表里如一、内外一致。

（一）仪表礼仪

男性在仪表方面应注意以下事项，如图 11-2 所示。

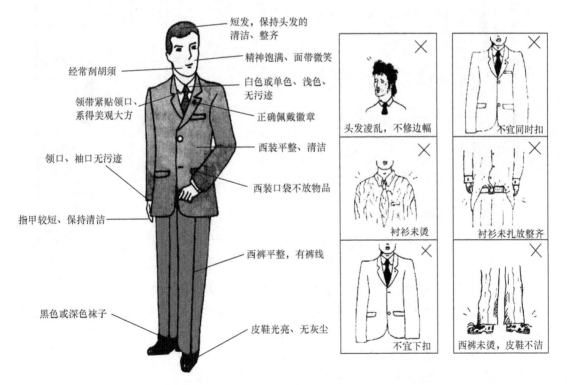

图 11-2　男性仪表示意图

（1）头发不宜过长，并保持清洁、整齐，切忌将头发染成怪异的颜色、头发盖住眼睛或超过后衣领。

（2）要精神饱满，面带微笑。

（3）应保持面部、颈部干净。

（4）应每天刮胡须，饭后洁牙，保持口腔卫生，无异味。

（5）应着白色或单色衬衫，保持衬衫干净整洁，领口、袖口无污迹。

（6）领带应紧贴领口，系得美观大方（注意应配领带夹），注意颜色、长短等的搭配。

（7）西装应平整、清洁。

（8）西装口袋不应放物品，徽章应统一别在西装左领上方。

（9）西裤要平整，有裤线。

（10）指甲不宜过长，并保持清洁。

（11）皮鞋应光亮，穿深色袜子。

（12）不宜穿太花哨的衣服，原则上全身所穿衣服的颜色应在 3 种以内。

女性在仪表方面应注意以下事项，如图 11-3 所示。

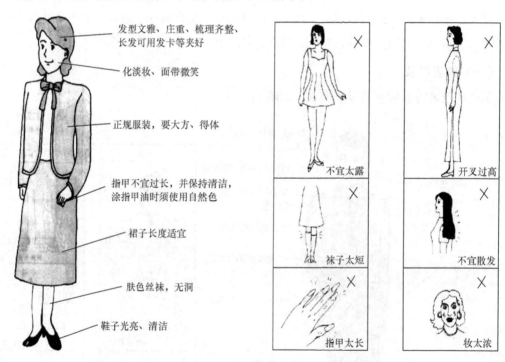

图 11-3　女性仪表示意图

（1）发型不宜太新潮，应文雅、庄重，梳理整齐，长发要用发长夹好。

（2）应化淡妆，面带微笑；不要在公共场合或男士面前化妆，并慎用浓香型的化妆品以免影响他人。

（3）不得佩戴夸张饰物，饰物以少为佳。

（4）应着正规服装，大方、得体，不宜穿着太休闲的服饰。

（5）指甲不宜过长，并保持清洁；如需涂指甲油，应使用自然色。

（6）裤子要平整，清洁；如着裙装，裙子长度要适宜。

（7）鞋子光亮、清洁。

（二）举止礼仪

举止行为，是指一个人的活动以及在活动中各种身体姿势的总称。礼貌的举止行为可体现出人的教养水平，是表现个人形象的无形的财富。在现代社会中，温文尔雅、从容大方、彬彬有礼已成为一种文明标志，能让别人产生好感，帮助建立别人对自己的信任和尊重。

1. 站姿

俗话说"站如松"。正确的站姿是：抬头，目视前方，挺胸直腰，肩平，双臂自然下垂，收腹，双腿并拢直立，脚尖分开呈 V 字形，身体重心放到两脚中间；也可两脚分开，比肩宽略窄，将双手合起，放在腹前或腹后。正确站姿如图 11-4 所示。

2. 坐姿

俗话说"坐如钟"。入座时要轻，至少要坐满椅子的 2/3，后背轻靠椅背，双膝自然并拢（男性可略分开）。身体稍向前倾，则表示尊重和谦虚。如果需长时间端正坐，可双腿交叉重叠，但要注意将上面的腿向回收，脚尖向下。女性入座前应先将裙摆向前收拢，两腿并拢，双腿同时向左或向右放，两手叠放于腿上，如图 11-5 所示。

图 11-4　正确站姿

图 11-5　正确坐姿

3. 行姿

俗话说"行如风"。行走时，不可奔跑，有急事时可以小碎步或加大步伐行走。

4. 蹲姿

如果你需拾取低处的物件，应保持大方、端正的蹲姿。正确的蹲姿应当一脚在前，一脚在后，两腿向下蹲，前脚全着地，小腿基本垂直于地面，后脚的脚后跟提起，脚掌着地，臀部向下。

5. 人际交往常规距离

人际交往常规距离，亦称界域语。根据美国人类学家霍尔博士的研究，有 4 种距离可表示不同情况。

① 亲密接触（Intimate Distance）——0～45 厘米：交谈双方关系密切，这种距离适用于双方关系最为密切的场合，比如夫妻及情人之间。

② 私人距离（Personal Distance）——45～120 厘米：朋友、熟人或亲戚之间往来一般以

这个距离为宜。

③ 礼貌距离（Social Distance）——120~360厘米：用于处理非个人事务的场合中，进行一般社交活动，如在办公、处理事情时。

④ 一般距离（Public Distance）——360~750厘米：适用于非正式的聚会，如在公共场所看演出等。

人们的亲疏远近往往通过距离反映出来，我们在与公众交流的过程中，要善于运用空间距离，把握好社交空间。

 精选案例

荣事达个体行为规范

荣事达在对员工个体行为进行规范时，制定了极为细致的条款，对员工的仪表、举止、接待日常工作守则等进行了较全面的规定，以接挂电话为例，荣事达就制定了以下7条规定。

（1）通话时，要根据环境，恰当使用"您好""请稍后""谢谢""再见"等文明礼貌用语。与尊者通话时，要等对方放下听筒后，自己再放下。

（2）在通话中，语气要温和，声音大小适中。音调不要过高或过低；遇到对方情绪激动，出言不逊时，要冷静对待，切勿在电话中争吵。

（3）通话时要简明扼要，节约时间。

（4）给领导打电话时，不要过分拘谨，谈话要言简意赅，不要过多重复。

（5）给下级打电话时，态度要友善，不要盛气凌人。

（6）接电话时，要求在铃声响3声以内即拿起听筒并立即向对方打招呼。如遇其他事情耽误，拿起听筒后应向对方表示歉意。

（7）所接电话较重要时，必要时要向对方问明单位、姓名、职务及联系电话，以便进一步联系。

（三）言谈礼仪

言谈是人们为了达到某种目的而在一定的环境中以口头形式运用语言的一种活动，是最基本的交际形式，言谈能力的强弱直接影响着人际交往的成败。它不光指能准确传播信息、表达内心的情感，还指能准确接收信息、理解别人的话中之意。言谈要符合礼仪的基本要求，准确、生动、丰富、灵活，交谈时应注意语气、语调、语言速度的应用，多用请求或商量式的语气。言谈除了做到词语达意，还应力求以语言的"礼"吸引他人，以语言的"美"说服他人。如在与客户交流的时候，要运用交际用语"幸会""恭候""打扰"等，跟老人交谈语气要恭敬。常用的文明交际用语5句话是：问候语"你好"，请求语"请"，感谢语"谢谢"，抱歉语"对不起"，道别语"再见"。

二、社交礼仪

社交礼仪是人与人之间交往的重要规则之一。公关人员应当特别重视社交礼仪。

（一）介绍礼仪

介绍是社交礼仪的重要环节，这是彼此不熟悉的人们交往的起点，通过介绍，新的朋友结识了。介绍通常是把男士介绍给女士，年轻者介绍给年长者，位卑者介绍给位尊者，主人介绍给客人，未婚者介绍给已婚者，当然介绍前首先要了解被介绍的双方是否有结识的愿望。当被介绍者拥有许多身份时，只需介绍与当下场合相关的身份即可。介绍礼仪如图 11-6 所示。以下是介绍礼仪中要注意的几个方面。

图 11-6　介绍礼仪

1．称呼

一般称男性为先生，称女性为小姐、夫人及女士，即按国际惯例称呼，但假如有一位名字为王建国的男经理，称他为经理、先生，可能都不错，但在不同的场合，总有一个他最乐于接受、他人也可能认为的最佳称呼，如果你能善用这个称呼，可能会事半功倍。

2．自我介绍

通常我们把自己的姓名、供职单位或部门、职务或职能范围称为自我介绍三要素。

3．握手

握手的顺序即谁先伸出手。在某些情况下我们先伸手是合礼仪的，在另外一些情况下先伸手又是失礼的。通常伸手的先后顺序是女士在先，男士要等女士先伸手后再握，否则会出现让男士很尴尬的局面。如女士不伸手，无握手之意，那么男士点头鞠躬致意即可。年长者在先，年轻者一般要等年长者先伸出手。主人在先，主人有向客人先伸手的义务，无论客人是男士还是女士，作为主人，都应该先伸出手，以示欢迎。上级在先，下级要等上级先伸出手再趋前握手。但如果在当前场景下是主宾关系，做主人的尽管是下级也应先向上级伸出手表示欢迎。而至于身份相当者，则以先伸手者为有礼。同时握手时间一般以 4～5 秒为宜。握手力度不宜过猛或毫无力度，要注视对方并面带微笑。切忌戴手套或手不干净。

（二）电话礼仪

电话被公认为便利的通信工具，人们通过电话能粗略判断对方的人品、性格。因而，掌握正确的、礼貌待人的接打电话方法是非常必要的。人们觉得对着话筒同对方交谈，和当面交谈一样简单，其实不然，电话礼仪大有讲究。电话礼仪常作为现代礼仪的入门学习内容。

1．接电话的基本礼仪

（1）应在电话铃响 3 声内接起，如超过 3 声，则应致歉。

（2）应首先介绍自己，表明身份。

（3）要注意声音大小的控制。电话只能传递你的声音，没法传递你的肢体语言，所以在这个时候要特别注意自己的声音大小、语速，以及表达的准确性。

（4）应准备好纸笔记录下要点，包括时间、地点、对象和事件等重要事项。

（5）来电客户不满、抱怨时，即使客户有误会，也要静静地听完客户的抱怨，再解释说明或澄清误会。

（6）在和客户谈话时，如遇其他客户来电，应向客户致歉后，再去接电话。此时在电话中的交谈应尽可能简短，避免让客户久等。

（7）应在确认对方已挂电话后轻轻放下话筒。

2. 打电话的基本礼仪

（1）应考虑打电话的时间，并注意确认对方的电话号码、姓名，以免打错电话。

（2）应准备好所需的资料或提纲。

（3）讲话的内容要有次序，简洁明了，时间不宜过长。

（4）如发生电话中断等情况，应主动立即再拨打过去，并致歉。

（5）一般应该把通话时间控制在 3 分钟以内，最长也不要超过 5 分钟。如果这一次沟通没有完全表达出你的意思，可以约定下次打电话的时间或面谈的时间，而避免在电话中占用对方的时间过长。

电话礼仪如图 11-7 所示。

图 11-7　电话礼仪

（三）名片使用礼仪

名片是工作过程中重要的社交工具之一，因此交换名片时一定要注重礼节。我们使用的名片通常包含两个方面的意义，一是表明你所在的单位，二是表明你的职务、姓名及联系方式。总之，名片是自己（或公司）的一种表现形式。因此我们在使用名片时要格外注意。

1. 名片的准备

（1）名片不要和钱包、笔记本等放在一起，原则上应该使用名片夹。

（2）名片可放在衬衣的左侧口袋或西服的内侧口袋，但不可放在裤兜里，并切记不可使存放名片的口袋鼓起来。

（3）要保持名片和名片夹的清洁、平整。

（4）会客前要检查和确认是否有足够的名片。

2. 接收名片

（1）必须起身并双手接名片。

（2）接过后要点头致谢，不要立即收起来或随意摆弄，而是认真读一遍，要注意对方的姓名、职务、职称，轻读不出声，以示敬重。对没有把握念对的姓名，可以请教一下对方，然后将名片放入自己的口袋、手提包或名片夹中。

（3）切记不可在接收的名片上做标记或写字。

（4）不要将对方的名片遗忘在座位上，或存放时不小心落在地上。

3. 递交名片

递交名片的次序是由下级或访问方先递名片；介绍时，应由被介绍方先递名片。递名片时，应双手递，将有文字的一面朝上。而且要注视对方，微笑、致意并使用得当的敬辞，如"请多关照""请多指教"之类的句子，如图 11-8 和图 11-9 所示。

图 11-8　递送名片示意图 1

图 11-9　递送名片示意图 2

（1）递交名片时应当用双手，名片的正面应朝上、名字向着对方，拿着名片的下端，递交给对方，并注意要让客户易于接收。

（2）互换名片时，应用右手拿着自己的名片，用左手接对方的名片后，用双手托住，并看一遍对方的职务、姓名等。

（3）在会议室等场所遇到多人相互交换名片时，可按对方座次排列名片，如图 11-10 所示。

图 11-10　多人递交名片

（四）接待客户的礼仪

接待客户是商务活动中的重要环节，接待客户的基本要求是文明、礼貌、热情。了解和践行接待礼仪，对于做好接待工作具有极其重要的意义。

（1）接待客户，应着职业装，保持衣冠整洁，举止文雅大方，精神饱满，不面带倦意（拜访客户也应如此）。

（2）接待客户时要礼貌、热情，不卑不亢，接待规格和等级要合适。

（3）不熟悉的客户到达时，应在客户到达前去门口迎接（重要的客户也应如此），并上前主动询问"请问您是否是某某单位的某先生／女士？"得到确认后，主动引导其到会谈室。初次会见时要主动交换名片，报清自己的姓名和职务。附加的接待服务包括安排车辆、帮助客户提拿重物品、在前往会谈室的过程中向客户介绍有关情况等。

（4）引导客户时，应站在客户的侧前方二三步处，注意不要挡住客户的视线，随客户轻步前进，遇拐弯或台阶处要回头向客户示意。上电梯时，一只手为客户挡住电梯门，另一只手示意请客户先上；出电梯时，一只手为客户挡住电梯门，另一只手示意请客户先出。上楼梯时请客户先上，下楼梯时请客户先下。注意使用"请跟我来""这边请""里边请"等话语。

（5）双方会面时，客户一方应面向门口入座，主座居中，其他人按顺序左右入座。

（6）按座位依次介绍同时参会的各位同事，同事的位次一般按职务、级别来安排。

（7）与客户会谈时，不可做抓头、搔痒、剔牙、挖耳、打哈欠等不文明举动。如因生病而擦鼻涕、打喷嚏，应侧过脸并向客户表示歉意。

（8）与客户会谈时，要态度和蔼、言语谦逊，不随便打断客户讲话，要学习做耐心的听众，并认真记录；要善于抓住客户感兴趣的话题，并以此作为会谈的切入点，不要让客户反感。

（9）准备好企业的宣传品及必要的赠品，在客户离开时交给客户。

（10）客户离开时，为客户打开车门，注意不要夹住客人的衣、裙等，待客户上车且等车发动后，予以引导离开，与客户挥手告别，目送客户离开，待车开出了大门再返回。

（11）再次接触客户时要能记住客户的姓名和职务，进行业务往来时应以职务称呼。

（五）拜访客户的礼仪

在职场中，由于业务或其他交际的需要，我们要去拜访客户，此时一定要遵循基本的礼仪，否则会让自己的个人形象受损，对于公司的形象也有害无益。以下拜访客户的基本礼仪可以帮助公关人员获得客户好评。

1. 拜访准备

（1）确定拜访的目的，提前准备拜访预案，明确拜访重点。

（2）一般拜访客户可以分为一般性接触、建立关系、了解实质性内容、建立长期合作关系4个方面。

（3）要明确需向客户介绍的内容或解答客户关心的问题。

（4）事先确定拜访的方式。拜访的方式包括两种：电话拜访或者上门拜访。

（5）正式拜访前，至少提前一天和客户预约。

2. 上门拜访

（1）严格遵守预约时间，且至少提前5分钟到达预约地点。

（2）拜访开始时，首先要营造出良好的洽谈氛围，包括态度友好地进行自我介绍、介绍拜访目的以及时限等。

（3）要采取灵活多样的方式鼓励客户交流，打消客户的顾虑。

（4）对客户不同的行为要采取不同的反应。当客户不太喜欢交谈时，应避免封闭式问题，利用开放式问题引导客户打开思路；尽量和客户建立相互信任的关系，找到共同语言及共同经历。当客户对服务不满，表示不欢迎时，应诚恳地向客户解释，勇于承认目前服务的不足并提出改进措施，避免与客户产生冲突。当客户因其他人而生气时，应保持不偏不倚的态度。

（5）拜访中要注意掌握技巧。提出问题以后，要集中注意力、仔细聆听，尽可能少说，保持适当的眼神接触，通过点头或中性词来表达自己的态度（如"嗯""啊""哦"等），要注意阶段性地与客户确认自己的理解是否正确，最后及时总结、归纳，并与客户核实。

（6）拜访结束时，及时总结要点，并就下一步工作达成共识，为今后的合作打下基础，最后向客户表示感谢，并表明本次谈话很有意义。

（六）回答客户要求的礼仪

回答客户要求是公关交往中常见的交际活动形式之一，应遵守交际规范。恰到好处的回答，会为组织的良好形象增色。

（1）使用标准的普通话和规范的服务用语。

（2）态度平和自然、精神饱满、彬彬有礼、尊重风俗。有问必答、语气诚恳、耐心解释，对客户不教训、不责备。得理让人，不与客户争辩，不顶撞客户。

（3）严格遵守"首问负责制"的有关规定，为客户提供热情、周到的服务。对客户的咨询、投诉事项不推诿，不搪塞，及时、耐心、准确地答疑解难，确保客户有问而来，满意而归。

（4）对于客户的书面来函，要在两个工作日内以书面形式答复客户。

（5）应了解"授权有限"。对于无法回答的问题，特别是有关优惠条件的问题，绝对不能当场承诺，但也不能简单地说"不"。超出自己权限以外的事情，都必须及时向上级报告，经由内部商定后才可以回复客户。

（6）当客户提出某项本企业尚未开办或资源不满足的业务需求时，应首先表明非常感谢客户的信任，并表示此业务一旦开通，将立即告知，同时提出目前可解决客户困难的其他建议。

 案例分析

最好的介绍信

一位先生在报纸上刊登了一则广告，要雇一名勤杂工到他的办公室做事。大约50多人前来应聘，但这位先生却选中了一个年轻人。他的一位朋友问道："为什么选中了那个年轻人？他既没有介绍信，也没有人引荐。"

这位先生说："他带来了许多'介绍信'。他在门口蹭掉脚上的泥土，进门后随手关上了门，说明他做事小心仔细。当他看到那位残疾老人时，立即起身让座，表明他心地善良、体贴别人。进了办公室，他先脱去帽子，回答我提出的问题时干脆果断，证明他既懂礼貌又有教养。其他所有人都从我故意放在地板上的那本书上迈过去，只有他俯身捡起那本书，并放回桌子上。当我和他交谈时，我发现他衣着整洁，头发梳得整整齐齐，指甲修得干干净净。这难道不是最好的介绍信吗？"

一位没有介绍信也没有人引荐的年轻人却能在众多求职者中脱颖而出，凭借的正是他在细节处所体现出的良好礼仪。无论是自身仪容仪表，还是为人处世的礼仪都给领导留下了良好的印象，这成为这位年轻人求职路上最好的介绍信。其实不仅仅是在求职中，在任何情况下，始终保持良好的礼仪都可能给你带来意想不到的收获。

 思 考 题

1. 公关礼仪所体现的原则有哪些？其中最重要、最基本的原则是什么？
2. 在公关场合握手应注意些什么？
3. 在公关场合，作为主持人或中介人，介绍别人时，应注意些什么？
4. 中西方文化差异对礼仪的影响有哪些？
5. 准备方案，展示不同国家、民族在公关交往时的基本礼节。

第十二章　公共关系危机管理

百事成功的公共关系危机管理

2020年6月，主要生产乐事薯片的百事公司北京分厂出现8例确诊病例，此消息一出，不少网友担忧是不是乐事薯片不能吃了，就连百事可乐也受到了牵连，百事公司并没有让消极影响持续蔓延下去，很快就做出了回应，在北京市新型冠状病毒肺炎疫情防控工作第128场新闻发布会上，百事公司大中华区集团事务部企宣总监樊志敏通报：百事公司北京大兴磁魏路分厂出现确诊病例，已第一时间启动应急预案，采取停产停工、产品封存、环境消杀、人员隔离等措施，并对产品及厂区环境进行了全方位取样调查。紧接着百事中国和乐事官方微博发布相关说明，如图12-1所示。

图 12-1　百事的微博公关

第二天，疾控专家冯子健回应相关事件：目前还没有发现工人污染了薯片，另外，国际上目前没有发现通过进食感染新冠的情况。此外，在室温条件下，病毒在干燥的食品上存活的时间是非常短的，即便有沾染，也会很快就丧失活性。当天晚上，百事公司在微信公众平台还发布了一篇声明"有担当，有信心的百事公司，一直与您同在"。

通过紧锣密鼓的操作，百事公司不仅没有陷入公共关系危机，反而在公众心中加深了负责任、有担当的企业形象，这次事件可以说是一个公共关系危机公关成功的案例。

组织面临着各种各样的公共关系危机，公共关系危机无处不在。当公共关系危机来临的时候，优秀的组织体现出成熟、沉稳且应对周全的特点，也将公共关系危机处理得恰到好处。公共关系危机管理是一种特殊状态下的公关实务，是组织的一项极为重要的管理活动。

第一节　公共关系危机管理概述

企业因公共关系危机而衰、因公共关系危机而兴的案例数不胜数。公共关系危机对于企业来说既可以是挑战，也可以是机遇，关键是企业能否正确地进行公共关系危机管理。本节介绍了公共关系危机的内涵，并且阐述了公共关系危机管理的意义及目的。

一、公共关系危机的解析

如何认清公共关系危机的本质，并进一步采取有效的公共关系危机管理措施已经成为企业进行公共关系危机管理的重要问题。下面将分析并论述公共关系危机的相关问题。

（一）公共关系危机的概念及其类型

公共关系危机是企业经营过程中的一段不稳定的时间和一种不稳定的状态。企业公共关系危机经常表现为由于某些突发事件严重影响企业生产经营活动的正常进行，使企业形象受到严重损害，甚至影响企业的生存。

然而我们应该看到，突发事件只是公共关系危机的导火索，它本身并不是公共关系危机产生的原因。它包括企业问题潜伏尚未爆发时的情形和发生一些突发事件使公共关系危机显现的情形。美国公共关系危机处理专家菲克认为公共关系危机有五大征兆：一是企业遭遇的问题日益严重；二是受到新闻界和政府的密切监督；三是影响企业的正常营运；四是损害企业及企业主管的良好形象；五是影响企业的生存。

企业若出现了上述征兆，就要立即采取措施，控制局势，避免其进一步恶化，并努力化解公共关系危机。

（二）公共关系危机的类型

按可能遭遇到的公共关系危机的性质来划分，公共关系危机可分为以下几种类型，如图12-2所示。

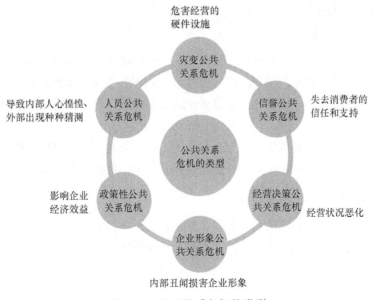

图 12-2　公共关系危机的类型

1. 灾变公共关系危机

灾变公共关系危机是由于受到自然灾害和不可抗拒的社会灾乱所造成的企业公共关系危机，如受山洪、雷电侵袭或因战争因素使企业的正常运营受到影响而引发的公共关系危机。这种公共关系危机主要危害经营的硬件设施，对企业声誉的影响较小。

2. 信誉公共关系危机

信誉公共关系危机是指企业信誉受到严重损害而引发的公共关系危机。这种公共关系危机是由于企业不能履行合同或产品质量低劣，危害到消费者利益而造成的。它不仅会使企业失去众多消费者的信任，而且由于舆论产生的不良影响，会使企业失去更大的市场、更多消费者的信任和支持，使企业面临极大的困境。

3. 经营决策公共关系危机

经营决策公共关系危机多是企业领导决策失误或管理不当造成的。出现的原因多是企业长期存在着经营决策上的失误，经过一段较长的潜伏期后爆发，若不立即做出变革，将会导致经营状况极度恶化。

4. 企业形象公共关系危机

企业形象公共关系危机多指企业内部发生丑闻而使企业形象受到严重损害的公共关系危机。如企业被指控偷税漏税、违反《中华人民共和国反不正当竞争法》，或企业领导被查出有贪污受贿、挥霍浪费、泄露企业机密等问题，使企业在公众心目中的形象一落千丈。

5. 政策性公共关系危机

政策性公共关系危机指国家政策调整使企业受到冲击，严重影响企业正常生产经营的公共关系危机。在整个国民经济发展的过程中，国家对各行各业的建设、管理和经营制定了一系列的方针政策，政策的变动对企业的影响巨大，如出台赋税法令、就业劳动法令、营建法令、环保生态法令等。

政策性公共关系危机常常会对企业的经济效益产生影响，企业应密切关注政府的决策，争取快速反应，积极应对。

6. 人员公共关系危机

企业还会发生人员公共关系危机，如负责人出现健康问题、重要干部出现健康问题，或者企业关键人物突然去世等，引起内部人心惶惶，外界产生种种猜测。

除此之外，还会发生环境公共关系危机（企业有意或无意污染了环境，新闻界和政府对企业问责）等。

一般来说，各种公共关系危机是相互关联的，一种公共关系危机发生后，会引发另一种相关的公共关系危机，因此企业要采取措施遏制公共关系危机，避免其蔓延下去。

（三）公共关系危机的基本特征

要想做好公共关系危机管理，就必须了解公共关系危机的特征。只有对公共关系危机有透彻的了解，对其危害性有清醒的认识，才能处理好公共关系危机。公共关系危机主要具有以下几种基本特征。

1. 突发性

公共关系危机的起始时间一般都比较短，其往往是在企业毫无准备的情况下发生的，因此常使人措手不及，给企业造成一定程度的混乱。

2. 变化性

促使公共关系危机发生变化的因素比较复杂，让人难以把握规律，无法事先预料，所以公共关系危机处理的难度较大。

3. 严重性

在当今的信息化社会，企业以自身的有效活动，不间断地为公众提供信息、创造效益并振兴事业，企业与公众密不可分，所以公共关系危机一旦产生，就会给相关公众造成很大的损失。一是会使企业产品品牌的含金量和市场号召力急剧下降，给企业的经济效益造成巨大损失，企业的社会形象迅速受损。二是会损害公众的利益，因为公共关系危机会给直接当事公众的精神、经济带来损害。三是会危害社会，如1986年两家邮电企业发生纠纷，致使中断电报通信达8个小时，给社会带来的经济和政治上的恶劣影响不言而喻。所以，公共关系危机一旦产生，则会引发严重事件。

4. 影响性

食品、邮电等不少行业的运营与公众的生活息息相关，况且长期以来，公众与它们有着深厚的感情，因此这类组织公共关系危机的爆发及事态的发展，强烈地刺激着人们的好奇心，相较于别的行业，这些行业产生的公共关系危机更能引人注意，常成为社会舆论关注的热点。这类组织处理公共关系危机的态度及方式会影响用户、新闻界和政府等社会各界人士对组织的现实评价。

5. 余波性

公共关系危机爆发后，给组织造成的信誉及经济损失很难在短期内恢复，甚至很长时间后，人们还会旧事重提，揭组织的"老伤疤"。所以经历过公共关系危机的组织一方面要对公共关系危机处理的效果进行评估，进一步做好总结工作；另一方面要精心维护形象，避免再次陷入公共关系危机之中。

二、公共关系危机管理的定义

公共关系危机管理又称风险管理，属于矫正型公共关系或补救型公共关系，是指因公众误会或组织的失误而给公众造成损失，以致组织的自身形象受损时，为恢复和巩固公众的信任而采取的一切有效的公关手段的总称。

三、公共关系危机管理的意义

在市场经济的浪潮中，任何一个组织随时随地都有可能出现公共关系危机，公共关系危机之所以能"突然"发生，是因为组织对公共关系危机缺乏必要的认识。如果对公共关系危机毫无准备，当公共关系危机来临时手忙脚乱、处理不当，就会使组织多年辛苦建立起来的良好形象化为乌有。所以，组织应当树立公共关系危机意识，防患于未然，为此，组织应该重视以下两点。

（一）公共关系危机无处不在，无时不在

以企业为例，公共关系危机发生之后，可能造成下列恶果：人身伤害、人力资源无谓的耗损、赔偿责任、工作效率的降低、权利的丧失、市场的消失、信用的受损、法律责任的承担等。任何一种恶果，都可能导致企业经营失调或挫败。以上公共关系危机的损害足以让包括企业在内的各种组织警醒，但公共关系危机在我们周围潜伏游荡，常出其不意地来临，对组织形象造成巨大的损害。著名的埃克森石油公司、雀巢公司等都曾因为公共关系危机管理失误而陷入困顿之中。微软创始人比尔•盖茨有一句名言："我们离破产永远只有 18 个月。"这正是对公共关系危机高度警惕的表现。

企业应当具备强烈的公共关系危机管理意识，这是因为在市场经济高度发展的今天，企业比任何时候都更加容易遭受到公共关系危机，原因如下：一是激烈的市场竞争中充满了风险；二是媒体和网络传播的影响迅速而巨大；三是政府对市场的监督力度明显加大；四是企业与用户、金融界、交通运输部门、新闻界和政府机构等社会各界打交道，与各类公众的关系错综复杂，较之其他组织，导致企业发生公共关系危机的潜在因素更多。

（二）不可缺少应对公共关系危机的准备工作

增强公共关系危机意识，做好充分的准备，当公共关系危机到来时，能够迅速投入公共关系危机管理的确认、控制和解决工作中去，这一点尤为重要，这样才可能在问题出现时抓住主动权，重塑组织形象。假如不但没有公共关系危机预防的意识，且平时并无公共关系危机应变计划或紧急事件处理计划，即没有应付处理紧急事件所需的人力、组织和措施的一整套方案，公共关系危机突然来临时也没有意识到严重性，反应迟钝，组织自以为是一块笼罩着光环的金牌子，一点风浪袭来，不会有翻船之虞，那么这种投机侥幸心理会导致一连串的失误。

总之，为了树立良好的组织形象，以利于事业的顺利发展，增进社会综合效益，维护组织长远利益及赢得组织当前的经济效益，要对公共关系危机管理予以高度的重视。

四、公共关系危机管理的目的

公共关系危机管理的目的如图 12-3 所示。

公共关系危机管理的目的
★ 预防与控制公共关系危机
★ 建立公共关系危机管理体系
★ 解决公共关系危机
★ 在公共关系危机中发展
★ 实现组织的社会责任

图 12-3　公共关系危机管理的目的

（一）预防与控制公共关系危机

预防与控制公共关系危机是成本最低、最简便的公共关系管理方法。企业应根据经营的性质，识别整个经营过程中可能存在的风险，并从潜在的事件及其潜在的后果中追根溯源，

公共关系学：理论、方法与案例（微课版 第 3 版）

排查出风险滋生的"土壤"，然后收集、整理所有可能的风险并充分征求各方面意见，形成系统全面的风险列表，从而对这些可能导致公共关系危机的因素进行处理，并有针对性地练习"内功"，增强"免疫力"，以达到预防公共关系危机的目的。

（二）建立公共关系危机管理体系

企业应建立应对公共关系危机的机构，并制定公共关系危机管理的制度、流程、策略和计划，从而确保在公共关系危机汹涌而来时能够理智冷静、胸有成竹地应对。

（三）解决公共关系危机

解决公共关系危机主要是指通过公关手段阻止公共关系危机的蔓延并消除公共关系危机。如建立强有力的公共关系危机处理班子；有步骤地实施公共关系危机处理策略；消除公共关系危机给企业造成的不良影响，尽快恢复企业或品牌的形象；重获员工、公众、媒介以及政府对企业的信任。

（四）在公共关系危机中发展

公共关系危机管理的最高境界就是总结经验教训，让企业在事态平息后焕发活力。英特尔公司前 CEO 安迪·格鲁夫曾这样说："优秀的企业安渡公共关系危机，平凡的企业在公共关系危机中消亡，只有伟大的企业在公共关系危机中发展自己。"

（五）实现组织的社会责任

作为社会中的一员，企业卓有成效的公共关系危机管理，将促进社会的安定与进步。反之，如果公共关系危机处理不当，企业将成为社会的负担，并带来不可估量的危害。

第二节　公共关系危机管理的原则及方法

公共关系危机管理就是要在偶然性中发现必然性，把握公共关系危机发生的规律性，通过掌握及运用公共关系危机的原则与方法，尽力避免公共关系危机所造成的危害和损失，并且在公共关系危机中发现有利因素，缓解矛盾，化害为利，推动组织的健康发展。

一、公共关系危机管理的原则

公共关系危机管理活动常常面临着强大的舆论压力和严峻的社会环境，公关人员若要化解公共关系危机，必须依据公共关系危机管理的原则精心运筹、悉心策划、艰苦努力。公共关系危机管理的原则如图 12-4 所示。

（一）事实性原则

公共关系的基本原则是指企业在公关活动中必

图 12-4　公共关系危机管理的原则

须遵循和所要达到的基本要求，其中以事实为基础占首位。公共关系学认为，先有事实，后有公共关系。也就是说事实是公关的基础。"公共关系之父"艾维·李主张"说真话""讲实情"，他认为向公众封锁消息或欺骗愚弄公众都不能获得好的声誉，应当把真实情况披露于世，以此来获得公众的信任。即使披露真情对企业不利，也应该去调整自身的行为，而不是去极力遮盖真实情况。若持回避事实、推卸责任的态度，则毫无成功企业的大家风范、厚德之心，对员工来说，将导致员工人心涣散；对政府来说，是"钻法律的空子"；对媒体来说，是与"公众的代言人"交恶；对消费者来说，是对他们长期以来认同品牌的情感的一种嘲弄。如此四面树敌，自毁形象，在各类公众的心目中会留下挥之不去的阴影。企业面临公共关系危机时，应当本着公关的事实性原则，以壮士断腕的勇气承认错误，并且知错就改。因为经商与做人有异曲同工之处，二者均以诚信为本，舍本逐末，定将众叛亲离。

（二）及时性原则

期望时间能改变一切，最终让人淡忘企业的过错，这种想法是徒劳的，恰恰相反，正在改变并将随着时间的推移而彻底改变的是公众对于品牌原有的认同。诺·R.奥古斯丁说："我自己对公共关系危机的最基本的经验，可以用6个字概括'说真话，立刻说'。"公共关系危机处理的目的是尽最大可能将不良影响降至最低程度，把造成的损失减至最少，争取在最短的时间内重塑形象。基于此，我们认为真诚道歉，主动与揭自己短处的媒体修好，给消费者一个答复，让员工了解情况，鼓舞士气等工作必须在第一时间去做，因为"船到江心补漏迟"，纠正失误如救火，补救措施越早实施，就越能控制住事态的发展，减少对企业形象的损害。一味拖延逃避只会使不良影响迅速扩大，留在人们心目中的消极形象将很难改变。

拓展阅读

35次紧急电话

（三）冷静性原则

公共关系危机往往突然袭来，此时，以企业领导为主的公共关系危机处理人员首先应当保持镇定，这样才能认清形势，从容不迫地应对，绝不可因情绪上的急躁慌乱而导致行动上的轻率鲁莽；应当临危不乱，以最快的速度确定企业处理公共关系危机的立场，制定有效的公共关系危机处理策略，成立由主要负责人组成的公共关系危机处理机构，由专人定期发布书面消息，通过大众传媒、公开的或内部的通信报刊，公开传播信息，并且在声明中保持冷静、坦率和前后一致，这样才有助于恢复企业的正面形象。

（四）公众性原则

公众性原则即任何时候公众的利益都是第一位的，处理公共关系危机时，要把公众利益放在企业利益之上。那种为一己私利所诱，漠视公众，单纯注重自身利益而无视公众的利益，继续坚持欺瞒公众的态度和做法是极其错误的，因为真相一旦公布，企业就很难得到公众的谅解并继续得到他们的支持。当初，埃克森石油公司正是因此由公共关系危机转化为公共关系灾难的，任何违背了公众性原则的公共关系危机处理态度都将重蹈其覆辙。

（五）全面性原则

公共关系危机处理的全面性原则指的是处理公共关系危机时，既要考虑到内部公众，又要考虑到外部公众；既要注意现在的影响，又要预见未来的或潜在的影响。诺·R.奥古斯丁指出："要尽一切努力避免使你的企业陷入公共关系危机；一旦遇到公共关系危机，就要接受它、管理它，并努力将你的视线放长远一些。"公共关系危机来临时，领导者往往关心的是将蒙受的巨大的经济损失，而不是多年来艰辛创立的品牌形象和企业形象将受到的永久的严重损害，不知留在公众心目中的良好声誉千金难买。因为从 20 世纪 70 年代起，经济发展就进入了"印象时代"或称"感性时代"，企业的价值取决于公众的认知，缺少"形象力"的企业不可能在激烈的市场竞争中稳操胜券。所以在处理公共关系危机时，既要着眼于当时企业公共关系危机事件本身的处理，又要立足于企业形象的维护和塑造，不能头痛医头，脚痛医脚，要从全面的、整体的高度来进行公共关系危机管理，争取赢得多重效果和长期利益。

二、公共关系危机的预防

公共关系危机的预防是日益被人们重视的新课题，是组织主动出击，战胜公共关系危机的有效手段。公共关系危机的预防如图 12-5 所示。

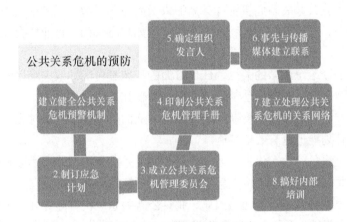

图 12-5　公共关系危机的预防

（一）建立健全公共关系危机预警机制

首先要建立健全公共关系危机事件预警系统。所谓公共关系危机事件预警系统是指运用电子系统或指标性系统，将有关公共突发事件过去和现在的数据、情报、资料等进行登记、汇总、整理、分析，运用一定的技术手段和方法，对有关突发事件可能造成的相关环境条件、事件发展趋势和演变规律等做出估计和判断，在可能发生公共关系危机时发出准确的警示信号，使政府、公共组织或民众能提前了解，以便及时采取相应的对策，阻止或化解公共关系危机的一系列影响。

对于公共关系危机事件的防控而言，预警机制的建立只是整个防控工作的第一步。因为预警系统可以降低公共关系危机事件的发生率，但不是所有的公共关系危机事件都是可以防范的。接下来要做的工作就是根据预警系统提供的相关指标和指令制定具体的防控预案、做好必要的工作协调安排并安排好相应的资金物资储备等，一旦突然发生公共关系危机事件，才能最大限度地减少其造成的损失。

对公共关系危机事件的分析预测包括以下几方面：从组织自身的类型做预测；从组织发生过的事件中做预测；从同行业组织的经验或教训中做预测。

（二）制订应急计划

要树立全员公共关系危机意识，建立公共关系危机预警机制，完善公共关系危机应急计划。

（1）公共关系危机管理计划必须是具体的、可操作的，语言准确无误，绝无模棱两可之词。

（2）公共关系危机管理计划应明确所涉及组织及人员的权利和责任，使组织全体成员在公共关系危机来临时都能够迅速找到自己的位置，发挥主观能动性。

（3）公共关系危机管理计划必须具有灵活性、通用性和前瞻性。由于组织所处的环境瞬息万变，加之公共关系危机发生时的情形未知，因此公共关系危机管理计划不能过于僵化和教条化，要确保组织在遭遇无法预知的紧急状况时，能够在遵循总体原则的前提下，采取有针对性的策略和方法。

（4）公共关系危机管理计划的制订应该全员参与，应该是决策者、管理者及执行者精诚合作的结晶。没有决策者的重视，或者执行者的积极响应，公共关系危机管理计划只会成为漂亮的摆设。

（5）公共关系危机管理计划的制订应建立在对信息的系统收集和系统传播与共享的基础上。负责制订和实施公共关系危机管理计划的人员应充分了解组织内部及外部的信息，并及时充分地进行沟通，同时应和相关利害关系各方（如政府部门、行业协会以及紧急服务部门等）加强联系。

（6）对首要公众给予最多的关注，任何方面的疏忽都可能导致灾难性的后果。任何人都必须认识到，首要公众的一举一动都事关组织的声誉和未来。

（7）应有标准的报告流程和清晰的业务流程，从而确保信息能及时充分地传递，以及公共关系危机反应计划能迅速有效地实施。

（8）应有轻重缓急、主次优劣的区分。对公共关系危机管理的目标应有优先序列，同时对同一系列的公共关系危机也应按先急后缓，先重后轻的顺序进行处理。

（9）必须有公共关系危机管理的预算。制订公共关系危机管理计划必须以自身的人力、物力、财力资源为基础，否则公共关系危机管理计划只会成为"水中月、镜中花"，没有任何现实意义。

（10）为保证计划的有效性，应定期对计划进行检查及更新。最佳的公共关系危机管理计划是能够解决问题的计划。制订好公共关系危机管理计划后，应定期组织外部专家及内部责任人员核查和更新。

（三）成立公共关系危机管理委员会

组织应成立公共关系危机管理委员会，这是顺利处理公共关系危机的组织保证。公共关系危机管理委员会的人员应包括组织领导、人事经理、工程管理人员、保安人员、公关经理、后勤部门领导等。如果组织有分支机构，每个分支机构、子公司、分厂都应向委员会派出代表，以便发生公共关系危机时能迅速在各地协调行动；特别是当分支机构也生产同样的产品，采用同样的质量标准、同样的购销渠道，具有同一组织形象时，则更有必要。

公共关系危机管理委员会可全面、清晰地对公共关系危机发展趋势做出准确预测；确定有关处理策略和步骤；安排调配组织现有的人力、财力、物力，明确责任，落实任务；启动信息沟通网络，与媒体及目标公众保持顺畅联络；对公共关系危机处理过程中各项工作进行指导并提供咨询。

公共关系危机管理委员会应配置的设备与材料有：足够的通信设备（包括内、外线电话和无线电通信工具）、各类图纸（平面图、建筑施工图、水电线路图、社区方位图等）、员工名册、重要人物的地址和联系电话、应急车辆、人员、各类专用设备等，以保证公共关系危机处理能有条不紊地进行。

此外，还可以根据公共关系危机内容和可能的发展趋势，确定是否聘请外部专家介入对公共关系危机的处理工作，有些公共关系危机只有靠专业的、经验丰富的公关专家才能解决。

（四）印制公共关系危机管理手册

组织可将公共关系危机预测、公共关系危机情况和相应的措施以通俗易懂的语言编印成小册子，可以配一些示意图，然后将这些小册子发给全体员工；还可以通过多种形式，如录像、卡通片、幻灯片等向员工全面介绍应对公共关系危机的方法，让全体员工对出现公共关系危机的可能性及应对办法有足够的了解。

目前，仍有很多组织不注意这方面的工作，员工长期不了解本组织可能出现的公共关系危机，也不了解一旦出现公共关系危机应该采取什么样的措施来自救和自我保护，这是非常危险的。

（五）确定组织发言人

组织应确定一个专门负责公共关系危机处理的发言人。发言人一般由在组织中拥有权威，能代表组织对外讲话；形象好，语言能力出众；有很好的沟通能力、表达能力强，反应迅速、善于倾听；有全面的知识结构，并通晓公共关系危机管理；能够很好地控制自己的情绪，在外界压力下，能保持冷静，临危不乱，沉着稳健的人担任。组织发言人在工作时应头脑冷静，思维清晰敏捷；积极解决问题，不卑不亢，诚恳、稳重；言辞审慎，表情严肃，态度坚定认真；绝不说"无可奉告"；不用否定性语言，不攻击和诋毁对手；尽可能多地向媒体和公众提供媒体所需的背景资料，不放弃任何话语权；将坏消息一次性和盘托出；不强求审查媒体的新闻稿件，但务必请关键性媒体发布客观、公正的事件细节；尊重和听取外部专家的意见，包括公关顾问、法律顾问和保险顾问等专业人士。（参见第七章第四节）

（六）事先与传播媒体建立联系

"冰冻三尺，非一日之寒。"组织要想在公共关系危机来临时占据主动地位，就必须在日常的工作中与媒体建立互信双赢的伙伴关系，通过联络媒体，达到主导舆论的目的，通过媒体的渠道与社会各界多方沟通，加速化解公共关系危机。

高层应在思想上高度重视媒体。从组织的角度来讲，高层对组织的整体情况很熟悉，能够有针对性地、策略性地和媒体进行有效沟通和交流。从媒体的角度来讲，只有与组织的高层接触，才能掌握到更真实、更可靠的第一手资料。组织高层经常与媒体沟通，也会获得媒体的好感。此外，要建立一个高素质的公关部门，公关部门必须具备以下几方面的能力。

（1）洞察先机的能力。在与记者沟通交流时，要善于洞察先机，使组织能防患于未然，运筹帷幄。实际上，公共关系危机的发生在偶然性中有着必然性，公共关系危机发展到不可控制的局面很重要的原因就是公关部门未能及早发现危机并及时做出反应。

（2）新闻策划的能力。不间断地、有针对性地传播组织信息，有利于组织整体形象的树立。

（3）要有应对媒体宣传造成不利局面的心理承受能力。媒体除了具有信息传播和宣传教育的作用外，还有舆论监督的作用。媒体，尤其是主流媒体，常站在客观公正的立场帮组织找出存在的问题及问题的根源，所以组织要做好随时随地接受检查监督的心理准备。

（七）建立处理公共关系危机的关系网络

根据预测的组织可能发生的公共关系危机，与处理公共关系危机的有关单位联系，建立合作网络，以便公共关系危机到来时能很好地合作。这些单位有医院、消防队、公安部门、媒体、相关的科研单位、同行业兄弟单位、保险公司、银行等。组织平时就要通过互相沟通使它们了解组织的基本情况，以及在公共关系危机中组织会向他们寻求哪些帮助等。

（八）搞好内部培训

处理公共关系危机是公关工作中的一项重要内容，但由于公共关系危机并非经常发生，所以大多数员工对处理公共关系危机都缺乏经验。组织可专门对公关人员进行模拟公共关系危机处理的培训，提高其处理公共关系危机的能力；提供各种处理公共关系危机的案例，使之从各类事件中汲取经验和教训，在心理上做好处理各种公共关系危机的准备。

三、公共关系危机处理的步骤

公共关系危机爆发后，企业可按以下程序或步骤来进行公共关系危机处理，如图 12-6 所示。

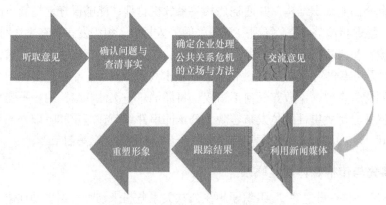

图 12-6　公共关系危机处理的步骤

（一）听取意见

公共关系危机发生时，常表现为有公众投诉、来信或通过新闻界向企业提出严厉的批评，观点或许会有偏见，措辞可能很尖锐，甚至还会让人觉得尖刻、难以接受，但不管怎样，企业都要本着"一切为公众"的经营宗旨，认真而耐心地倾听，全面了解各方的意见，尤其是负面意见。

（二）确认问题与查清事实

企业形象受到损害时，公共关系危机处理机构的专职人员或企业处理公共关系危机的主要负责人员应立即出动向有关部门、地区或公众了解事情的来龙去脉、前因后果，并迅速协同有关部门分析事故原因，找出主要责任人，然后在事实材料的基础上，判断公共关系危机事件的性质及严重性。

（三）确定企业处理公共关系危机的立场及方法

做了以上工作后，企业应当提出处理公共关系危机的基本原则，包括企业的态度，将要采取的基本方法和措施。需要注意的是，无论是由于企业本身失误造成公共关系危机，还是由于公众的误解，或少数人蓄意制造事端而引发公共关系危机，企业都应持诚恳大度的态度，不要仅仅从企业自身利益出发，急于辩白，为企业洗清冤屈等，那样做效果会很不理想。公众利益优先是公关实施的原则，"先利他后利己"是处理公共关系危机的真谛，要把维护公众的利益放在首位，以补救后的事实及公众的最新反应来证实企业兑现了对公众的承诺，争取重塑在大众心目中曾经美好的社会形象。

（四）交流意见

与发生纠纷的对方充分交流意见，求同存异，获得谅解，这是公共关系危机管理中重要的一环。这种交流，可以在企业与公众之间进行，也可通过新闻媒体进行，甚至还可以利用其他的传播形式，如人际传播、组织公众参观设施及生产过程、向公众分发通信业务宣传资料等，以求改变公众的态度，寻求共同的利益点及相似的观点。若双方存在着尖锐的冲突，可请第三方主持会议，避免在单独面谈的过程中发生冲突。在交流意见时要注意到公共关系危机发生后将会触及各类公众的利益，对此应分别进行处理。

1. 对内部公众

首先，应把公共关系危机情况及组织对策告诉全体员工，使员工同心协力共渡难关。其次，如有人员伤亡，应立即通知其家属，并提供条件满足家属的要求，做好医疗和抚恤工作，由专人负责；如果是设备问题应及时修理。

2. 对公共关系危机受害者

首先，对受害者应明确表示歉意，慎重地同他们接触，冷静地倾听受害者的意见和他们提出的赔偿要求。其次，应该同他们坦诚、冷静地交换意见，同时谈话中应避免给他们留下推卸责任、为本企业辩护的印象。

3. 对新闻媒体

在公共关系危机事件发生时，企业要重视发挥新闻媒体的作用。作为举足轻重的信息、舆论传播平台，在公共关系危机发生时，新闻媒体能够发挥信息沟通和舆论指导的重要作用，可帮助企业缓解甚至化解公共关系危机，为此公关人员需注意以下几点。

（1）应及时向新闻媒体通报公共关系危机事件的真相。

（2）在说明公共关系危机时应简明扼要、通俗易懂。

（3）事件一旦作为新闻被媒体报道出去，就将留在公众的记忆中，因此，一定要谨慎行事、实事求是，既不掩盖事实真相，也不容许他人随意猜测、夸大公共关系危机。

（4）及时召开新闻发布会，有时还需要连续召开。

4. 对上级领导部门

公共关系危机发生后，应及时向企业的直属上级领导汇报情况，不能文过饰非，也不允许歪曲真相、混淆视听。

5. 对企业所在社区

企业的公关部门应向当地居民登门道歉,根据公共关系危机的性质也可以挨家挨户道歉。必要时可以在全国性或地方性报纸上刊出致歉声明, 或给予经济赔偿。

(五) 利用新闻媒体

在公共关系危机事件处理期间,新闻媒体自始至终会对事件的发展十分关注,因此应正确对待新闻媒体,尽力利用新闻媒体,重建企业形象。

1. 端正对待新闻媒体的态度

① 不可无视新闻媒体的存在,因为它是企业与社会公众进行广泛、有效沟通的必经渠道,要充分认识到新闻媒体的重要性。

② 不能无视新闻媒体工作的独立性,企业无权要求他们按自己的意愿行事,应把它看成宣传工具,而不应担心报道会不利于企业而拒绝采访。

③ 即使出现了对本企业不利的失实报道,也不要对新闻媒体大加指责,而应主动与他们联系,重新提供正确的信息和事实真相,让他们自己去处理或更正,这样做是对新闻媒体的尊重。

④ 不管是全国性媒体还是地方性媒体,企业都要一视同仁地配合工作,切不可轻慢和区别对待。

2. 把公共关系危机事件的真相尽快告诉新闻媒体

在公共关系危机发生后,企业反应的真诚度和速度体现在向新闻媒体提供的信息的真实程度、提供信息的时间及信息量这几个方面。如果隐瞒事实,只会引起新闻媒体的猜疑和反感,促使他们千方百计地从各种渠道获取材料,甚至凭主观感觉和推测去做判断,这样会对企业很不利。企业明智的做法是选择一条开放的信息渠道,利用新闻媒体公开事实真相,坦陈企业的立场和态度,并勇于承认错误和承担责任。

3. 向记者开放

企业在处理公共关系危机时可考虑建立一个临时记者接待站,向他们集中提供公共关系危机的处理进展情况,包括企业对受害者的赔偿情况、正在采取的措施等,如有可能还可安排记者参观公共关系危机现场。

4. 利用新闻媒体传播信息

如果企业是公共关系危机的主要责任人,就应以企业的名义,通过主要新闻媒体公开向公众道歉,做出承诺,表示悔过的决心,以求得公众的谅解和信任;公共关系危机局面稍微平静时,可邀请记者,包括消费者在内,参观生产现场,做出保证产品质量等承诺,重新赢得大家的信任,尽量以诚恳良好的实际行动,请新闻媒体追踪报道时进行"反报道",即与以前的负面报道相反的正面报道,尽可能地消除负面事件在公众心目中的不良影响,迅速恢复企业的正面形象。企业还可采用召开新闻发布会等其他方法来消除公共关系危机给企业带来的负面影响。

5. 与新闻媒体保持良好的关系

假如公共关系危机的发生是新闻媒体曝光的, 企业也不应视其为对立方, 恰恰相反, 应向新闻媒体致谢，因为正是新闻媒体发挥了社会监督的作用，使企业发现了自身的问题，在表达感谢之余，要恳请新闻媒体继续监督企业，而且今后也要与之保持良好的合作关系，因为与新闻媒体对立就直接造成了与公众的对立。企业在任何情况下，都应积极主动地配合新闻媒体的工作。

（六）跟踪结果

处理了公共关系危机事件后，企业还应对这次矫正、补救工作的效果进行及时的检验，判断原有的问题是否得到彻底解决、公众对企业的印象有无改变、企业的不利局面是否扭转等。这样既能使企业自己对这次工作的效果做到心中有数，又可为今后如何处理此类事件提供宝贵的参考资料。

（七）重塑形象

公共关系危机平息后，公关人员的工作是树立重建组织良好形象的强烈意识和目标，采取有效措施，尽快进行形象重塑，恢复企业在社会公众心目中的形象和地位。

 精选案例

呷哺呷哺火锅"鸭血门"事件

2015年3月15日，CCTV新闻频道《共同关注》栏目重磅报道"北京鸭血9成是假的"，随后记者根据群众的举报信息从呷哺呷哺门店打包的鸭血检测出猪源性成分，自此，呷哺呷哺火锅"鸭血门"事件拉开帷幕。

新闻爆出后，呷哺呷哺被推上风口浪尖，无数网民提出质问，对呷哺呷哺展开口诛笔伐。面对公共关系危机事件，首先，呷哺呷哺当天20点40分在微博平台发布第一篇回应，表示对此事的高度重视，将联合新闻媒体、政府部门和第三方检测机构立刻展开调查。做出正面回应，表明自身态度的同时也给公众留下该企业认真听取公众意见、态度良好的印象，为后续措施打下基础。其次，21点05分，呷哺呷哺在微博平台发布第二篇回应，停售所有门店的鸭血产品，留待检验和确认，同时公布企业的媒体联络方式，为公众提供了一条有效途径了解动态，夺取"鸭血门"事件的舆论主导权，避免散布谣言的情况发生，也从侧面凸显了官方解决问题的态度是积极的，从而进一步塑造了正面形象。3月16日04点34分，随之而来的第三次回应则意在交代事情的进展和企业的处理方案，即官方宣布停止销售鸭血，并把鸭血交给专业机构检查，这一行为直接打消了公众对于焦点——鸭血质量的困惑。一整套相关措施帮助呷哺呷哺取得了较为良好的公众印象，而最后的鸭血检测结果更是为呷哺呷哺正名，至此，"鸭血门"事件不仅安然度过，在短时间内企业的营收也得到了较为不错的提升（见图12-7）。

图 12-7　呷哺呷哺火锅"鸭血门"事件

本次公共关系危机处理具有迅速反应、公开配合、及时反馈的特点。呷哺呷哺"鸭血门"事件能够圆满解决，根本原因在于呷哺呷哺的鸭血本身并没有问题。呷哺呷哺在面对突如其来的公共关系危机时，自始至终都能从容应对，没有自乱阵脚，体现了冷静性原则，同时也没有任何推卸责任的行为，体现了公众性原则。最后通过检验报告，回应央视的"鸭血门"事件的报道，体现了事实性原则。综观整个案例，可以发现，在面对突发的重大公共关系危机时，公共关系危机管理的作用不容小觑，采取有效的措施在很大程度上能够帮助企业降低损失，甚至化公共关系危机为机遇。

四、公共关系危机的转化

公共关系危机也是可以转化的，例如，威廉斯太太从超市买回两罐百事可乐给孩子，孩子喝完以后，无意将易拉罐倒扣在桌上，竟然将一枚针头倒了出来。她立即向新闻媒体揭发此事，可口可乐也趁机大肆宣传自己的产品，一时间，百事可乐成为众矢之的。百事可乐公司得到"针头事件"的消息后，立即采取了措施，一方面通过新闻媒体向威廉斯太太道歉，并请她讲述事件经过，感谢她对百事可乐的信任，为百事可乐严把了质量关，并给了威廉斯太太一笔可观的奖金以示安慰。百事可乐公司还向消费者宣布，谁若在百事可乐中再发现类似问题，必有重奖。另一方面，百事可乐公司在生产线上进行更加严格的质量检验，并请威廉斯太太参观，使她确信百事可乐质量可靠，并最终赢得了这位女士的赞扬。事件的合理解决，缓解了矛盾，打消了消费者的顾虑，刺激了消费者的好奇心，此次公共关系危机不仅没有使销量下降，反而使购买百事可乐的消费者倍增。

百事可乐获取"针头事件"消息后，立即迅速、果断地采取上述一系列措施，在突如其来的公共关系危机下，勇敢地面对现实，极力挽回公司的信誉和市场占有率。从案例中可以看出，组织要意识到维护公共关系的重要性。如果遇到公共关系危机要妥善处理，认识到承担社会责任是维系良好公共关系的不二法门，同时也要认识到公共关系危机亦可能是转机，公共关系危机事件往往是组织向社会公众展示其高超的传播能力和强大的生存能力的好机会。有时，公共关系危机处理得当，甚至能将坏事变成好事，反败为胜，向好的方面扩大组织的社会影响力。公共关系危机管理的成功不仅可以通过组织的有效行动，使组织转危为安，而且可以经过总结、提炼经验，使组织反败为胜。

 案例分析

钉钉"一星差评"公共关系危机管理

谁能想到钉钉这么一个强大的 App 有一天被小学生逼得启动了公共关系危机管理。

新冠肺炎疫情爆发后，钉钉被教育部选为给小学生上网课的平台。本以为自己业务能力过硬，得到官方认可，万万没想到虽拥有 11 亿次的下载量，钉钉的整体评分却只有一星。这是因为小学生不满网课侵占了他们本以为延长的假期而置气于网课平台——钉钉，于是小学生疯狂给钉钉 App 打一星。

钉钉立即做出反应。2020 年 2 月 14 日，钉钉官方微博发微博"求饶"，求小学生们高抬贵手。阿里系官微声援钉钉，采用接地气的刷屏互动方式"求情"，如图 12-8 所示。2 月 16 日，钉钉上传"跪服"现场视频。钉钉向目标用户真诚道歉，让再难的五星好评似乎也有了可以商量的余地。最终，在钉钉的一系列努力下，2020 年 2 月 20 日，钉钉的评分逐步回升到了 2.5 分。

钉钉在公共关系危机公关管理期间一直吸引着舆论的注意力，获得了长期的品牌曝光，同时也获得了极高的下载量和用户数。"一星差评"对钉钉的损害微乎其微，反而给家长、老师和未来的职场人留下了好的印象。其做法有以下几点值得称道之处。其一，真诚应对公共关系危机。虽说差评对钉钉来说确实是无辜受伤，但它在各大平台以"低姿态"发布求饶式道歉认错，最终不仅使公共关系危机迎刃而解，还增加了品牌好感度，可见真诚应对是处理公共关系危机的利器。其二，洞察目标受众的心理。由于这次差评的主力军是小学生，所以钉钉回避官腔，以诙谐幽默的方式与之沟通，如使用求饶表情包，发布"鬼畜"视频《你钉起来真好听》和《钉钉本钉，在线求饶》，并在传播渠道上，聚焦微博、B 站、抖音等"00后"最活跃的社区，拉近与"00后"的距离。其三，联合阿里系官微制造话题进行二次传播。"一星差评"事件爆发后，淘宝、天猫、支付宝、蚂蚁森林、盒马等通过微博互动的方式为钉钉"求饶"，利用阿里系品牌的强大影响力，自导自演了一场集体卖萌式的"求饶戏"，运用整合营销传播的思维，助推话题在社交平台"病毒式"传播。其四，在公共关系危机处理过程中完成品牌形象的重塑。在新媒体环境下，越是具有争议就越是吸人眼球，钉钉利用公共关系危机事件"自黑"，原有的品牌形象在新媒体舆论的发酵下转化为品牌宣传的基点，并紧跟热度实现品牌形象的重塑。"卑微求饶、顺应民意"的做法看似降低了品牌的身份，却令舆论方向迅速发生逆转，最终让品牌从公共关系危机事件中受益。

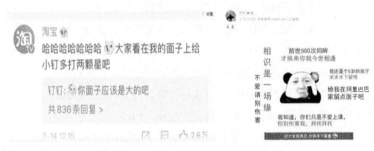

图 12-8　钉钉的公共关系危机公关

思 考 题

1. 简述公共关系危机管理的意义。
2. 简述公共关系危机管理的原则及其实际应用。
3. 如何预防公共关系危机？
4. 公共关系危机处理的步骤有哪些？
5. 公共关系危机可能转化吗？如果可能，你认为怎样才能转化公共关系危机，反败为胜？

参 考 文 献

[1] 熊源伟. 公共关系学（第3版）[M]. 3版.合肥：安徽人民出版社，2003.

[2] 李占才. 公共关系学概论（第2版）[M]. 上海：上海交通大学出版社，2009.

[3] 吴少华. 公共关系理论与实务[M]. 北京：人民邮电出版社，2015.

[4] 李道平. 公共关系学（第5版）[M]. 北京：经济科学出版社，2014.

[5] 居延安. 公共关系学（第5版）[M]. 上海：复旦大学出版社，2013.

[6] 余明阳. 公共关系学（第2版）[M]. 北京：北京师范大学出版社，2019.

[7] 周安华. 公共关系：理论、实务与技巧（第6版）[M]. 北京：中国人民大学出版社，2019.

[8] 刘军. 公共关系学（第3版）[M]. 北京：机械工业出版社，2018.

[9] 周安华. 公共关系：理论、实务与技巧（第五版）[M]. 北京：中国人民大学出版社，2016.

[10] 朱权. 公共关系基础与实务（第3版）[M]. 北京：机械工业出版社，2016.

[11] 乜瑛. 公共关系学 [M]. 杭州：浙江大学出版社，2017.

[12] 陈军. 公共关系学[M]. 北京：清华大学出版社，2018.

[13] 谭昆智. 公共关系策划（第2版）[M]. 北京：清华大学出版社，2020.

[14] 陈先红. 公共关系学原理[M]. 武汉：武汉大学出版社，2020.

[15] 杨加陆. 公共关系学[M]. 上海：复旦大学出版社，2016.

[16] 席佳蓓. 公共关系理论与实务[M]. 南京：东南大学出版社，2020.

[17] 马晶，孙晓波. 公共关系实务[M]. 北京：清华大学出版社，2018.

[18] 管玉梅. 公共关系学（第2版）[M]. 北京：机械工业出版社，2018.

[19] 任正臣. 公共关系学（第2版）[M]. 北京：北京大学出版社，2016.

[20] 张践. 公共关系学（第3版）[M]. 北京：中国人民大学出版社，2017.

[21] 纪华强. 公共关系的基本原理与实务[M]. 北京：高等教育出版社，2020.

[22] 蒋楠. 公关策划学（第2版）[M]. 北京：科学出版社，2017.

[23] 张践. 公共关系学（第2版）[M]. 北京：中国人民大学出版社，2018.

[24] 张克非. 公共关系学（第3版）[M]. 北京：高等教育出版社，2020.

[25] 张亚. 公共关系与实务（第2版）[M]. 北京：科学出版社，2020.

[26] 蔡国栋. 互联网时代的公共关系[M]. 北京：红旗出版社，2016.

[27] 李兴国. 公共关系实用教程[M]. 北京：高等教育出版社，2020.

[28] 司孟月. 公共关系学[M]. 北京：中国财政经济出版社，2016.

[29] 殷娟娟. 公共关系学教程[M]. 北京：中国人民大学出版社，2017.

[30] 樊帅. 企业公共关系案例解析[M]. 北京：清华大学出版社，2020.